처음 시작하는 사람들을 위한

개인창업
법인창업
쉽게 배우기

처음 시작하는 사람들을 위한

개인창업
법인창업
쉽게 배우기

박평호 지음

한스미디어

성공적인 창업을 위한 완벽한 준비

바야흐로 어려운 시절입니다.

　기업의 규모나 상점의 크기에 상관없이 이 책의 집필을 위해 제가 만나본 대부분의 사장님들은 "먹고살기가 IMF 시절 못지않다"며 한숨을 내쉬었습니다. 불황이 깊어지고 있지만 더욱 우려스러운 것은 이러한 불황이 끝을 장담할 수 없는 장기적이라는 것에 있습니다. 그러나 오늘도 수많은 이들이 창업에 나섭니다. 그중에는 열정과 야망으로 똘똘 뭉친 젊은이들도 있지만 대부분은 은퇴나 명퇴에 등 떠밀려 말 그대로 '먹고살기 위해' 치킨집과 호프집을 서둘러 시작하는 분들입니다. 수십 년 동안 직장에 충성한 대가로 받아든 퇴직금과 안 먹고 안 입고 모아두었던 적금을 깨서 말이죠.

　그러나 현실은 냉혹합니다. 개인창업자의 80%가 실패한다는 통계를 굳이 들먹이지 않더라도, 창업 후 3개월이면 불 꺼진 상점 한 귀퉁이에서 소주 한잔에 통한의 눈물을 흘리는 이들이 수두룩합니다. 등 따습고 배불렀던, 눈치껏 게으름과 여유를 부려도 때만 되면 월급이 나오던 직장생활에서는 상상도 하지 못했던 현실의 벽을 깨닫는 순간은 이미 실패라는 늪에 깊이 빠진 후입니다.

　모든 일이 그렇지만 창업만큼 철저한 준비가 필요한 분야도 없습니다. 전 재산과 남은 인생을 걸고 시작하는 것인 만큼 지독하다는 소리가 튀어나올 만큼 준비와 공부가 필요합니다. 그런 연후에라야 설혹 실패하더라도 다시 일어설 수 있는 경험이 쌓이는 것입니다.

　이 책은 창업을 처음 마음먹은 이들을 위한 종합 가이드북입니다. 사업자등록은 어떻게 해야 할지, 개인사업과 법인사업 중 어떤 것이 유리한지, 사업계획은 어떻게 세워야 하는지, 세금 신고는 어떻게 해야 하는지 등등 초보자라면 쉽게 얻을 수 없는, 그러나 창업에 꼭 필요한 모든 정보를 담고자 노력했습니다. 예비창업자나 창업을 꿈꾸는 사람들에게 개인사업체는 물론 법인사업체의 창업 절차와 사업체의 운영 방식, 사업체 운영에 필요한 각종 정보를 쉽게 파악할 수 있도록 꾸몄습니다.

　또한 창업 전의 예비 과정에서 사업타당성을 조사하고 창업계획서를 작성하는 방법과 함께 창업 후 개인사업체의 운영 방식을 세세하게 설명하였습니다. 따라서 창업 후 사업이 어떻게 돌아가는지 파악할 수 있을 뿐 아니라 직원의 봉급을 주는 방법, 4대보험료에 대한 정보, 개인사업자 및 법인사업자의 소득세 및 부가가치세 납부 방식과 세율, 회계의 종류, 각종 서류의 작성 방법을 안내하고 있습니다. 제가 창업 관련 공부를 처음 시작했을 때 오랜 기간 발품을 팔아야만 했던 정보들을 이 책에 담았으니, 독자 여러분의 귀하디 귀한 시간을 아껴줄 수 있을 것입니다.

　모쪼록 이 책이 예비창업자와 창업을 꿈꾸는 사람들의 창업 성공률을 높이는 데 자그마한 도움이라도 되기를 바랍니다.

　창업을 준비하고 있는 전국의 예비사업자 여러분.
　준비하고 공부하는 사람에게 성공은 반드시 다가옵니다.
　건투하세요.

지은이 박평호

CONTENTS

머리말 성공적인 창업을 위한 완벽한 준비 · 4

Chapter 1 왜 창업을 하는가 ——————————

01 창업에 성공하는 3가지 비밀 · 14
02 성공 창업을 위한 필수 절차 · 16
03 성공적인 창업 업종 선별하기 · 17
04 개인창업 성공을 위한 핵심 레슨 7가지 · 18

Chapter 2 개인창업과 법인창업은 어떻게 다를까 ——————

01 개인사업자와 법인사업자의 세금 · 22
02 개인창업과 법인창업의 비교 · 23
03 개인창업 절차와 소요기간 · 24
04 사업자등록증 · 27
05 사업자등록과 업종별 인허가 및 제출 서류 · 30
06 개인사업자의 과세 종류: 일반과세자, 간이과세자 · 33
07 법인사업자 개념 익히기 · 35
08 홈텍스에서 사업자등록 신청 절차 · 36

Chapter 3 업종별·종류별 창업 준비하기

01 창업 업종별 인허가 정보 • 46

02 창업의 시작인 인허가 서류 준비하기 • 49

03 점포 계약 전 인허가 점포 파악하기 • 51

04 요식업, 유흥업 창업 정보와 절차 • 52

05 숙박업, 호텔 창업 정보와 절차 • 56

06 민박, 펜션, 게스트하우스 창업 정보와 절차 • 58

07 임대업 창업 정보와 절차 • 61

08 소매업 창업 정보와 절차 • 64

09 대리운전·퀵서비스·인력사무소 창업 • 66

10 학습학원, 외국어학원 창업 정보와 절차 • 68

11 인터넷쇼핑몰 창업 정보와 절차 • 70

12 지식기반 서비스업, 벤처기업 창업 정보와 절차 • 72

13 프랜차이즈 창업 정보와 절차 • 74

14 무역업, 해외구매대행사 창업 정보와 절차 • 82

15 법인기업, 주식회사 창업 정보와 절차 • 86

16 공장설립 절차와 공장의 양수·양도 • 90

Chapter 4 창업계획서 작성과 사업자금의 준비

01 창업계획서·사업계획서 작성하기 • 96

02 창업 전 사업타당성 검토하기 • 98

03 사업계획서 작성 1단계: 사업 전체 구상 쓰기 • 99

04 사업계획서 작성 2단계: 구체적인 내용 쓰기 • 100

05 사업계획서 작성 3단계: 사업자금조달 계획표 • 102

06 사업계획서 작성 4단계: 손익예측표 작성 • 105

07 창업계획서·사업계획서 작성 양식 • 107

08 창업 시의 자기자본비율: 70~80%가 적절 • 110

Chapter 5 정부기관, 은행에서 창업자금 조달하기

01 창업자금 대출의 올바른 준비과정 • 114
02 대출신청 전 자신의 신용도 관리하기 • 115
03 미소금융 프랜차이즈 창업대출: 점포보증금, 운영자금대출 • 117
04 미소금융대출 상담신청서 • 121
05 햇살론 창업대출: 저소득·저신용자용 점포보증금, 운영자금대출 • 123
06 햇살론 구비서류: 무등록 소상공인 확인서 • 126
07 소상공인 정책자금 대출 • 127
08 중진공 창업기업지원자금 대출 • 132
09 자치단체·종교단체 지원 창업자금 찾아내기 • 137
10 시중은행에서의 대출 • 139
11 개인사업자, 프랜차이즈, 창업자금대출: 프랜차이즈 가맹점 창업자금 대출(창업소요자금대출) • 140
12 개인사업자, 프랜차이즈, 창업자금대출: 프랜차이즈 가맹점 창업대출(임차보증금, 운전자금대출) • 141
13 개인사업자 부동산 소호대출: 일사천리 소호대출 • 142
14 법인 개인 중소기업 창업자를 위한 창업지원 보증대출 • 143
15 기업 대출상품, 수출입 대출상품 일괄 찾아내기 • 144
16 은행대출 전 신용보증회사 보증서 발급받기 • 145

Chapter 6 직원 고용, 급여 산정, 인터넷 영업전략

01 사업 초기 직원의 구성: 가족경영체제 • 148
02 직원의 모집 및 채용 • 149
03 근로기준법 • 150
04 급여구성과 급여명세서 • 151
05 광고홍보 전략의 선택 • 154
06 홈페이지, 블로그, 페이스북, 트위터 • 156
07 홈페이지의 홍보와 비용 • 158
08 홈페이지(인터넷쇼핑몰) 관리와 유지 • 160

Chapter 7 성공의 지름길: 상권분석과 점포입지 철저히 하는 방법

01 상권 조사 및 분석 • 162

02 상권분석 유동인구별 추천업종 앉아서 찾는 방법 • 163

03 상권평가, 업종분석, 매출분석, 인구분석 앉아서 하기 • 167

04 상권분석 중 경쟁업소 분석하기 • 172

05 상권분석 중 수익분석(수익예측)하기 • 173

06 점포 이력조사 • 174

07 상권분석의 상권통계 활용하기 • 175

08 유동인구로 본 상권: 체크 요소 • 177

09 주거 형태로 본 상권: 체크 요소 • 179

10 거리에 따른 상권: 체크 요소 • 180

11 이름으로 본 상권: 체크 요소 • 181

12 업종 궁합 확인: 체크 요소 • 183

13 아파트 상권: 체크 요소 • 185

14 심야영업 상권: 체크 요소 • 187

15 교통량, 물류량을 본 상권: 체크 요소 • 188

16 점포조사와 임대차계약 • 189

17 점포창업 입지장소 최종 결정 • 193

18 사무실, 공장 최종 입지장소의 선정 • 194

Chapter 8 개업 시작하기

01 상품 구매처(거래처) 만들기 • 196

02 점포의 상호, 간판 • 198

03 판매가의 설정 • 201

04 미리 알고 가는 소상공인 평균 영업이익률 • 203

05 업체의 특허나 상표권 등록 • 206

06 상표권 침해 통지서 작성 양식 • 209

Chapter 9 회계관리의 이해

01 점포 포스 시스템 이해 · 212

02 포스 시스템의 구성 · 213

03 포스 시스템의 설치와 구매 요령 · 214

04 카드단말기 설치 · 215

05 세금 폭탄을 피하는 개인사업의 회계 · 216

06 회계장부에 입력하는 계정과목 · 218

07 절세의 비법: 필요 경비의 합리적인 계상 · 220

08 감가상각과 즉시상각 · 222

09 간편장부(단식부기) · 224

10 현금출납장 · 229

11 예금출납장(단식부기) · 230

12 단식부기와 복식부기의 차이 · 231

13 복식부기 · 232

14 분개장 · 233

15 비품관리대장 · 234

16 외상매입대금원장 · 235

17 미수금원장 · 236

18 미수금 잔액확인서 팩스 양식 · 237

19 입금전표 양식 · 238

20 출금전표 · 239

21 대체전표(회계식 전표) · 240

22 예금출납장(복식부기) · 241

23 합법적 외상 거래: 당좌예금(어음발행 계좌) · 242

24 세금계산서 · 243

25 간이영수증 · 244

26 대차대조표(간이형) · 245

27 대차대조표 작성 계정과목 · 246

Chapter 10 업무용 서류양식 예시

01 대금회수용 청구서 양식 · 250

02 수령증과 납품서(영수증 겸용) 양식 · 251

03 출장신청서 양식 · 252

04 회의록·회의보고서 양식 · 253

05 수출 및 수입 신고자료 양식 · 254

06 폐업·휴업·양수·양도 신고서 양식 · 255

Chapter 11 세금의 신고납부와 4대보험

01 개인사업자의 세금 · 258

02 직원 급여 지급 시 공제하는 것들 · 262

03 원천세의 징수대상과 세율 · 264

04 종합소득세 확정신고서 · 268

05 종합소득세 확정신고 시 부대서류 · 271

06 홈텍스에서의 종합소득세 확정신고 방법 · 280

07 부가가치세 예정신고 및 확정신고 · 283

08 홈텍스에서의 부가가치세 예정·확정신고 · 286

09 법인사업자가 내는 법인세란? · 288

10 법인세 중간예납 · 290

11 법인세신고 시 제출할 서류 · 291

12 세금의 합법적 절세인 소득공제 · 297

13 세무조사의 내용과 응대 방법 · 300

14 4대보험 대상 사업장 · 304

15 4대보험 사업장가입자 신청서 작성 · 306

16 사업주의 의무: 4대보험료 납부 · 311

CHAPTER 1

왜 창업을 하는가

창업에 성공하는 3가지 비밀

01
SECTION

창업이란 어떤 사업 따위를 처음으로 세우고 시작하는 것을 말합니다. 단지 회사 생활이 싫어서 창업하기보다는 스스로 깨닫고 목표가 있을 경우 성공할 수 있습니다. 모두가 성공하는 것이 아니라 그중 10%가 성공하기 때문입니다.

▌처음 창업에서 성공할 수 있는 발상의 전환 ///

성공하는 창업가는 어떤 기준을 가지고 있지 않습니다. 45세에 처음 창업했는데 성공하는 사람도 있는 반면 25세에 이미 여러 번 창업해 성공한 사람도 있기 때문입니다. 그러나 그들에게는 공통점이 있습니다.

 '회사에서 일하는 직장인 생활이라는 것도 별거 없더라. 미래를 위해서 내 일을 찾아 창업할거야.'

 '부장님에게 쪼이는 것도 이제 지긋지긋해. 부장님 꼴 보기 싫어서라도 창업해야겠어.'

 '명예퇴직이 내일모레다. 은퇴 후에도 적당한 수입원이 있어야 하지 않을까?'

현재 이렇게 생각하면서 창업을 하려는 사람이라면 열에 아홉은 창업 최전선에서 실패합니다. 실패를 방비하려면 창업에 대해 실용적 접근의 발상 전환이 필요합니다. 예를 들어 다음과 같은 냉정하고 실용적 접근만이 창업의 성공률을 높일 수 있습니다.

 '너 자신을 알아라. 창업 전선은 너의 과거 경력을 하나도 인정하지 않으므로 과거를 내려놓고 겸손한 자세로 준비해라.'

 '창업 업종을 선정한 뒤에는 그 업종의 장단점과 생태계를 파악하기 위해 그 업종과 관련된 책을 읽어라. 100권을 읽어라.'

 '내 나이 55살이지만 노병은 죽지 않는다. 나름대로 준비도 다 했다. 보란 듯이 제2의 인생을 멋진 사업을 일구며 살겠다.'

▌처음 하는 개인 창업, 어떤 방식이 있을까? ///

국내에서는 개인사업자와 법인사업자라는 두 가지 방법으로 창업할 수 있습니다. 개인사업자는 세금산출 방식에 따라 간이과세자와 일반과세자 방식으로 창업할 수 있습니다.

1 : 개인사업체로의 창업

개인사업체 사업은 창업 절차가 그다지 복잡하지 않습니다. 점포와 아이템만 있으면 창업이 가능하므로 일반 자영업자들이 흔히 선택합니다.

- 점포와 사업 업종을 계획한 뒤에 세무서에서 사업자등록을 신청하면 바로 사업체가 창업됩니다.
- 점포가 없을 경우 거주지를 주소지로 하는 무점포 창업이 가능합니다.
- 무점포 창업의 예로 오픈마켓인 옥션이나 G마켓 등에서 상품을 판매하는 사업자를 들 수 있습니다.

2 : 법인사업체로의 창업

법인사업체란 흔히 말하는 주식회사 형태의 업체입니다. 법인 중에는 비영리법인도 있지만, 비영리법인은 영리추구 사업이 아니므로 논외로 하겠습니다.

- 과거와 달리 법인사업체 창업도 개인사업체만큼 손쉽게 창업할 수 있습니다.
- 과거에는 법인발기인 수가 최소 3명이 필요했지만 현재는 창업주 1인만 있으면 법인발기 및 등록을 할 수 있습니다.
- 이후 소정의 출자금을 납입하고 사업자등록을 신청하면 바로 주식회사라는 법인사업체가 설립됩니다.
- 사업자금은 자신이 소유한 주식을 팔아 마련할 수 있습니다. 단, 누구나 사업 초창기 회사의 비상장주식을 사지 않기 때문에 사업 아이템이 충분히 매력적이어야 합니다.

성공 창업을 위한 필수 절차

02
SECTION

막상 사업을 시작하면 빠르면 1개월, 늦으면 1년 뒤 사업의 성패를 알 수 있습니다. 요식업은 1개월 안에 사업의 성패가 갈리고, 소매업은 1년 시점에 사업의 성공과 실패 여부를 알게 됩니다.

예비창업자가 창업 성공률을 높이기 위해 창업 전 사업역량을 강화하는 절차입니다. 만일 창업 시 어떤 것에 문제가 있었다면 창업에 실패할 확률이 높으므로 창업을 준비할 때는 사업역량을 함께 가꾸어가는 것이 좋습니다.

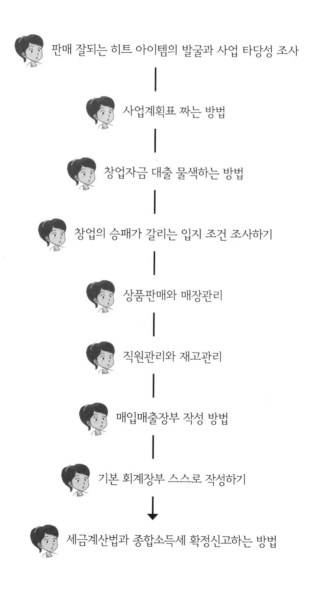

판매 잘되는 히트 아이템의 발굴과 사업 타당성 조사

사업계획표 짜는 방법

창업자금 대출 물색하는 방법

창업의 승패가 갈리는 입지 조건 조사하기

상품판매와 매장관리

직원관리와 재고관리

매입매출장부 작성 방법

기본 회계장부 스스로 작성하기

세금계산법과 종합소득세 확정신고하는 방법

성공적인 창업 업종 선별하기

사업은 자신이 관심을 갖거나 잘하는 분야에서 창업할 수도 있고 돈벌이가 잘되는 업종을 찾아 창업할 수도 있습니다. 자신이 좋아하고 잘하는 분야일지라도 다음 사항에 유의하여 창업 전 심사숙고하기 바랍니다.

▌ 찾아봐야 할 창업 분야와 피해야 할 창업 분야(취급제품 위주) ////////////////////////

찾아봐야 할 창업 분야	20대 여성 선호 업종	• 가장 왕성한 소비세력은 20대 여성입니다. • 소비세력이 왕성한 분야의 업종에서 찾거나 그 틈새 업종에서 찾아봅니다.
	현재 트렌드가 되는 업종	• 현재 유행하는 트렌드 업종은 물론 과거 트렌드였던 업종에서 찾아봅니다. • 미래에 트렌드가 될 것 같은 업종에서 찾아봅니다.
	판매가 꾸준한 업종	• 흔하지만 판매가 꾸준한 매장이 있다면 그와 같은 상품을 취급하는 업종에서 찾아봅니다.
	유아, 아동, 교육	• 장난감, 의류, 유모차 복합매장 같은 유아·아동용품 전문점을 구상해봅니다.
	장점을 이야기하면 놀라는 제품	• 친구나 배우자 등 여러 사람에게 제품의 장점을 이야기했을 때 누구나 놀라고 구입 의사가 있다고 하면 취급해야 합니다.
	대기업 마트와 경쟁을 피하는 업종	• 대기업 마트에서 취급하지 않는 업종이거나 대기업 마트까지 갈 필요 없이 급하게 구입하는 업종을 찾아봅니다.
	기술업종	• 기술적으로 다른 업체가 할 수 없는 업종 또는 경쟁업체가 없는 업종에서 찾아봅니다.
	지역특산물	• 지역특산물과 연계하여 창업할 수 있는 업종을 찾아봅니다.
	인터넷 판매	• 매장 판매는 물론 인터넷 판매도 가능한 업종을 찾아봅니다.
	무자본 소자본 창업	• 무자본 창업이 가능한 업종(인터넷 오픈 마켓)과 트럭 등으로 소자본 창업이 가능한 업종(푸드트럭 종류)을 알아봅니다.
피해야 할 창업 분야	경쟁 사업자가 많은 업종	• 충분히 많은 경쟁자가 있는 업종에서의 창업은 피합니다.
	한때 유행했다가 완전 소멸한 것	• 한때 유행했던 상품이 유행이 끝난 뒤 완전 소멸하기도 하는데 완전 소멸한 물품의 판매는 피합니다.
	입지조건과 맞지 않는 업종	• 젊은 층 유동인구가 많은 곳에서 장년층 대상 사업은 실패합니다. • 매장 입지에 맞지 않는 상품을 판매하면 대부분 망합니다.
	초고가 가격	• 초고가 가격 업종은 소비하는 세력이 한정되어 있고 대기업이 독자 진출한 경우가 많으므로 피하는 것이 좋습니다.
	광고해도 이해가 불가능한 제품	• 친구나 배우자에게 제품의 장점을 이야기했지만 전혀 장점으로 받아들이지 않는다면 취급을 피해야 합니다.
	대기업 마트와 경쟁하는 업종	• 대기업 마트와 직접적으로 충돌해야 하는 물건 취급 업종은 피하는 것이 좋습니다.
	기술하락 업종	• 다른 제품에 의해 기술가치가 하락한 제품은 판매되지 않으므로 창업 종목에서 피합니다.
	엉뚱한 특산물	• 해당 지역의 특산물과 맞지 않는 다른 지역의 특산물을 취급하면 장사가 잘되지 않습니다. • 한우나 굴비로 유명한 지역은 지역특산물을 판매할 때 한우 위주 또는 굴비 위주로 팔아야 한다는 뜻입니다.
	인터넷 판매 불가능 제품	• 매장에서는 판매할 수 있지만 인터넷에서의 판매는 불가능한 업종이라면 창업을 심사숙고합니다.

개인창업 성공을 위한 핵심 레슨 7가지

04
SECTION

개인의 소자본 창업은 요식업, 숙박업, 쇼핑몰, 유통업, 서비스업 등의 다양한 분야가 있지만 일반적으로 소매업으로 창업하는 경우가 많습니다. 개인창업 중 소매업, 요식업, 카페 창업의 성공을 위한 핵심 레슨 7가지를 정리합니다.

1 창업의 연구

창업을 준비하기 전 먼저 자신이 하고자 하는 사업의 시장성에 대해 조사합니다. 그 점을 파악하기 위해 비슷한 매장을 여러 현지에서 둘러보십시오. 매장의 소유자 또는 관계자에게 부담을 주지 않는 한도에서 그들의 일, 사업 기간, 도매상에서 물건을 받는 방법을 탐문하세요. 이러한 조사 작업은 멘토로 삼고 있는 여러 매장을 둘러보면서 진행하기 바랍니다.

그런 뒤 실제 창업을 할 때는 그들이 하는 방법과 똑같은 방법으로 창업하는 것을 피하십시오. 그들이 하는 방법을 충분히 숙지했다면 그들의 방식에 플러스를 하여 창업하라는 뜻입니다. 예를 들어 서점을 창업할 생각이라면 서점 한 켠에 책을 읽을 수 있는 아담한 커피 매장을 같이 창업하는 것입니다.

2 어디에서 창업하니?

점포 위치를 선택하는 것은 소매점 사장님에서 서민 부자가 되는 꿈 실현의 가장 중요한 포인트입니다. 좋은 제품과 훌륭한 직원을 준비했지만 고객이 없다면 아무 소용이 없기 때문입니다. 창업할 매장이 유명 프랜차이즈가 아니라면 기본적으로 우선시해야 할 점은 유동 인구가 많은 위치를 선택해야 한다는 점입니다. 먼저 입지를 선정한 뒤 그곳의 유동 인구를 분석하세요. 그런 뒤 그 지역에서 점포를 선정하는 중요한 포인트라면 꾸준하게 고객이 유입되는 비경쟁 매장 옆에 입점하는 방법입니다. 임차료가 비싸면 차선책으로 묫 좋은 장소를 찾아보십시오. 묫 좋은 장소를 찾는 작업에 계획보다 10배 이상의 시간을 투자하십시오.

본문에 인용된 % 숫자는 소상공인진흥원의 2012년 자영업자 조사자료를 인용하였으며, 세금계산서 발행분에 해당하지 않는 숨어 있는 매출액이 있다고 가정하고 각 숫자를 1~5% 내외 임의 조절하여 인용했습니다.

3 매장의 테마(포지셔닝 선정)

매장의 테마를 선정합니다. 예를 들어 소녀를 위한 화장품 매장 혹은 소녀를 위한 카페를 창업할 생각이라면 간판의 명칭부터 매장의 인테리어까지 '소녀'라는 테마에 맞추는 전략입니다. 그 매장은 소녀의 것이라는 인식을 주는 것, 소녀들을 위한 상품이 있는 곳이라는 기대치를 주는 것입니다. 취급 품목은 선물, 문구, 신발, 액세서리 등 모든 연령대의 소녀를 위한 상품을 취급합니다. 카페 창업의 경우 카운터 한쪽에 진열장을 만든 뒤 선물, 문구, 신발, 액세서리, 서적, 캐릭터 용품을 같이 취급할 수도 있습니다. 물론 부가가치가 높은 제품을 취급하는 것이 좋겠죠. 색상은 소녀의 취향에 맞게 라임색, 핑크색, 파스텔 톤을 사용합니다. 이러한 테마는 매장의 변별성을 높이고 충성심 높은 고객을 만드는 방법입니다.

4 트렌드(추세를 파악하라)

창업 후 운영을 할 때 가장 중요한 점은 사업의 상태로 현상 유지하면서 트렌드, 즉 유행에 민감한 소비재를 찾는 작업입니다. 당신이 현재의 트렌드에 관해서 모든 것을 안다고 생각하지 마십시오. 무엇보다 자신의 과거를 내려놓고 겸손하십시오.

최신 트렌드 정보를 입수할 때는 TV, 패션 잡지, 요리 잡지, 여행 잡지를 참고하는 방법이 있습니다. 트렌드를 찾을 때는 지역은 물론 해외 트렌드도 연구합니다. 인기 있는 트렌드 중에서 당신의 상점에서 취급할 수 있거나 매장의 주제와 부합한 소비재를 선정합니다. 확신이 없으면 고객의 말을 경청합니다. 무엇보다 확실한 것은 곧 인기 있을 트렌드와 신제품은 가까운 도매 마트에서 확인할 수 있다는 점입니다. 해외 도매 쇼핑몰에서도 확인할 수 있습니다.

5 직원 채용

사장님의 대부분은 자기보다 일을 많이 하는 사람을 뽑으려는 경향이 높습니다. 물론 그것도 옳지만 일반적으로 열심히 하려는 '열의를 보이는 사람'을 뽑는 것이 더 좋습니다. 당신의 비즈니스 유형에 대해 공부하고 싶어 하는 사람은 아무래도 능동태로 일을 할 것입니다. 예컨대 카센터 직원을 뽑을 때는 자동차에 무엇보다 관심 있는 직원, 옷가게 직원을 뽑을 때는 패션 디자인 수업에 다니는 사람이 더 열성적으로 일할 확률이 높습니다. 사람을 뽑을 때는 이 일에 관심이 있냐고 물어보는 것도 한 방편입니다. 이 일에 관심 있는 사람, 그리고 당신이 모르는 어떤 것을 아는 사람을 뽑는 것이 인재 고용입니다.

6 고객 인센티브

대부분의 사장님들은 일단 고객을 받은 뒤에는 그 고객이 다시 방문해오길 원합니다. 재방문을 유도하는 기법 중 흔한 기법이 인센티브 프로그램을 제공해 재방문을 유도하는 방법입니다. 커피 10잔 구매 시 1잔 무료 같은 인센티브 프로그램을 준비하거나 단골손님을 위한 특정 상품에 대한 할인 또는 서비스 상품을 제공합니다. 화장품 매장에서 흔히 볼 수 있는 덤으로 주는 상품도 하나의 예제입니다. 따라서 사업 계획을 세울 때는 고객 인센티브 계획도 함께 세우기 바랍니다.

7 약점을 고치는 것보다는 강점에 집중하기

사람은 자신에게 어떤 강점이 있고 어떤 관심이 있기 때문에 사업을 구상합니다. 아마 자신에게 강점이 없다면 사업할 생각을 하지 않을 것입니다. 사업을 할 때는 자신의 약점을 찾아서 고치는 것도 중요하지만 강점을 더 강하게 만드는 것이 더 좋은 방법입니다. 중국 요리점을 차렸을 때, 자장면 요리에는 자신 없지만 짬뽕 요리만큼은 잘 한다면, 짬뽕을 강점이라고 생각하고 짬뽕 메뉴를 다양화 및 더 맛있게 만드는 방법을 연구하는 것이 강점의 상품화입니다. "저 집에서는 짬뽕 하나는 최고다!"라는 말을 들을 수 있다면 그 사람의 사업은 결코 실패하지 않습니다.

CHAPTER 2

개인창업과 법인창업은
어떻게 다를까

개인사업자와 법인사업자의 세금

개인이 창업을 준비하다 보면 보통 법인창업을 염두에 두지 않습니다. 법인창업의 절차를 모를 뿐더러 법인창업의 장점을 모르기 때문입니다. 지금부터 개인창업과 법인창업의 장단점을 알아봅니다.

개인사업의 강점은 아무래도 회계에 전문적이지 않아도 된다는 점에 있습니다. 쉽게 말해 사업주가 직접 간편장부를 작성할 수 있으므로 경리비용을 절감할 수 있습니다. 세금은 사업장 운영주 앞으로 고지됩니다. 법인창업은 복식회계가 기본 요건이기 때문에 경리비용 혹은 세무사 용역비용이 필요합니다. 경리비용이 들어가지만 개인사업자에 비해 세금을 10% 이상 줄일 수 있기 때문에 일정 이상의 매출이 발생하는 대형 레스토랑, 대형 슈퍼마켓, 대형 잡화의류점의 창업은 법인 형태의 창업이 좋습니다. 세금은 법인사업체 앞으로 고지됩니다.

▌ 개인사업체와 법인사업체의 납부할 세금 구조

기준	구분	과세표준 (연간 사업순이익을 세액계산이 쉽도록 나눈 기준)	부가가치세 (물품가의 10%)
개인사업자 (2018년 기준)	간이사업자 (업종에 따라 다름)	종합소득세(과세표준의 6~42%) 1,200만 원 이하 시 6% 1,200~4,600만 원 15%(공제 있음)	10% (매입부가세 납부액만큼 공제 있음)
	일반사업자	4,600~8,800만 원 24%(공제 있음) 8,800만 원~1억 5,000만 원 35%(공제 있음) 1억 5,000만 원~3억 원 38%(공제 있음) 3억~5억 원 40%(공제 있음) 5억 원 초과 시 42%(공제 있음)	10% (매입부가세 납부액만큼 공제 있음)
	면세사업자	＊ 지방세는 종합소득세의 10%	없음
법인사업자 (2018년 기준)	공통	법인세(과세표준의 10~22%) 2억 원 이하 시 10% 2억~200억 원 20% 200억 원 초과 시 22% ＊ 지방세는 법인세의 10%	10% (매입부가세 납부액만큼 공제 있음)

 대표의 순이익이 연간 3,000만 원 이상 예상되면 법인창업으로 방향을 잡는 것이 좋지만 회계 등 여러 비용이 더 들어가므로 일반사업자로 창업하는 것이 더 좋습니다. 법인창업은 순이익이 1억 원을 넘을 것으로 예측될 경우 준비합니다.

02

SECTION

개인창업과 법인창업의 비교

개인사업체와 법인회사의 차이점을 확실히 알고 넘어간다면 창업 전 어느 쪽으로 창업해야 할지 결정할 수 있습니다.

	개인사업	법인사업
특징	직원 10인 이하의 현상유지형 업종. 도소매업, 요식업, 숙박업, 양판점, 교육업, 인터넷 쇼핑몰, 제조업, 건설업, 운수업 등(직원 수백 명의 중소기업도 법인으로 등록하지 않으면 개입사업체)	성장 유망하고 일정 이상 확장 가능한 업종에 좋음. 대형 쇼핑몰, 제조업, 벤처기업, 무역업, 대형 양판점 등
자본금	없음	이론적으로는 은행잔고증명서로 가능 •최소 500만~1,000만 원(소기업) •보통 5,000만~1억 원(일반기업)
방식	사업자등록 신청으로 사업개시	법인설립등기+사업자등록 신청으로 사업개시
창업 시 필요인원	1인(본인)	법인설립등기 인원 필요 •1인으로 가능하나 보통 3인 등록
사업변경	자유	우선 정관을 변경해야 사업변경 가능
이윤	대표자가 사업이윤 독식	배당을 통해 주주들에게 이윤 분배. 대표자의 회사이윤 개인 전용 불가
위험성	사업 실패 시 부채, 손실에 대해 대표자가 무한책임	사업 실패 시 대표자, 주주가 지분이나 출자 한도 내에서 유한책임
사업양도	사업체 및 건물 양도 시 높은 양도세. 인수한 새 대표자는 같은 사업을 영위해도 신규 사업자등록 필요	주식양도 방식이므로 양도에 용이하고 양도세율이 낮음. 인수한 새 대표자는 신규 사업자등록 필요 없음
은행거래 신용도	거의 바닥(은행대출 거의 불가능)	높음(업체의 신용등급에 따라 운전자금, 시설자금의 대출 수시 가능)
외부자금 조달	어려움(사업자금 부족 시 친인척 돈을 끌어와야 함)	용이함(사업자금 부족 시 신주 또는 회사채로 자금조달 용이)
사업확장	사장 개인이 신속하게 결정	투자자의 찬성 등이 있어야 하므로 느린 결정
회계	간편장부(간이부기) 인정. 매출 높으면 복식부기자로 자동 전환	복식부기만 인정(복식부기 작성을 위한 경리직원 필요)
결산보고	없음	주주, 출자자에게 결산일에 보고
세금	매출 높을수록 불리	개인기업에 비해 상대적으로 유리
폐업	자유	공식 절차 필요

개인창업 절차와 소요기간

03
SECTION

그렇다면 개인창업에는 어떤 절차가 필요할까요? 개인창업의 절차를 큰 틀로 정리한 뒤 각개별 필요사항을 알아봅니다.

▌ 예비창업자의 창업 준비기간

예비창업자의 개업까지 창업 예비기간은 통상 1년, 짧으면 6개월로 잡는 것이 좋습니다.

중소기업청 자료를 보면 2010년 국내 소상공인의 창업 준비기간은 6개월 이내인 경우가 60.4%이고 4개월 미만의 창업 준비기간을 가진 창업자는 40%입니다. 창업 준비기간이 짧다는 것은 그만큼 성급한 판단 하에 창업을 했다는 뜻입니다. 창업을 일사천리로 진행했기 때문에 이는 인지능력이 없음을 보여주는 것이고, 그 결과 창업 후에는 저매출 사업가군에 합류합니다. 즉 성급하게 창업하면 망할 확률도 그만큼 높은 것입니다.

중소기업청 자료를 보면 준비기간이 짧은 창업자는 창업 후 매출액 면에서 높은 성과를 낼 수 없습니다. 6~24개월 창업 준비기간을 거친 창업자는 스스로 창업 공부와 업종분석을 많이 하기 때문에 창업 후의 매출이 상대적으로 높음을 알 수 있습니다.

망하는 사업가의 이유는 무엇일까요?
정말 일사천리로 창업하면 망할까요?

저는 일사천리로 창업하는 사람들은 결단력이 있는 것이 아니라 준비 부족인 사람이라고 생각합니다.

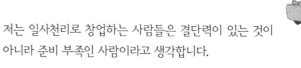

▌ 국내 소상공인의 창업 준비기간과 매출액

창업 예비기간이 길다면 그만큼 업종분석을 많이 하면서 사업감각을 미리 익히기 마련입니다. 물론 사업자본도 끌어모을 만큼 끌어모았을 것입니다. 그래서 예비창업자는 가급적 6개월 이상의 창업 예비기간을 가지면서 사업과 관련된 각종 지식을 공부한 뒤 창업하는 것이 좋습니다.

창업자의 60.3%가 창업 준비에 6개월 미만의 시간을 두고 성급히 창업하기 때문에 창업 후 저매출군에 합류하는 비율이 높습니다.

창업 준비기간	1개월 미만	1~3개월 미만	3~6개월 미만	6개월~1년 미만	1~2년 미만	2년 이상
창업 후 월매출액	%	%	%	%	%	%
소계	14.2	23.0	23.3	13.5	8.6	17.4
400만 원 이하	15.8	24.2	21.9	11.6	8.0	18.5
1,000만 원 이하	12.3	23.2	25.9	15.6	8.7	14.3
2,000만 원 이하	11.3	22.9	22.6	17.3	9.4	16.4
3,000만 원 이하	10.5	17.5	27.1	15.1	10.2	19.6
4,000만 원 이하	12.7	10.3	19.0	17.5	10.3	30.2
5,000만 원 이하	12.2	19.5	24.4	16.3	13.0	14.6
5,001만 원 이상	11.3	11.6	25.8	16.7	14.2	20.4

자료: 중소기업청(2010년)

창업 준비에 6~24개월을 들인 창업자는 창업 후 고매출 사업가로 합류하는 비율이 높습니다.

▌ 창업 준비기간 동안의 스케줄 ///

창업 준비는 직장에 적을 둔 상태에서 간간이 조사 작업을 하는 것이 좋으며, 직장에서의 퇴사 시점은 점포조사를 시작할 무렵이 좋습니다.

창업은 보통 6~12개월 정도의 시간을 두고 다음과 같은 스케줄로 진행합니다.

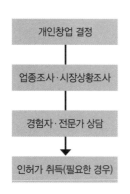

통상 4~10개월 소요
- 창업에 유망한 업종에 대한 면밀한 조사를 시작합니다.
- 업종이 선택되면 자신의 적성, 수익발생 여부를 면밀히 타진하고, 경험자나 전문가의 상담을 받아봅니다.
- 창업 및 운영에 필요한 기술을 습득하는 동시에 거래처 파악, 생태계 분석을 합니다. 만반의 준비가 완료되면 다니던 회사를 퇴사하고 창업을 준비합니다.
- 실패한 창업자의 대부분은 기술 습득까지는 했으나 그 업종의 생태계를 전혀 모르기 때문입니다. 간단히 말해 자신은 아는 게 많고 선택된 사람이라는 선민 정신이 강한 사람은 100% 실패합니다. 처음 창업하는 사람이라면 자신의 화려했던 과거를 버리고 사업에 관해서는 아무것도 아니라는 생각! 겸손한 마음자세로 그 업종의 도매시장부터 판매시장까지의 생태계 조사를 철저히 해야 성공할 확률이 높습니다.

통상 1개월 소요
- 상권분석 및 점포조사를 한 뒤 자기 자본력에 맞는 최적의 점포를 확정합니다. 가장 중요한 것은 상권분석, 즉 입지조건의 조사입니다. 입지조건을 정확히 조사하면 창업 즉시 돈을 벌지만, 입지조건이 나쁘면 창업 후 3년 내 도산합니다.
- 인허가를 필요로 하는 사업은 점포 계약 후 관할 관공서에서 인허가를 취득합니다.
- 업종별 필요한 인허가 사항은 관할 시·군·구 민원실에 문의하면 알 수 있습니다.

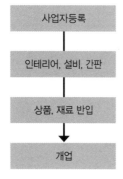

통상 1개월 소요
- 사업자등록과 함께 인테리어 시공 혹은 설비, 사무기기를 사업장에 들여놓습니다.
- 사업자등록 후 개업까지의 기간은 통상 1개월을 잡지만 인테리어 시공이 필요 없는 업종의 경우 10일 내에 개업할 수도 있습니다.

04 SECTION

사업자등록증

창업을 결정한 뒤에는 사업자등록을 해야 정식 사업자가 됩니다. 사업자등록은 동네 편의점을 오픈할 때도 필요한데 그 이유는 카드 결제 손님 때문입니다.

    사업자등록은 사업체의 주소지를 관할하는 세무서 혹은 국세청 인터넷망인 '홈텍스'에 접속하여 작성 및 등록할 수 있습니다. 사업자등록신청서의 내용은 관할 세무서에서 나누어 주는 신청서와 홈텍스에서 볼 수 있는 신청서가 같은 내용이므로 홈텍스에서 작성하는 것이 발품을 덜 수 있습니다. 법적으로도 사업자등록을 해야만 사업을 할 수 있습니다.

    먼저 국세청의 사업자 관리망인 홈텍스에 공인인증서 혹은 일반사용자로 가입한 뒤 로그인합니다. 사업자등록을 하려면 기본적으로 임대차계약서, 각종 인허가 서류 같은 부대서류를 사진 파일로 준비해야 합니다.

 사업자등록증이 뭔가요? 그리고 사업자등록을 하는 이유는요?

 사업을 하려면 일종의 부가세를 국가에 납부해야 합니다. 즉 납세의무자인 사업자가 국세청 관리대장에 자신을 사업자로 등록시키면서 받는 증서가 사업자등록증입니다.

 사업자등록을 안 하고 사업하는 사람들도 있는 것 같던데요?

 영세한 규모의 사업은 세무서에서 터치를 안 하니까 할 수 있습니다. 그러나 사업자등록증이 없으면 카드가맹점이 될 수 없으므로 신용카드를 받을 수 없고 정식 세금계산서도 발행할 수 없습니다. 또한 은행에서는 사업자로 인정하지 않습니다.

 매출이 크게 발생하는데도 사업자등록을 안 하면 세무서의 추적이 들어온 뒤 그동안 안 낸 부가세를 일괄해서 내야 합니다. 또한 부가가치세법상 미등록가산세가 부과되므로 세금을 사정없이 두들겨 맞는 것과 진배없는 상황이 됩니다.

▌사업자등록신청서 //

국세청의 인터넷 발급, 신청, 세금신고 시스템인 홈텍스에서 사업자등록을 할 때 볼 수 있는 양식입니다. 지역 세무서에서 볼 수 있는 종이 형태의 사업자등록신청서와 같은 내용입니다. 세무서를 내방하여 사업자등록신청서를 작성할 때는 업종코드 등을 일일이 찾아 작성하지만 홈텍스에서 작성할 때는 '검색' 기능으로 업종코드 등을 자동으로 찾아 입력할 수 있습니다.

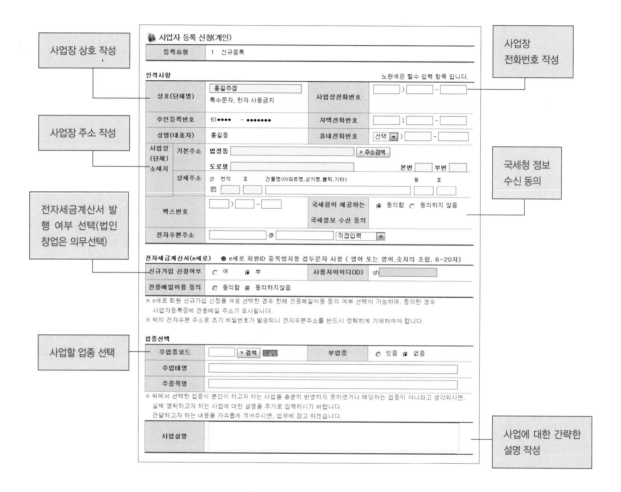

 전자세금계산서란 종이세금계산서 대신 인터넷상으로 세금계산서를 주고받는 것을 말합니다. 소득세 확정신고 시 전자세금계산서 1건당 200원을 공제하고 발행건수가 많을 경우 최대 100만 원 한도까지 공제할 수 있으므로 신청하는 것이 좋습니다.

따라서 홈텍스에서 사업자등록신청서를 작성하는 것이 더 편리하고 교통비와 시간을 절감할 수 있습니다.

왼쪽 설명 박스:
- 사업할 사업장 위치 등의 정보
- 사업형 선택
- 요식업일 경우 작성
- 유흥업소일 경우 작성
- 쇼핑몰일 경우 작성
- 화물운송업일 경우 작성
- 사업자등록증 서류 받을 주소 작성

오른쪽 설명 박스:
- 공동사업자가 있을 경우 사업을 위해 함께 투자한 자금 총액
- 매출액이 늘어나면 일반과세자로 자동 전환되므로 1인 사업자일 경우 '간이과세제' 추천
- 쇼핑몰 사업자가 여러 쇼핑몰 홈페이지를 운영할 경우 추가 등록
- 화물운송업 사업자가 차량이 여러 대일 경우 추가 등록

사업장 정보

개업일자		종업원 수	3 명
사업장구분	○ 본인소유 ● 타인소유 ○ 타인법인소유	사업장면적	평 ㎡ 안내)평은 자동으로 ㎡ 변환
자기자금	5,000 만원	타인자금	3,000 만원
공동사업자신청	○ 있음 ● 없음 주의)10인 이상인경우 신청불가	출자금	만원
성립일자			

사업자유형 선택

사업자유형: ● 일반 ○ 간이 ○ 면세 ○ 법인아닌 종교단체 ○ 종교단체이외의 비사업자

● 선택사항(아래 내용은 기재할 수 있는 부분만 기재하셔도 됩니다.)

- 인허가사업여부: ■ 신고 ■ 등록 ■ 허가 ■ 해당없음
- 주류면허신청: ● 없음 ○ 의제판매업(일반소매) ○ 의제판매업(유흥음식점)
- 개별소비세해당여부: [   ] > 검색   교육세대상신청 ○ 있음 ● 없음

유흥업소내역(선택사항)

| 허가관청 | > 검색 | 허가구분 | ● 없음 ○ 유흥 ○ 단란 |
| 허가번호 | | 허가면적 | 평 ㎡ |

사이버몰(선택사항)

| 사이버몰 명칭 | 사이버몰 도메인 | + 추가 |
| | | × 삭제 |

중기/화물운송 사업자(선택사항)

| 차량번호 | 차대번호 | + 추가 |
| | | × 삭제 |

서류송달장소(사업장소와 다를 경우 입력)

송달장소	기본주소	법정동	> 주소검색	
		도로명	본번 부번	
	상세주소	산 번지 호 건물명(아파트명,상가명,블럭,기타) 동 호		

국세청 홈텍스 홈페이지에서 사업자등록 신청을 완료하면 보통 2시간 내 관할 세무서 담당자의 확인 전화가 온 뒤 정식 접수됩니다. 신청한 '사업자등록증'은 나중에 홈텍스에서 인쇄·출력할 수 있습니다.

사업자등록과 업종별 인허가 및 제출 서류

05
SECTION

사업자등록을 신청할 때 첨부할 서류로는 해당 업종과 관련된 각종 '인허가 서류'와 사업장의 '임대차계약서 사본' 등이 있습니다. 인터넷 홈텍스에서 사업자등록을 작성할 경우 각 제출 서류의 스캔 사진이나 디카 사진을 전송해도 무방합니다.

■ 사업자등록 신청을 할 때 제출해야 할 업종별 추가 서류

업종별 인허가 및 첨부 서류가 많을 경우 어디에서 발급받아야 할지 모릅니다. 또한 첨부 서류는 매년 바뀔 수 있으므로 관할 관공서의 민원실에 문의하는 것이 가장 확실한 정답입니다. 일단 인허가 사항을 알아낸 뒤에는 관련 소방서나 보건소 등을 내방하여 인허가 서류를 신청해야 합니다.

---

1 [건설업]
[공통]임대차계약서 사본(사업장을 임차한 경우에 한함)
[공통]건설업 중에서 등록이나 허가업종 영위 시 그 허가(신고증) 사본 또는 사업계획서
[공통]자금출처 소명서(금지금 도/소매업, 과세유흥장소에서의 영업)
[공통]수임계약서(세무대리인 신청한 경우에 한함)
[공통]사업자등록 신청내용 확인서(세무대리인이 신청할 경우 필수로 제출)
[공통]위임받은 자의 신분증 또는 운전면허증 등(세무대리인이 신청할 경우 필수)
[화물, 중기업]위·수탁 관리 계약서
[화물, 중기업]지입회사 사업자등록증 사본
[화물, 중기업]납세관리인 설정신고서(납세자의 인감증명서 첨부)
[화물, 중기업]건설기계등록증(자동차등록원부) 사본
[화물, 중기업]지입회사에서 대리신청: 면담점검부, 위임장, 본인 및 대리인 신분증

2 [소매업] 종합식품, 유원지매점, 기타 음식료품 일용잡화(522071)
[공통]임대차계약서 사본(사업장을 임차한 경우에 한함)
[공통]등록이나 허가업종 영위 시 그 허가(신고증) 사본 또는 사업계획서
[공통]자금출처 소명서(금지금 도/소매업, 과세유흥장소에서의 영업)
[공통]수임계약서(세무대리인 신청한 경우에 한함)
[공통]사업자등록 신청내용 확인서(세무대리인이 신청할 경우 필수로 제출)
[공통]위임받은 자의 신분증 또는 운전면허증 등(세무대리인이 신청할 경우 필수)

3 [소매업] 화장품외판소매(523132)
[공통]임대차계약서 사본(사업장을 임차한 경우에 한함)
[공통]등록이나 허가업종 영위 시 그 허가(신고증) 사본 또는 사업계획서
[공통]자금출처 소명서(금지금 도/소매업, 과세유흥장소에서의 영업)
[공통]수임계약서(세무대리인 신청한 경우에 한함)
[공통]사업자등록 신청내용 확인서(세무대리인이 신청할 경우 필수로 제출)
[공통]위임받은 자의 신분증 또는 운전면허증 등(세무대리인이 신청할 경우 필수)

---

4 [소매업] 외의(각종 남녀 외의, 작업복, 가죽옷 등)(523231)
[공통]임대차계약서 사본(사업장을 임차한 경우에 한함)
[공통]등록이나 허가업종 영위 시 그 허가(신고증) 사본 또는 사업계획서
[공통]자금출처 소명서(금지금 도/소매업, 과세유흥장소에서의 영업)
[공통]수임계약서(세무대리인 신청한 경우에 한함)
[공통]사업자등록 신청내용 확인서(세무대리인이 신청할 경우 필수로 제출)
[공통]위임받은 자의 신분증 또는 운전면허증 등(세무대리인이 신청할 경우 필수)

5 [소매업] 전자상거래업(525101)
[공통]임대차계약서 사본(사업장을 임차한 경우에 한함)
[공통]등록이나 허가업종 영위 시 그 허가(신고증) 사본 또는 사업계획서
[공통]자금출처 소명서(금지금 도/소매업, 과세유흥장소에서의 영업)
[공통]수임계약서(세무대리인 신청한 경우에 한함)
[공통]사업자등록 신청내용 확인서(세무대리인이 신청할 경우 필수로 제출)
[공통]위임받은 자의 신분증 또는 운전면허증 등(세무대리인이 신청할 경우 필수)

6 [음식 및 숙박업] 한식점업(552101)
[공통]임대차계약서 사본(사업장을 임차한 경우에 한함)
[공통]등록이나 허가업종 영위 시 그 허가(신고증) 사본 또는 사업계획서
[공통]자금출처 소명서(금지금 도/소매업, 과세유흥장소에서의 영업)
[공통]수임계약서(세무대리인 신청한 경우에 한함)
[공통]사업자등록 신청내용 확인서(세무대리인이 신청할 경우 필수로 제출)
[공통]위임받은 자의 신분증 또는 운전면허증 등(세무대리인이 신청할 경우 필수)

7 [음식 및 숙박업] 기타 음식점업(간이음식점), 편의방(552109)
[공통]임대차계약서 사본(사업장을 임차한 경우에 한함)
[공통]등록이나 허가업종 영위 시 그 허가(신고증) 사본 또는 사업계획서
[공통]자금출처 소명서(금지금 도/소매업, 과세유흥장소에서의 영업)
[공통]수임계약서(세무대리인 신청한 경우에 한함)
[공통]사업자등록 신청내용 확인서(세무대리인이 신청할 경우 필수로 제출)
[공통]위임받은 자의 신분증 또는 운전면허증 등(세무대리인이 신청할 경우 필수)

8 [운수업] 일반택시, 고급택시, 콜택시(602201)
[공통]임대차계약서 사본(사업장을 임차한 경우에 한함)
[공통]등록이나 허가업종 영위 시 그 허가(신고증) 사본 또는 사업계획서
[공통]자금출처 소명서(금지금 도/소매업, 과세유흥장소에서의 영업)
[공통]수임계약서(세무대리인 신청한 경우에 한함)
[공통]사업자등록 신청내용 확인서(세무대리인이 신청할 경우 필수로 제출)
[공통]위임받은 자의 신분증 또는 운전면허증 등(세무대리인이 신청할 경우 필수)

9 [운수업] 정기노선화물차 및 일반구역화물차(6톤 미만, 602301)
[공통]임대차계약서 사본(사업장을 임차한 경우에 한함)
[공통]등록이나 허가업종 영위시 그 허가(신고증) 사본 또는 사업계획서
[공통]자금출처 소명서(금지금 도/소매업, 과세유흥장소에서의 영업)
[공통]수임계약서(세무대리인 신청한 경우에 한함)
[공통]사업자등록 신청내용 확인서(세무대리인이 신청할 경우 필수로 제출)
[공통]위임받은 자의 신분증 또는 운전면허증 등(세무대리인이 신청할 경우 필수)

10 [운수업] 용달차(602307)
[공통]임대차계약서 사본(사업장을 임차한 경우에 한함)
[공통]등록이나 허가업종 영위 시 그 허가(신고증) 사본 또는 사업계획서
[공통]자금출처 소명서(금지금 도/소매업, 과세유흥장소에서의 영업)
[공통]수임계약서(세무대리인 신청한 경우에 한함)
[공통]사업자등록 신청내용 확인서(세무대리인이 신청할 경우 필수로 제출)
[공통]위임받은 자의 신분증(주민등록증, 운전면허증 등)(세무대리인이 신청할 경우 필수)
[화물, 중기업]위·수탁 관리 계약서
[화물, 중기업]지입회사 사업자등록증 사본
[화물, 중기업]납세관리인 설정신고서
[화물, 중기업]건설기계등록증(자동차등록원부) 사본
[화물, 중기업]지입회사에서 대리신청: 면담점검부, 위임장, 본인 및 대리인 신분증

11 [부동산업] 점포(자기 땅)(701201)
[공통]임대차계약서 사본(사업장을 임차한 경우에 한함)
[공통]등록이나 허가업종 영위 시 그 허가(신고증) 사본 또는 사업계획서
[공통]자금출처 소명서(금지금 도/소매업, 과세유흥장소에서의 영업)
[공통]수임계약서(세무대리인 신청한 경우에 한함)
[공통]사업자등록 신청내용 확인서(세무대리인이 신청할 경우 필수로 제출)
[공통]위임받은 자의 신분증 또는 운전면허증 등(세무대리인이 신청할 경우 필수)

12 [부동산업] 부동산중개업(702001)
[공통]임대차계약서 사본(사업장을 임차한 경우에 한함)
[공통]등록이나 허가업종 영위 시 그 허가(신고증) 사본 또는 사업계획서
[공통]자금출처 소명서(금지금 도/소매업, 과세유흥장소에서의 영업)
[공통]수임계약서(세무대리인 신청한 경우에 한함)
[공통]사업자등록 신청내용 확인서(세무대리인이 신청할 경우 필수로 제출)
[공통]위임받은 자의 신분증(주민등록증, 운전면허증 등)(세무대리인이 신청할 경우 필수)

 홈텍스에서의 사업자등록 신청 시 점포 계약서, 인허가 관련 서류 등을 사진으로 전송할 경우 스캔 사진은 200Dpi 이상
이어야 한다. 디지털카메라, 스마트폰으로 찍은 사진은 1,500×2,100 크기 이상이어야 합니다. 또한 사업자등록 신청업무
는 근무시간 내(09:00~18:00)에서만 전송 또는 접수할 수 있습니다.

06 SECTION

개인사업자의 과세 종류: 일반과세자, 간이과세자

개인사업자는 연매출 4,800만 원을 기준으로 간이과세자와 일반과세자로 나뉩니다. 간이과세자와 일반과세자는 부가세 납부액이 달라집니다.

■ 일반사업자(개인사업 일반과세자)

세금계산서를 정식 발행할 수 있으므로 거래처 확보에 유리합니다. 따라서 1인 영세업체가 아닐 경우 일반사업자로 사업자등록 신청을 하는 것이 좋습니다. 사업경력도 인정받기 때문에 추후 금융권에서 융자받을 때도 유리합니다.

일반과세자	연간 매출액 4,800만 원 이상
세금계산서	매출 세금계산서 의무 발행(폭넓은 사업 가능) 매입 세금계산서의 세액을 부가세 납부 시 100% 공제

* 종합소득세 세액=과세표준(매출액-사업소득-소득공제)×누진세율
* 부가세 세액=매출세액(매출액의 10%)-매입세액(매입액의 10%)

노트북을 구입할 때 세금계산서를 달라고 하니까 부가세 10%를 주면 세금계산서를 주겠다고 하더라고요. 세금계산서는 도대체 무슨 용도이길래 노트북 값의 10%를 더 달라고 하나요??

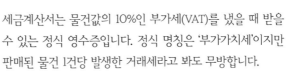

세금계산서는 물건값의 10%인 부가세(VAT)를 냈을 때 받을 수 있는 정식 영수증입니다. 정식 명칭은 '부가가치세'이지만 판매된 물건 1건당 발생한 거래세라고 봐도 무방합니다.

부가세는 사업주가 사적인 용도로 사용하지 않습니다. 사업주는 물건을 팔 때 받은 부가세 10%를 분기별로 전부 모아 이런 거래를 했다면서 세무서에 납부해야 합니다.

간이사업자(개인사업 간이과세자) //

 일반사업자와 비교할 때 부가세 납부금액이 적어 유리한 간이사업자는 법적으로 세금계산서를 발행할 수 없으므로 세금계산서를 요구하는 업체와는 거래를 하지 못합니다. 연매출 4,800만 원 미만으로 추정되는 소매업, 음식점, 숙박업, 고물상, 전기, 수도, 간이제조업, 농·임·어업, 부동산임대업, 서비스업 사업을 개시할 때 생각해볼 만합니다. 간이과세자라고 해도 연매출 4,800만 원을 초과하면 세무서에서 알아서 일반과세자로 전환시킵니다.

 간이과세자의 경우 금융권에서 사업경력으로 인정하지 않기 때문에 추후 은행대출을 받으려 할 때 경력이 없는 것으로 취급받는 억울함이 발생합니다.

간이과세자	연수입(연매출) 4,800만 원 이하
세금계산서	세금계산서 발행 불가 (따라서 세금계산서를 요구하는 업체와 거래 불가능) 매입 세금계산서의 세액을 부가세 납부 시 10~40%만 공제

 * 종합소득세 세액=과세표준(매출액−사업소득−소득공제)×누진세율
 * 부가세 세액=(매출액×업종별 부가가치율×10%)−공제세액(매입세액의 15~40%)

 단지 부가세 납부세액은 거래금액의 통상 10%이지만 업종별 부가세율이 조금 다를 수 있습니다.

 간이과세자를 일반과세자와 비교할 때
 장단점은 무엇인가요?

 간이과세자와 일반과세자는 사실상 차이점이 거의 없습니다. 간이과세자는 세금신고를 할 때 준비할 서류가 더 적지만, 세금계산서를 발행할 수 없기 때문에 큰 거래를 할 수 없다는 약점이 있습니다.

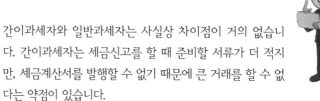

법인사업자 개념 익히기

07
SECTION

흔히 말하는 주식회사가 법인사업자입니다. 소규모 법인사업자도 주식을 가지고 있지만 상장요건을 갖추고 있지 않기 때문에 주식시장에 상장을 못 했을 뿐입니다.

▌법인사업자의 주식 //

법인사업자의 주식은 사업주가 창업자금을 모두 대고 창업한 상태라면 사업주가 주식을 모두 보유한 상태입니다. 사업주는 자금이 필요할 때마다 투자자를 모집해 자신이 보유한 주식을 판매하여 투자금을 만듭니다. 이렇게 하면 판매한 비율만큼 회사의 지분비율이 나누어집니다. 그 후 회사가 성장하여 상장요건을 갖추게 되면 주식시장에 상장할 수 있는데 이때는 기판매한(투자받은) 지분비율을 유지한 상태에서 주식시장에 상장됩니다. 주식시장에 상장되면 일반투자자들이 그 회사의 주식을 사고팔 수 있습니다.

법인 종류	연매출	법인세율
영리법인	2억 원 이하	10%
	200억 원 이하	20% (2,000만 원+2억 원 초과 금액의 20%)
	200억 원 초과	22% (39.8억 원+200억 원 초과 금액의 20%)

* 부가세 별도
* 그 외 주식배당세금 별도

법인의 가장 큰 장점은 '사업주'의 월급을 필요경비로 계산할 수 있다는 점입니다. 그러나 법인체의 사업주는 회사의 이득을 개인 용도로 사용할 수 없습니다. 법인사업주가 회사 이득을 개인 용도로 사용하면 횡령죄가 적용됩니다.

개인회사는 중간에 법인회사로 재창업하는 것이 법적으로 문제없지만, 법인회사는 중간에 개인회사로 돌릴 수 없습니다. 법인회사를 개인회사로 돌리려면 폐업신고를 한 뒤 개인회사를 창업해야 합니다.

08
SECTION

홈텍스에서 사업자등록 신청 절차

사업자등록 신청은 관할 세무서를 내방하거나 인터넷 홈텍스에서 할 수 있습니다. 인터넷 홈펙스에서 신청할 경우 미리 각종 인허가 서류를 사진으로 찍어놓아야 합니다. 인허가 서류는 서류 작성 후 전송시키면 됩니다.

1 **홈텍스 가입하기** 홈텍스(www.hometax.go.kr) 아이디가 없는 분들은 홈텍스에 신규가입하여 아이디를 만듭니다(은행 혹은 증권사 발행 공인인증서 필요).

참고로 사업자등록 신청은 세무사를 대리로 하여 신청할 수도 있습니다.

> 신규가입할 분은 '회원가입'을 클릭해 신규가입합니다.

> 기존의 직장인은 종합소득세(근로소득세)를 신고할 때 사용한 아이디로 로그인합니다.

② **세무서류신고·신청** 메뉴 로그인한 상태에서 '세무서류신고·신청 메뉴'를 클릭합니다.

③ **사업자등록 신청** '사업자등록 신청(개인)' 또는 '사업자등록 신청(법인)' 메뉴를 클릭합니다. 개인사업체를 창업할 분들은 '사업자등록 신청(개인)' 메뉴를 클릭하면 됩니다.

④ 사업자등록 신청 전 알아야 할 사항 파악하기 사업자등록 신청은 중요한 일이므로 알아둘 사항을 읽어보기 바랍니다. 내용을 숙지한 뒤 '다음' 버튼을 클릭합니다.

⑤ 사업자등록신청서 작성 시작하기 사업자등록신청서의 작성을 시작합니다. 지금부터 각각의 항목별 작성법을 알아보겠습니다.

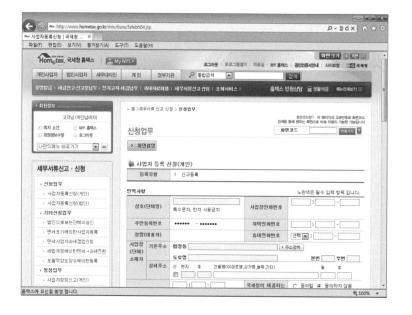

6 인적사항 창업주의 인적사항, 창업할 업체명(상호), 사업장 주소, 전화번호, 이메일 주소를 입력합니다.

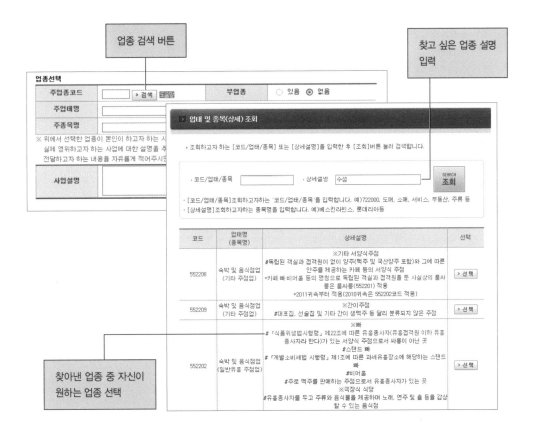

7 업종코드 창업할 업종코드를 입력합니다. 업종코드를 모르기 때문에 '검색' 버튼을 누른 뒤 원하는 업종의 상세설명을 입력하고 '조회' 버튼을 눌러 창업이 가능한 업종을 조회합니다. 그중 자신이 원하는 업종을 선택하면 됩니다.

❽ 부업종 추가 주업종 외 부업종을 같이 창업할 경우 부업종을 입력합니다. 예컨대 숙박업을 하면서 1층에 음식점을 차리고 싶은 경우, 둘 중 하나를 주업종으로 하고 다른 하나를 부업종으로 추가하는 것입니다.

부업종			
부업종코드	부업태명	부업종명	+추가
⬜ >검색	⬜	⬜	×삭제

❾ 개업일자와 임대차계약기간 입력 개업일자를 입력하고 예상 종업원 수를 입력합니다. 1인 간이과세자로 등록할 분이라면 일단 0명으로 입력합니다. 종업원 수를 입력하면 '원천징수 사업자'로 자동 설정됩니다. 타인소유 사업장을 임대사용하는 경우에는 관련 계약 내용을 추가합니다. 그 외 사업장 평수, 자기자본 규모 등을 입력합니다.

개업일자	⬜ 📅	종업원 수	⬜ 명
사업장구분	⦿ 본인소유 ○ 타인소유 ○ 타인법인소유	사업장면적	⬜ 평 ⬜ ㎡ 안내)자동으로 ㎡ 변환
자기자금	⬜ 만원	타인자금	⬜ 만원
공동사업자신청	○ 있음 ⦿ 없음 주의)10인 이상인경우 신청불가	출자금	⬜ 만원
성립일자	⬜ 📅		

임대차내역 추가 입력창

임대차내역				
(임대차 추가입력) (임대차 수록) (한건삭제) (이전자료) (다음자료) (전체삭제) (Clear)				

[0] 건중 [1] 번째 자료임]
※ 임대차내역은 계약서 1장당 1건씩 입력 한 후 임대차 수록을 누르세요.
(추가 입력이 필요하면 '임대차수록' 버튼을 누른 후 '임대차 추가입력' 버튼을 이용하여 입력)

임대인	사업자등록번호	⬜-⬜-⬜	상호(법인명)	⬜
	주민등록번호	⬜-⬜	성명(대표자)	⬜
임차 부동산	기본주소	⬜ >주소검색		
	상세주소	신 번지 호 건물명(아파트명,상가명,빌딩,기타) 동 호 ☐ ⬜ ⬜ ⬜ ⬜ ⬜		
계약내용	계약일자	⬜ 📅		
	계약기간	⬜ 📅 ~ ⬜ 📅		
	보증금	⬜ 원	월세	⬜ 원
	임대인 전화	⬜)⬜-⬜	면적	⬜ 평 ⬜ ㎡

⑩ 공동사업자 공동사업자가 있으면 공동사업자 항목에 입력하고 지분율 등을 입력합니다. 세금 발생 시 공동사업자와 나누어 내게 되므로 실제 공동사업자가 있을 때에만 입력합니다.

공동사업자						
관계	주민(사업자)등록번호	성명(법인명)	지분율	주소		+추가
본인 > 검색			0			×삭제
> 검색			0			×삭제

⑪ 사업장 유형 사업장 유형을 일반과세자 혹은 간이과세자 중에서 선택합니다. 개인택시, 개인용달, 개인화물, 이미용실 외 업종에 따라 법률이 허락하는 업종은 간이과세자로 등록할 수 있습니다.

사업자유형 선택	
사업자유형[필수입력]	○ 일반 ○ 간이 ○ 면세 ○ 법인아닌 종교단체 ○ 종교단체이외의 비사업자

⑫ 인허가 사업 인허가가 필요한 업종이면 '있음'을 선택합니다. 또한 해당 인허가 서류를 모두 받아놓은 상태여야 하며, 사진 파일로 찍어놓은 상태여야 합니다. 업종에 따라 교육세 납부대상일 경우 '있음'을 선택합니다. 인허가 서류를 발급받을 때 이미 교육세 납부대상 업종인지 아닌지 파악한 상태일 것이므로 각 항목에 맞으면 '있음'을 선택합니다.

인허가사업여부	○ 있음 ● 없음		
주류면허신청	● 없음 ○ 의제판매업(일반소매) ○ 의제판매업(유흥음식점)		
개별소비세해당여부	> 검색	교육세대상신청	○ 있음 ● 없음

⑬ 유흥업소내역 유흥업소 업종일 경우 허가관청과 허가번호를 입력합니다. 이미 인허가 서류를 발급받을 때 파악한 상태일 것이므로 각 항목에 맞게 입력하면 됩니다.

유흥업소내역(선택사항)			
허가관청	> 검색	허가구분	☐ (1:유흥 2:단란)
허가번호		허가면적	평 ㎡

⑭ 사이버몰, 차대번호 사이버몰 항목은 인터넷쇼핑몰을 운영할 경우 입력하되 쇼핑몰 명칭과 주소를 입력합니다. 중기·화물운송 업자는 차량번호와 차대번호를 입력합니다.

사이버몰(선택 사항)		
사이버몰 명칭	사이버몰 도메인	+추가
		×삭제

중기/화물운송 사업자(선택사항)		
차량번호	차대번호	+추가
		×삭제

⑮ 서류송달장소 창업 후 각종 세금안내장을 받을 수 있는 주소지를 사업장이 아닌 자신의 거주지 등으로 하고 싶을 경우 입력합니다.

서류송달장소(사업장소와 다를 경우 입력)		
송달장소	기본주소	▶ 주소검색
	상세주소	신 번지 호 건물명(아파트명,상가명,블럭,기타) 동 호

⑯ 인허가 서류 전송하기 신청서 작성을 마무리한 뒤에는 해당 업종에 필요한 각종 인허가 서류, 임대차계역서 서류를 전송해야 합니다. 제출할 서류들은 업종별로 다르므로 미리 취득한 뒤 사진 파일로 찍어놓은 상태여야 합니다. '파일 선택' 버튼을 클릭하여 각각의 해당 서류 사진을 전송합니다.

17 신청서내역 최종 확인하기 사업자등록신청서를 작성 완료한 뒤에는 신청서 내용에 틀린 점이 없는지 최종 확인합니다. 신청접수를 마무리하면 몇 시간 뒤 관할 세무서에서 확인전화가 오고 정식 등록작업을 거친 후 사업자등록증이 발급됩니다. 접수 및 발급 여부, 발급된 사업자등록증 역시 홈텍스에서 수시 확인하고 열람할 수 있습니다.

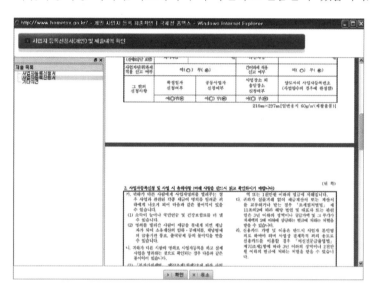

CHAPTER 3

업종별·종류별
창업 준비하기

창업 업종별 인허가 정보

01
SECTION

창업 종목을 살펴보면 업종별로 허가, 등록, 신고가 필요한 업종이 있습니다. 일반적으로 창업할 업종이 위생, 환경, 유해 요인을 내포하고 있을 경우 관련 법을 준수 및 그 인허가를 받아야 창업을 할 수 있습니다.

업종별 허가, 등록, 신고 서류는 관할 시·군·구청, 보건소, 소방서, 경찰서 등의 관련 관공서에서 신청 및 발급을 받습니다. 업종별로 발급받을 서류가 다르므로 먼저 관할 시·군·구청 민원실을 통해 창업 시 필요한 서류를 문의하기 바랍니다.

▍면허업종

주류도소매업은 관련 면허가 있을 경우 창업할 수 있습니다.

주류판매업	주세법	주류도매업, 주류소매업, 주류수출입 외

▍지정업종

담배사업법에 의해 판매업체로 지정된 경우에만 창업할 수 있습니다.

담배소매업	담배사업법	담배판매 외
항공우주산업	항공우주산업개발촉진법	항공우주산업 부품공장 외

▍허가업종

허가업종이란 관련 법을 준수한 뒤 관할 유관기관과의 협의 하에 허가를 취득하고 창업하는 업종입니다.

먹는샘물 제조업	먹는물관리법	생수공장 외
부동산중개업	부동산중개업법	부동산중개소, 부동산사무소 외
숙박업	공중위생법	여관, 모텔, 호텔, 대형 펜션, 고시원 외
식품접객업	식품위생법	음식점, 카페, 커피숍, 유흥음식점, 단란주점 외

식품제조가공업	식품위생법	식품제조사업, 식품제조공장 외
용역경비업	용역경비업법	시설경비, 호송경비, 특수경비, 신변보호경비 외
유기장업	공중위생법	전자오락실, 당구장, 탁구장, 기원 외
유료노인복지시설	노인복지법	유료노인복지원 외
유료직업소개사업	직업안정법	직업소개소, 인력사무소 외
의약품도매상	약사법	의약도매업 외
의약품 및 의류용구 제조업	약사법	의류용구제조공장 외
전당포업	전당포영업법	전당포 외
주유소, 석유판매	석유사업법	주유소, 간이 석유취급점 외
중고차동차매매업	자동차관리법	중고차매매업 외
폐기물처리업	폐기물관리법	폐기물처리업 외
LP가스충전업	액화석유가스법	차량용 LP가스 충전소 외

▌신고업종 //

관련 법을 준수해 시설을 구축하고 신고하면 서류상 검토 혹은 실사를 한 뒤 창업할 수 있습니다.

건강보조식품판매	식품위생법	건강보조식품판매점 외
교습소	학원설립운영법	초·중·고 대상 소형 학원, 피아노·미술교습소 외
결혼상담소	가정의례법	결혼상담소 외
노래방	풍속영업규제법	노래방 외
동물병원	수의사법	동물병원 외
만화대여업	풍속영업규제법	만화방 외
목욕탕	공중위생법	목욕탕, 사우나장 외
무역대리업	대외무역법	오퍼상(무역을 중계하고 수수료를 먹는 업) 외
방송프로그램제작	문화산업진흥법	방송프로그램 독립제작 및 수출업 외
세탁소	공중위생법	세탁소, 신발세탁업, 빨래방 외
세척제제조업	공중위생법	세척제제조공장 외
양곡매매업	양곡관리법	양곡판매업 외
옥외광고업	옥외광고물등관리법	간판 외

의약외품제조업	약사법	의약품 제조공장 외
위생관리용역업	공중위생법	청소용역 외
이미용실	공중위생법	헤어미용숍, 피부관리실 외
장난감제조업	공중위생법	장난감공장 외
장례식장업	가정의례에관한법	장례식장 외
정수기제조업	먹는물관리법	정수기제조공장 외
체육시설업	체육시설설치이용법	실내골프장, 스키장, 당구장, 태권도장, 탁구장 외
화장품제조업	약사법	화장품공장 외

▌등록업종

관련 법에 의거해 시설을 구축하고 등록신고를 하여 창업할 수 있는 업종입니다.

공연장업	공연법	공연장 외
다단계판매업	방문판매법	방문판매, 다단계판매업 외
동물의약품 제조업 등	약사법	동물의약품 제조공장 외
비디오대여업	음반및비디오법	비디오 렌스숍 외
비디오방	음반및비디오법	비디오방 외
무역업	대외무역법	무역업, 오퍼상 외
사료제조업	사료관리법	사료공장 외
안경업소	의료기사법	안경점 외
약국	약사법	약국 외
양공가공업	양곡관리법	양곡공장 외
여행업	관광진흥법	여행업, 여행사 외
음반판매업	음반및비디오법	음반판매점, DVD판매점 외
인쇄업	출판사및인쇄소등록법	인쇄소 외
자동차운송알선	자동차운수사업법	화물운송알선업 외
출판업	출판사및인쇄소등록법	출판사 외
학원	학원설립운영법	어학원, 초·중·고 학원, 피아노·미술학원 외
예식장업	식품위생법 등	예식장 외

02
SECTION

창업의 시작인 인허가 서류 준비하기

허가, 등록, 신고 업종은 모두 관련 법에 준수한 주변 환경이나 매장이면 손쉽게 취득할 수 있습니다. 물론 창업 초창기에는 업종별 인허가 사항을 잘 모르므로 관할 시·군·구청에 문의하여 준비할 서류와 서류 발급처를 알아둡니다.

▌ 인허가의 준비 //

예컨대 '초·중·고 학원'의 창업은 청소년 유해시설이 없거나 청소년 유해시설과 떨어져 있는 건물에 입주한 뒤 학원시설물인 책걸상 등과 소방시설을 구비하면 실사 후 부족한 점을 메꾸고 인허가를 받을 수 있습니다. 이 경우 필요한 서류는 학원 업종이므로 관할 교육청이 될 수 있고, 학원의 소방시설 인허가는 관할 소방서 등에서 담당합니다.

몇몇 업종은 법률적으로 몇 개 이상의 법이 엉켜 있는 상태로 인허가를 받아야 하기 때문에 여러 관련 기관에서 서류를 떼어 보완하면서 창업 준비를 해야 합니다. 물론 대부분의 업종은 보통 두 군데서 서류를 떼어 보완하면 창업할 수 있는 수준입니다.

▌ 사업자등록 //

관련 인허가 서류가 구비되면 관할 세무서에서 '사업자등록'을 정식 신청하여 사업을 시작할 수 있습니다. 즉 사업자등록을 신청하기 전 인허가 서류를 모두 갖추어야 한다는 뜻입니다. 혹시 매장의 위치가 인허가 대상이 아닐 수도 있으므로 매장을 임대하기 전 인허가 서류를 꼼꼼히 챙겨 사업을 벌일 수 없는 장소에서 창업하는 실수를 피해야 합니다.

▌인허가신청서의 예: 소방시설완비증명서를 발급받을 때 필요한 신청서 ////////////

관할 소방서에서 '소방시설완비증명서'를 발급받을 때 사용하는 신청서입니다. 보통 인테리어 공사 시 인테리어 업자가 신고 방법을 알려줍니다. 신청서 양식은 소방서 홈페이지에서 다운로드 합니다.

소방·방화시설등완비확인신청서				처리기간
				3일

신청인	①성　　명	홍달수	②주민등록번호	61****-*******
	③주　　소	서울 공덕동 산 1771번지		
④상　　　　호		공덕싸롱	⑤전 화 번 호	02-****-****
⑥영 업 의 종 류		노래방	⑦영업장 면 적	132제곱미터(40평)
⑧영업장이 있는 층		15층중　4층	⑨허 가 구 분	□ 신규　□ 변경

⑩위치도(약도)

> 소방·방화시설 등 설치내역서는 매장에 설치한 소방·방화시설의 이름, 각 설비의 설치 개수, 설치 위치를 알 수 있는 평면도로 구성되어 있습니다.
> 보통 인테리어 업자가 필요한 만큼 설치하도록 요구하므로 그에 맞게 설치합니다. 그런 뒤 신청하면 소방서에서 실사 후 '소방시설완비증명서'를 발급합니다.

소방법 제8조의2제4항 및 동법시행규칙 제2조의2의 규정에 의하여 위와 같이 신청합니다.

2014년　　　9월　　　19일

신 청 인 : 홍달수　　　(서명 또는 인)

구비서류 :	소방·방화시설등 설치내역서	수수료
		550원

※ 기재요령 : 주소 및 전화번호는 연락이 가능한 곳으로 기재합니다.

> 만일 인테리어 시공을 하지 않을 경우 자신이 직접 소방설비나 소방기구를 구입해 설치합니다. 이 경우 업종별, 매장 크기별 설치할 시설과 설치 개수가 다르므로 민원실에 문의하여 설치하기 바랍니다.

03
SECTION

점포 계약 전 인허가 점포 파악하기

점포를 임대하려면 그 이전에 해당 점포에서 창업이 가능한 업종인지 파악해야 합니다. 예를 들어 유흥업은 '학교정화구역'에서 창업할 수 없으므로 학교 근처의 점포를 계약하는 것은 큰 실수라고 할 수 있습니다.

▌학교정화구역 창업 불가 업종

학교 출입문에서 50m 이내는 절대정화구역, 학교 경계선에서 200m 이내는 상대정화구역이라고 합니다. 만화방, 오락실, PC방 등은 절대정화구역 내에서는 창업 불가 업종이고, 상대정화구역에서는 교육청 허가가 있을 경우 창업할 수 있습니다.

▌주거지역 창업 불가 업종

주거지역은 단독주택 위주의 제1종 전용주거지역, 공동주택 위주의 제2종 전용주거지역, 저층주택 중심의 제1종 일반주거지역, 중층주택 중심의 제2종 일반주거지역, 중고층주택 중심의 제3종 일반주거지역 등이 있습니다.

이들 주거지역에서는 오락실, PC방, 노래방 등을 창업할 수 없으므로 주거지역 외각의 근린생활지역 점포를 물색해야 합니다.

▌근린생활지역 창업 불가 업종

근린생활지역은 일상생활에 필요한 슈퍼마켓 등이 들어설 수 있는 지역을 말합니다.

제1종 근린생활시설에서 창업할 수 있는 종목은 국민의 생활을 편리하게 하는 업종인 슈퍼마켓 등이 있습니다. 말하자면 아파트단지 내 상가 등이 이에 속합니다. 제2종 근린생활시설은 국민의 취미생활에 필요한 종목으로 일반음식점, 노래방, 기원 등이 있고, 아파트의 도로변 상가가 이에 속합니다.

유흥주점, 나이트클럽, 룸살롱, 모텔 등은 주거지역이나 근린생활지역에서 창업할 수 없으므로 더 외곽인 시내 쪽으로 나와야 합니다.

요식업, 유흥업 창업 정보와 절차

04 SECTION

음식점, 주점, 커피숍, 카페, 레스토랑, 유흥주점. 도시락배달업, 제과점 등의 창업 절차와 부대 서류를 알아봅니다.

요식업, 유흥업으로 곧잘 알려져 있지만 세무서 서류상에는 '식품접객업'으로 분류합니다. 다류를 판매하는 휴게음식점, 아이스크림 전문점, 제과점, 분식점, 음식점, 주점, 커피숍, 카페, 레스토랑, 단란주점, 룸살롱, 도시락배달업 등이 이에 속합니다.

▌요식업 인허가 사항 및 관련 법규 //

음식물을 조리·판매하는 업종이므로 대표자의 '건강진단서(보건증)'가 필요합니다. 예를 들어 결핵, 간염 등이 심하면 창업할 수 없으므로 대표자를 부인이나 가족 명의로 돌리는 경우도 있습니다. 그 외 '위생교육'과 '소방시설'에 관한 인허가 과정이 필요합니다.

1 : 필요서류

(1) 건강진단서(보건증) 1부, 대표자 명의(관할 보건소)

(2) 위생교육수료증(한국음식업중앙회 관할 지회)

(3) 점포임대차계약서

(4) 소방시설완비증명서(관할 소방서)

(5) 영업설비개요 및 평면도(관할 시·군·구청)

(6) 신원조회의뢰서(관할 시·군·구청)

(7) 액화석유가스 사용신고서(30평 이상, 도시가스를 사용 안 할 경우)

(8) 수질검사 성적서(지하수 사용 시)

(9) 위 서류를 가지고 영업신고 신청(관할 시·군·구청)

2 : 사업자등록 신청

발급받은 영업신고증과 임대차계약서, 위생교육필증, 보건증, 신분증, 도장 등을 첨부해 사업자등록 신청을 합니다. 홈택스로 사업자등록을 할 경우 공인인증서 로그인으로 신분이 자동 확인된 상태이므로 사업자등록 시 신분증과 도장은 필요하지 않습니다.

▌요식업, 유흥업 창업 절차 ///

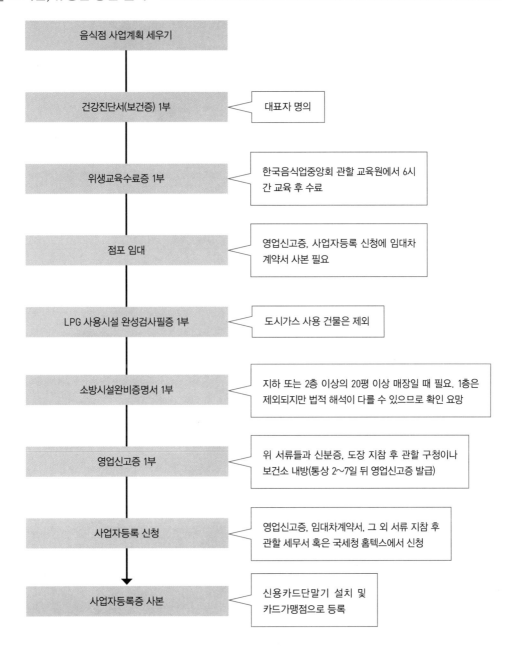

음식점 사업계획 세우기

건강진단서(보건증) 1부 ── 대표자 명의

위생교육수료증 1부 ── 한국음식업중앙회 관할 교육원에서 6시간 교육 후 수료

점포 임대 ── 영업신고증, 사업자등록 신청에 임대차계약서 사본 필요

LPG 사용시설 완성검사필증 1부 ── 도시가스 사용 건물은 제외

소방시설완비증명서 1부 ── 지하 또는 2층 이상의 20평 이상 매장일 때 필요. 1층은 제외되지만 법적 해석이 다를 수 있으므로 확인 요망

영업신고증 1부 ── 위 서류들과 신분증, 도장 지참 후 관할 구청이나 보건소 내방(통상 2~7일 뒤 영업신고증 발급)

사업자등록 신청 ── 영업신고증, 임대차계약서, 그 외 서류 지참 후 관할 세무서 혹은 국세청 홈텍스에서 신청

사업자등록증 사본 ── 신용카드단말기 설치 및 카드가맹점으로 등록

 * 영업신고증 외 각종 서류의 발행 수수료는 몇만 원 정도의 실비입니다. 유흥주점 및 단란주점 창업 시에는 200만 원 가량의 도시철도채권을 매입해야 하며, 일반음식점은 지역별로 10만 원 안팎의 도시철도채권을 매입합니다.

* 요식업, 유흥업 업종은 가정집에서 창업할 수 없습니다. 즉 도시락배달업과 24시간 음식배달업도 가정집이 아닌 점포가 있어야만 창업이 가능합니다.

▌ 식품접객업(요식업, 유흥업)의 종류 //

1 : 휴게음식점업

다류, 아이스크림, 음료, 커피, 분식, 패스트푸드를 조리·판매하는 업종으로 주류는 판매할 수 없습니다.

2 : 일반음식점업

한식, 양식, 레스토랑 등의 음식류를 조리·판매하는 영업장으로 주류를 취급할 수 있습니다. 일반적으로 주류의 판매가 더 이득이 높으므로 음식점은 '일반음식점'으로 창업하는 것이 좋습니다.

3 : 단란주점업

안주와 주류를 조리·판매하는 영업장입니다. 노래방 시설을 가지고 있어 손님의 음주가무가 허용됩니다. '2종유흥업소'로 허가가 나오므로 접대부는 고용할 수 없습니다. 세금은 일반음식점과 마찬가지로 '부가세'와 '소득세'만 납부합니다.

4 : 유흥주점업

안주와 주류를 조리·판매하는 영업장으로 유흥업 종사자(접대부)를 둘 수 있습니다. 손님의 음주가무가 허용됩니다. 접대부를 고용하려면 반드시 '1종유흥업소'로 허가받아야 하며 종업원의 보건증도 챙겨야 합니다. 세금은 부가세, 소득세 외에 특별소비세, 갑근세(봉사료), 교육세가 추가되므로 일반음식점 및 단란주점에 비해 세금납부액이 3~4배 많습니다.

5 : 위탁급식업

학교, 회사, 공장의 집단급식소에서 음식류를 조리·판매하는 업종입니다.

6 : 제과점업

제과, 제빵, 과자, 떡 종류를 제조·판매하는 업종으로 술은 판매할 수 없는 대신 다류, 커피, 음료, 아이스크림은 판매할 수 있습니다.

 편의점 등에서 1회용 컵라면이나 커피에 온수를 부어 판매하는 행위는 예외로 인정하므로 별도의 인허가 사항이 없습니다.

▌ 식품접객업(요식업, 유흥업) 점포 계약 시 확인사항 ////////////////////////////////////

요식업, 유흥업 창업 시 점포를 임대할 때는 다음 사항을 확인하여 요식업, 유흥업 영업이 가능한 건물인지 확인하는 것이 좋습니다.

1 : 도시계획확인원 확인

도시계획확인원을 열람하여 각종 규제사항이 있는 지역인지 확인합니다. 예컨대 유흥주점 허가가 나오지 않는 지역일 수도 있으므로 관할 위생과에 지번을 대고 문의하면 바로 답변을 들을 수 있습니다.

2 : 건축물관리대장 확인

법적으로 음식점 영업신고가 가능한 건물인지 확인합니다. 예컨대 건축물관리대장에 표기된 용도가 '주택'이거나 '소매점'일 경우 음식점을 창업할 수 없습니다. 이 경우 관할 관공서에 '용도변경신청'을 하면 해결할 수 있지만 그만큼 시간이 소요될 것입니다. 임대계약 전 건물주에게 음식점 창업이 가능한 점포인지 문의하는 것이 더 빠르지만 그 건물에서 음식점을 해본 적이 없다면 건물주도 자세한 상황을 모를 것입니다.

3 : 정화조 용량 확인

건물의 정화조 용량이 법적으로 음식점 영업이 가능한 용량인지 확인하기 바랍니다. 정화조 용량이 부족하면 음식점 영업이 불가능하므로 점포 계약 후 이 사실을 알게 되면 자비로 정화조를 확장공사하는 금전적 손실이 발생합니다. 흔히 하는 실수이므로 음식점용 점포를 임대하기 전 반드시 건물주에게 음식점 영업이 가능한 정화조 용량인지 확인하기 바랍니다.

정화조 용량을 계산하는 방법은 아주 간단합니다. 30평 크기의 음식점일 경우 최소 필요한 정화조 용량은 약 18인 용량입니다. 만일 건물에 10개의 음식점이 있다면 건물의 정화조 용량은 최소 180인 크기여야 합니다. 만일 이 상태에서 11번째의 새 음식점이 입주하려면 우선 정화조 용량을 18인 크기만큼 더 늘려야 합니다. 이 사실을 모르기 때문에 인테리어 공사 도중 정화조 확장공사도 같이 하느라 고생하는 창업자들이 많습니다.

숙박업, 호텔 창업 정보와 절차

05
SECTION

여관, 모텔, 무인모텔, 관광호텔, 레지던스, 고시원 등의 창업 절차와 부대서류를 알아봅니다.

일반숙박업을 창업할 경우 소방법과 위생법 관련 인허가를 받은 뒤 이를 기반으로 '영업허가증'을 취득해야 합니다. 관광호텔은 대형 공사이므로 매장문화재지표조사, 사전환경성조사, 교통영향분석 등의 사전 인허가를 통과한 뒤 건물을 세우고 사업자등록을 해야 합니다. 일반적으로 건물과 소방안전시설물을 완벽히 구비해야 창업이 가능하므로 기존 숙박업체를 인수한 뒤 명의변경하는 것이 더 빠릅니다. 최근 고시원이 숙박업에 편입되었습니다.

▌숙박업 인허가 사항 및 관련 법규 //

전통적 의미의 숙박업인 여관, 모텔, 호텔은 영업신고서, 교육수료증, 가스·전기·소방 안전점검 확인서, 영업시설물 설비개요서가 있어야 사업자등록을 할 수 있습니다. 즉 건물 자체가 가스·전기·소방 안전설비 등의 관련 법령을 충족시켜야 창업할 수 있으므로 기존의 숙박업을 인수한 뒤 리모델링하는 것도 좋습니다. 호텔업은 요식업을 겸하므로 이 경우 요식업 관련 인허가도 취득해야 합니다. 보통 상업지구나 준공업지구에서 창업하는데 물류교통량이 많은 곳에서 창업하는 것이 좋습니다.

1 : 필요서류

(1) 숙박업 영업신고서

(2) 전기안전점검 확인서

(3) 소방시설완비증명서(소방필증)

(4) 방염필증

(5) 숙박업 위생교육수료증 외

2 : 사업자등록 신청

필요한 인허가 사항을 신고 완료한 뒤 숙박업 위생교육수료증을 첨부해 사업자등록을 신청하기 바랍니다.

■ 숙박업 창업 절차 //

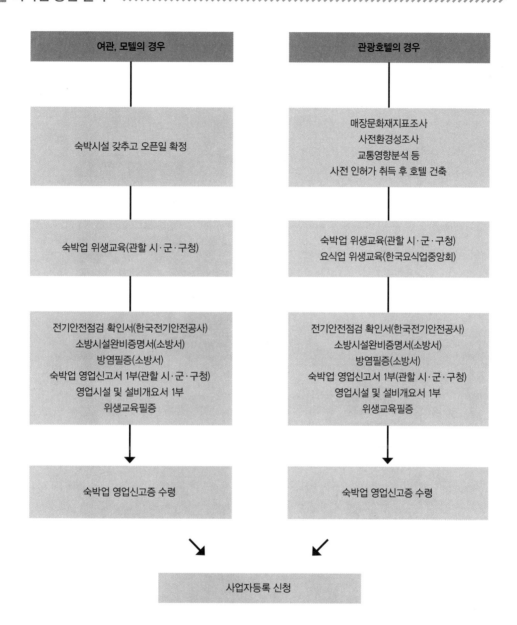

여관, 모텔의 경우	관광호텔의 경우
숙박시설 갖추고 오픈일 확정	매장문화재지표조사 사전환경성조사 교통영향분석 등 사전 인허가 취득 후 호텔 건축
숙박업 위생교육(관할 시·군·구청)	숙박업 위생교육(관할 시·군·구청) 요식업 위생교육(한국요식업중앙회)
전기안전점검 확인서(한국전기안전공사) 소방시설완비증명서(소방서) 방염필증(소방서) 숙박업 영업신고서 1부(관할 시·군·구청) 영업시설 및 설비개요서 1부 위생교육필증	전기안전점검 확인서(한국전기안전공사) 소방시설완비증명서(소방서) 방염필증(소방서) 숙박업 영업신고서 1부(관할 시·군·구청) 영업시설 및 설비개요서 1부 위생교육필증
숙박업 영업신고증 수령	숙박업 영업신고증 수령

사업자등록 신청

민박, 펜션, 게스트하우스 창업 정보와 절차

06
SECTION

민박, 펜션, 게스트하우스(도시형 민박), 야영장 등의 창업 절차와 부대서류를 알아봅니다.

민박·펜션업은 농어촌 주택을 용도변경, 개조하여 창업하는 경우가 많으므로 여관, 모텔, 호텔에 비해 창업이 용이합니다. 특히 객실 수 7실 이하인 민박형 펜션은 '농어촌정비법'에 준해 주택을 약간 개조한 뒤 사업자등록을 할 수 있으므로 관할 시·군·구청에 상담하여 창업할 수 있습니다. 게스트하우스는 230㎡(70평) 미만일 경우 '외국인관광 도시민박업'에 준해, 그 이상의 규모일 경우 '숙박업'에 준해 창업을 준비합니다.

▌민박형·숙박형 펜션 인허가 사항 및 관련 법규 //////////////////////////////////

도로를 끼고 있는 부지로서 준농림지 이상, 펜션 건립이 가능한 부지에서 '농어촌정비법'이나 '공중위생관리법'에 준해 5~30개 객실로 창업합니다.

1 : 필요서류
(1) 농어촌민박사업자 신고서(소형 펜션, 농촌집 개조형 펜션)
(2) 외국인관광 도시민박업 사업자 신고서(도시의 게스트하우스)
(3) 숙박업 영업신고서(대형 펜션)
(4) 전기안전점검 확인서, 소방시설완비증명서, 방염필증(각각 필요한 경우)
(5) 오수처리시설 설치내역(필요한 경우)　　(6) 숙박업 위생교육수료증(필요한 경우)
(7) 숙박업 영업신고증(필요한 경우)

2 : 사업자등록 신청
'농어촌민박사업자' 또는 '숙박업 영업신고증' 또는 '도시민박업 사업자증'이 나오면 세무서에서 사업자등록을 신청하고 정식으로 영업을 개시합니다.

 '농어촌민박사업자'는 그곳에 주소지를 둔 주민에 한해 가능하며 객실 수는 최대 7실을 넘을 수 없는 대신 연 1,800만 원까지 비과세 혜택이 있습니다.

▌펜션 창업 초기 진행 방법 //

1 : 대지확보

펜션을 지을 땅은 지적법상 지목이 '대(垈, 대지)'인 경우에만 가능하므로 수익이 발생할 만한 대지를 물색합니다.

2 : 형질변경

농지는 농지전용허가를 받고, 임야는 형질변경허가를 받아 '대지'로 전환시킵니다.

3 : 건축허가

건축허가 또는 신고 후 펜션 개발을 시작합니다.

4 : 전기 설치

전기, 지하수를 끌어오고, 건물을 준공합니다.

5 : 민박형 펜션일 경우

객실 수가 7실 이하인 민박형 펜션은 농가를 개조하고 '농어촌정비법'에 준한 소방시설 및 전기시설을 구축하면 '농어촌민박사업자'로 신고한 뒤 영업할 수 있습니다.

6 : 일반펜션일 경우

일반펜션은 '공중위생관리법'에 준해 객실 수 30실 이하로 오픈할 수 있습니다. 제주도의 휴양펜션은 제주도 '특별법'에 준해 오픈합니다.

7 : 농·어·산·촌의 민박형 소형 펜션의 영업허가

'농어촌정비법'상 '농어촌민박사업자'로 관할 시·군·구청에 신고합니다.

8 : 도시의 외국인용 게스트하우스 영업허가

관할 구청에서 '외국인관광 도시민박업 사업자'로 신고합니다.

9 : 숙박형 대형 펜션의 영업허가

관할 시·군·구청에 '공중위생법'상 '숙박업' 등으로 영업신고를 합니다.

▋ 창업 절차 ///

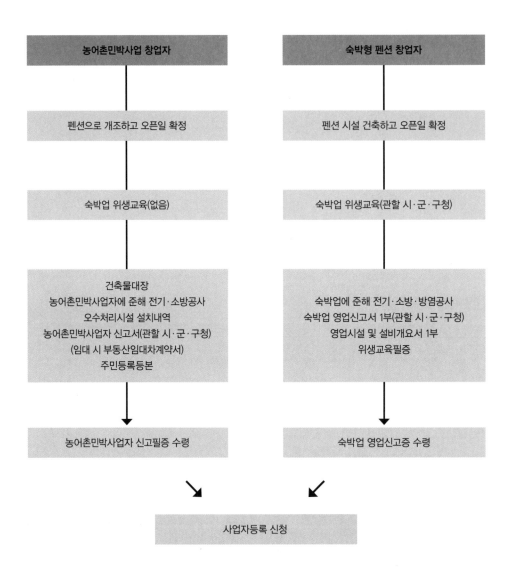

농어촌민박사업 창업자	숙박형 펜션 창업자
펜션으로 개조하고 오픈일 확정	펜션 시설 건축하고 오픈일 확정
숙박업 위생교육(없음)	숙박업 위생교육(관할 시·군·구청)
건축물대장 농어촌민박사업자에 준해 전기·소방공사 오수처리시설 설치내역 농어촌민박사업자 신고서(관할 시·군·구청) (임대 시 부동산임대차계약서) 주민등록등본	숙박업에 준해 전기·소방·방염공사 숙박업 영업신고서 1부(관할 시·군·구청) 영업시설 및 설비개요서 1부 위생교육필증
농어촌민박사업자 신고필증 수령	숙박업 영업신고증 수령

사업자등록 신청

 공중위생법상 영업신고 대상은 숙박업, 이미용업, 목욕장업, 세탁업, 위생관리용역업 등이 있으므로 이들 업체를 창업할 때는 숙박업의 공중위생법 관련 서류가 필요합니다.

임대업 창업 정보와 절차

07
SECTION

주택임대업, 원룸임대업, 상가임대업, 오피스텔임대업 등의 창업 절차와 부대서류를 알아봅니다.

▌ 부동산임대업 인허가 사항 및 관련 법규 //

상가임대업, 오피스텔임대업은 사업자등록 신고를 해야 합니다. 주택임대업은 금액이 적을 경우 사업자등록을 안 하기도 하는데, 만일 세입자가 주택 1층이나 지하를 임대한 뒤 사무실 용도로 사용하면 사업자등록을 하게 되므로 주택 주인도 사업자등록을 해야 합니다. 주거 용도의 원룸임 대업과 주택임대업의 경우 부가세는 면제되고 종합소득세만 냅니다. 오피스텔임대업도 업무용·주 거용으로 나누어지는데 주거용 오피스텔은 부가세 면제사항입니다. 만일 세입자가 임차한 후 사 업용으로 사용한다면 주택과 오피스텔에 관계없이 건물주는 부가세를 납부해야 합니다.

1 : 필요서류

상가임대업, 오피스텔 임대업은 사업자등록 시 첨부할 특별한 인허가 사항이 없고 준비할 서류 로는 '등기부등본' 등이 필요합니다.

(1) 전대사업자: 상가의 일부를 임차하여 임대하는 전대 사업자는 건물 중 임차한 부분의 도면 을 준비합니다.

(2) 주거용 임대주택사업자: 등기부등본(매매계약서)

2 : 사업자등록 신청

상가임대업자 또는 오피스텔임대업자는 등기부등본, 신분증, 도장을 가지고 가서 세무서 혹은 홈텍스에서 사업자등록을 신청합니다. 전대 사업자는 임차한 부분의 도면을 추가 준비해 사업자 등록을 신청합니다. 주거용 주택임대사업자는 '임대주택사업자등록증'을 수령한 뒤 사업자등록 을 신청하는데 일반적으로 '간이과세자'로 신청합니다.

▌임대업 창업 절차 //

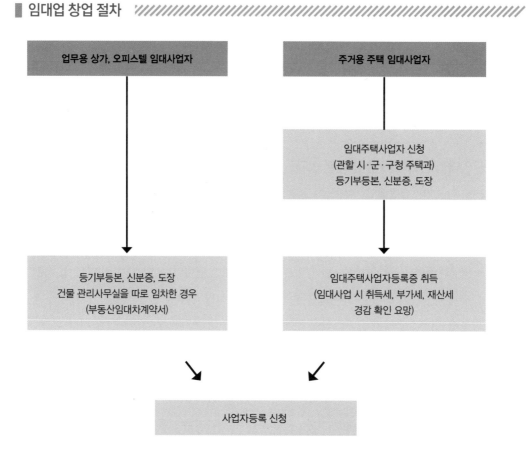

업무용 상가, 오피스텔 임대사업자	주거용 주택 임대사업자
	임대주택사업자 신청 (관할 시·군·구청 주택과) 등기부등본, 신분증, 도장
등기부등본, 신분증, 도장 건물 관리사무실을 따로 임차한 경우 (부동산임대차계약서)	임대주택사업자등록증 취득 (임대사업 시 취득세, 부가세, 재산세 경감 확인 요망)

사업자등록 신청

 사업자등록 신청 시 일반과세자 혹은 간이과세자 중 택일합니다. 상가와 오피스텔은 임차한 세입자가 사업자등록을 한 뒤 부가세 환급을 요구하므로 일반적으로 '일반과세자'로 등록하는 것이 좋습니다. 주거용 주택 임대업자는 연매출 4,800만 원 이하이고 임차인의 부가세환급 문제가 없을 경우 '간이과세자'로 등록하는 것이 좋습니다.

▌부동산 임대사업자 등록 시 주의사항 //

　부동산임대업은 관련 법이 복잡하고 명의이전에 따라 양도세 등이 붙으므로 반드시 부동산 소유주의 이름으로 임대업 사업자등록을 해야 합니다.

부동산 임대사업자 등록 시 필수로 확인해야 할 점은
어떤 것들이 있을까요?

예컨대 부모의 건물을 자신의 이름으로 임대업 등록을 하면
양도세가 덜컥 붙으므로 부모의 건물이면 부모 이름으로
사업자등록을 해야 합니다.

임대업을 할 목적으로 주택, 아파트, 오피스텔을 신규 구입한 경우 취득세,
재산세, 부가세 감면 등의 혜택이 있으므로 사업자등록 전 감면받을 요소는
충분히 감면받고 사업자등록을 하는 것이 좋습니다.

건설임대사업자, 매입임대사업자 등 상황에 따라 감면요소
가 다르므로 관할 건축과 등에 자세히 문의하여 사업자등
록 전 감면요소를 정확히 확인해야 합니다.

2013년 8월 주택법이 일부 개정되면서 개인과 기업의 주택임대사업 및 관리
각종 규제가 풀리고 세제혜택도 주어지는 등 여러모로 용이해졌습니다. 가
까운 일본의 경우 주택임대업이 호황을 맞고 있는데 앞으로 우리나라도 주
택임대관리사업이 점차 확대될 것으로 보입니다.

소매업 창업 정보와 절차

08 SECTION

전자, 핸드폰, 컴퓨터 매장, 잡화, 의류, 구두, 서점, 슈퍼, 식품야채, 편의점 등의 창업 절차와 부대서류를 알아봅니다.

주변에서 흔히 보는 소매업은 별도의 인허가 없이 사업자등록 신청만으로도 창업할 수 있으므로 창업서류 준비보다는 점포입지 분석, 월 임차료, 상품조달 방법에 최선을 다하는 것이 좋습니다. 판매할 상품 아이템의 선정, 원만한 상품 조달자 선택, 상품을 잘 소진시킬 위치의 점포를 구합니다. 점포 인테리어 후 상품수급 계약으로 상품을 매입, 진열하고 개업 날짜를 정한 뒤 사업자등록을 신청합니다. 잡화, 의류, 구두, 서점, 슈퍼, 식품야채 등의 영세업종은 '간이과세자'로 사업자등록을 해도 충분하지만 양판형·고급형 소매점 창업이라면 '일반과세자'로 사업자등록을 합니다.

▌ 소매점 인허가 사항 및 관련 법규

소매업은 별다른 인허가 사항이나 관련 법규가 없으므로 '임대차계약서' 같은 기본 서류만 준비합니다. 판매할 상품 아이템, 상품조달 방법을 확정한 뒤 판매가 잘 될 점포를 구한 뒤 창업하기 바랍니다.

1 : 초기 진행 방법

(1) 판매할 상품 아이템을 설정합니다.

(2) 상품을 안정적으로 조달할 공급처를 확보합니다.

(3) 점포 계약을 합니다.

(4) 인테리어, 간판, 홍보전단지 제작을 합니다.

2 : 사업자등록 신청

임대차계약서 등을 준비하여 세무서나 홈텍스에서 사업자등록을 신청합니다.

 현재 국내의 소매업 중에서 양판형으로 키울 만한 아이템은 장난감전문양판점, 잡화전문양판점 등이 있습니다. 대형 슈퍼마켓을 하려는 사람이라면 백화점식 대형 잡화양판점의 창업을 염두에 두는 것도 좋은 생각일 것입니다.

▍핸드폰 매장 창업 절차 ///

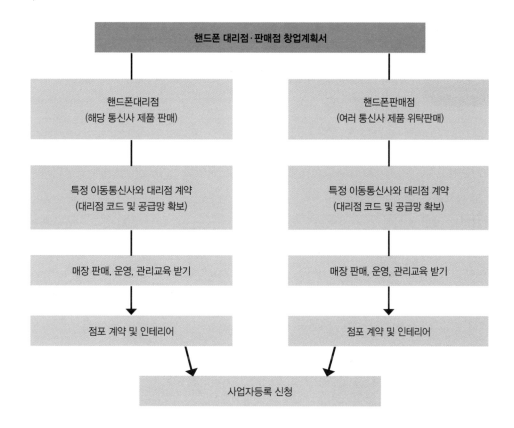

▍핸드폰 대리점과 판매점의 차이 ///

　핸드폰 매장에는 '대리점'과 '판매점'이 있습니다. 대리점은 본사와 관련된 매장이고 판매점은 본사와 관련 없는 일반 판매점을 뜻합니다. 이 둘의 차이점을 파악하면 전자제품 매장을 창업할 때도 응용할 수 있을 것입니다. 먼저 핸드폰 대리점은 특정 통신업체 제품만 판매하는 점포를 말하며, 월 판매량의 2배수 정도 물량을 현찰을 주고 확보해야 하므로 초기 현금이 많이 필요하고 안 팔리면 재고부담이 발생합니다. 그러나 핸드폰 판매 마진을 포함해 가입자의 통화요금에서 일부 금액을 매장 수익으로 가져올 수 있습니다. 도시 중심가에서 창업할 경우 일반적으로 5~10억 원의 창업자금이 필요합니다.

　반면에 핸드폰 판매점은 모든 통신업체의 제품을 위탁판매하는 매장을 말합니다. 주 수입원은 핸드폰 판매 마진이며, 위탁판매 방식이므로 재고부담이 없고 창업자금도 1~3억 원 정도면 가능합니다. 따라서 핸드폰 매장은 보통 대리점이 아닌 판매점 방식의 창업을 권장합니다. 이익률은 낮지만 초기 투자비용이 적고 재고부담이 없기 때문입니다.

대리운전·퀵서비스·인력사무소 창업

09
SECTION

대리운전사무소나 퀵서비스 혹은 인력사무소는 별도의 부대서류 없이 사업자등록으로 바로 창업할 수 있습니다. 단 업종 특성상 1577, 1588, 1644 등의 전국 대표전화를 구비해야 합니다.

▌ 대리운전사무소 & 퀵서비스사무소 특징 /////////////////////////

대리운전사무소와 퀵서비스사무소는 콜센터를 직접 운영하는 방식의 창업과 콜센터의 지사(콜 위탁)로 창업하는 방식이 있습니다.

콜센터를 직접 운영할 경우 고객의 전화를 받아 직원(대리기사)들의 스마트폰에 쏘아주는 솔루션이 필요한데 이를 '대리기사 배차 관제 프로그램' 또는 '퀵서비스 기사 배차 관제 프로그램'이라고 말합니다. 유명한 프로그램으로는 로지, 콜마너 등이 있습니다. 이들 프로그램에는 기본적으로 고객의 주문전화를 PC상에서 처리할 수 있는 CTI 프로그램이 내장되어 있으며 노트북 등에 설치해 배차 등을 할 수 있습니다. 즉 고객이 콜을 하면 사업주는 전화를 받아 가격협상을 한 뒤 대리기사에게 오더를 보내 가까운 위치에 있는 대리기사가 해당 고객을 찾아가게 만듭니다. 최근에는 퀵서비스사무소도 이와 같은 방식이므로 오히려 퀵서비스사무소가 수익을 올리는 데는 유리합니다.

따라서 대리운전사무소 & 퀵서비스사무소는 대표 전화번호를 만든 뒤 콜센터를 직접 운영할지 아니면 콜 위탁을 할지 결정해야 합니다. 수익은 보통 기사가 80%이고 사장은 20%입니다. 이때 사장은 프로그램 사용비용을 콜 성사 시 1건당 500원씩 프로그램 회사에 지급하고, 만일 콜센터를 위탁한 경우 콜센터 여직원에게도 1건당 500원을 지급합니다. 따라서 사장은 영업 전화번호와 프로그램만 있으면 창업할 수 있습니다. 요즘은 연합 형태이기 때문에 대리기사를 확보할 필요는 없습니다. 자신의 영업 전화번호로 콜된 경우 그것을 쏘아주면 가까이에 있는 다른 회사 대리기사가 영업을 해도 사장 몫인 20%는 프로그램 회사 구좌를 통해 사장의 통장으로 입금됩니다.

▌ 사업 절차 ///

(1) 전국 대표전화번호(1577, 1588, 1644 등) 가입. KT 등의 전화국에서 보통 2회선 가입

(2) PC 혹은 노트북에 콜센터 솔루션 프로그램 설치. 로지 또는 콜마너 등의 솔루션 프로그램 사용(콜센터 프로그램별 서류 필요, 설치비는 저렴, 이용료는 콜 성사 건당 500원 내외)

(3) 자신의 영업 전화번호(1577, 1588, 1644 등) 홍보

▌사업자등록 신청 ///

사업자등록 신청 후 자신의 영업 전화번호를 최대한 홍보하여 콜을 많이 받도록 해야 합니다. 콜을 많이 받아서 성사를 시켜야 그만큼 수익이 늘어납니다.

▌창업 절차 ///

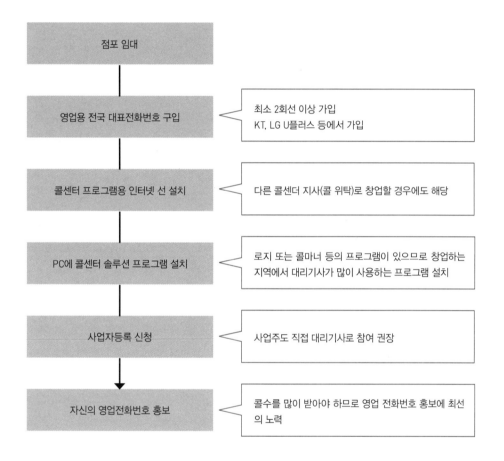

점포 임대	
영업용 전국 대표전화번호 구입	최소 2회선 이상 가입 KT, LG U플러스 등에서 가입
콜센터 프로그램용 인터넷 선 설치	다른 콜센더 지사(콜 위탁)로 창업할 경우에도 해당
PC에 콜센터 솔루션 프로그램 설치	로지 또는 콜마너 등의 프로그램이 있으므로 창업하는 지역에서 대리기사가 많이 사용하는 프로그램 설치
사업자등록 신청	사업주도 직접 대리기사로 참여 권장
자신의 영업전화번호 홍보	콜수를 많이 받아야 하므로 영업 전화번호 홍보에 최선의 노력

 사업주의 영업 전화로 콜이 오면 가격을 협상한 뒤 프로그램을 사용해 오더를 쏘아줍니다. 이때 자신의 대리기사는 물론 다른 회사 대리기사가 오더를 받아 대리운전을 한 뒤 대리기사는 80%, 사업주는 20%를 나누어 가집니다. 이때 콜 프로그램 회사에 건당 500원을 납부합니다. 대리기사는 미리 콜 프로그램 회사에 돈을 일정 이상 입급해놓고 콜이 성사되면 콜 프로그램 회사가 20%씩 차감하고 거기서 500원을 뗀 뒤 나머지를 사업주의 통장에 입급합니다. 퀵서비스 회사도 같은 방식입니다.

학습학원, 외국어학원 창업 정보와 절차

10 SECTION

보습학원, 초·중·고 보통과목 보완학원, 외국어학원, 피아노학원, 미술학원 등의 창업 절차와 부대서류를 알아봅니다.

학원과 공부방의 창업은 관할 교육청에서 담당합니다. 건물을 임대할 때는 PC방, 주점, 여관, 가스공급업체, 유흥업소 같은 청소년 유해시설이 없는 건물에 입점한 경우 허가가 나옵니다. 대형 건물에 입점한 경우 유해업소가 2~3층 떨어져 있다면 허가가 나올 수도 있으므로 관할 교육청에 확인하기 바랍니다. 창업자의 입장에서는 월 고정비 지출을 낮추어야 하므로 건물임대료가 상대적으로 낮은 건물에 입점하는 것이 유리합니다. 학원창업은 운영 초기 유동성 문제가 발생할 수 있으므로 최소 1년 정도 유지할 수 있는 운영자금을 마련한 상태에서 창업하는 것이 좋습니다.

▌ 학원 인허가 사항 및 관련 법규

학원 운영에 필요한 책걸상, 시설, 강사진을 갖춘 뒤 개강 예정일을 확정하고 관할 교육청에서 '학원설립·운영등록 신청서'를 작성, 제출합니다.

1 : 필요서류(관할 교육청에 제출, 학원등록증 발급용)

(1) 학원 설립·운영등록 신청서 및 원칙(교육청 민원실), 위치도(학원 약도)

(2) 시설평면도(책걸상 위치, 남녀 화장실 위치 포함)

(3) 임대차계약서 사본(건물주 인감증명서 포함)

(4) 건축물관리대장 등본

(5) 개인창업자: 주민등록증 사본(주민등록증 포함), 인감증명서

(6) 법인창업자: 정관, 법원등기부등본, 이사회회의록 사본

2 : 사업자등록 신청

학원등록증이 나오면 사업자등록을 신청할 수 있습니다. 학원설립 시 기본적으로 경찰서에서 성범죄 경력을 확인하는 과정을 거치므로 성범죄자는 학원을 설립할 수 없습니다. 다만 법률에 따라 10년 정도 지난 경우 학원 창업이 가능한 경우도 있습니다.

▌ 창업 절차 ///

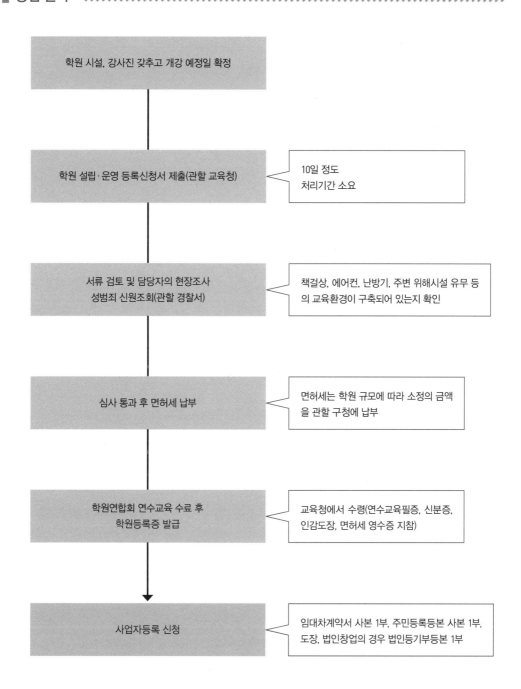

학원 시설, 강사진 갖추고 개강 예정일 확정

학원 설립·운영 등록신청서 제출(관할 교육청)
> 10일 정도
> 처리기간 소요

서류 검토 및 담당자의 현장조사
성범죄 신원조회(관할 경찰서)
> 책걸상, 에어컨, 난방기, 주변 위해시설 유무 등
> 의 교육환경이 구축되어 있는지 확인

심사 통과 후 면허세 납부
> 면허세는 학원 규모에 따라 소정의 금액
> 을 관할 구청에 납부

학원연합회 연수교육 수료 후
학원등록증 발급
> 교육청에서 수령(연수교육필증, 신분증,
> 인감도장, 면허세 영수증 지참)

사업자등록 신청
> 임대차계약서 사본 1부, 주민등록등본 사본 1부,
> 도장, 법인창업의 경우 법인등기부등본 1부

인터넷쇼핑몰 창업 정보와 절차

오픈마켓 통신사업, 자체 인터넷쇼핑몰 등의 창업 절차와 부대서류를 알아봅니다.

■ 인터넷쇼핑몰의 결제 시스템

보통의 인터넷쇼핑몰은 돈을 먼저 입금받고 물건을 보내는 방식입니다. 그런데 구매자가 돈을 입금하면 돈만 챙기고 도망가는 인터넷쇼핑몰이 많아졌습니다. 이 때문에 '구매안전서비스 이용확인증'라는 것이 생겼는데 이는 입금된 돈을 대행업체에서 안전하게 보관했다가 물건이 건네지는 것을 확인하고 돈을 결제받는 방식의 안전결제입니다.

옥션, G마켓, 네이머N샵, 인터파크 등의 오픈마켓(중계형 쇼핑몰)에서의 통신판매는 보통 판매자와 구입자가 '현금결제'로 거래하므로 이를 안전대행하는 에스크로 서비스에서 '구매안전서비스 이용확인증'을 발급받습니다. 에스크로 서비스 '구매안전서비스 이용확인증'은 인근 국민은행, 신한은행 등에서도 발급받을 수 있습니다.

오픈마켓과 달리 일반 인터넷쇼핑몰은 '현금결제'보다는 '카드결제'로 거래합니다. 따라서 일반 인터넷쇼핑몰을 창업할 경우에는 카드결제 대행업체인 PG(Payment Gateway)사를 통해 구매안전서비스 이용확인증을 발급받는 것이 좋습니다.

1 : 필요서류

(1) 구매안전서비스 이용확인증 1부(결재 대행업체에서 발급)

(2) 통신판매업 신고서 1부(관할 구청 지역경제과)

(3) 개인창업의 경우 주민등록증 사본(주민등록증 포함), 인감증명서

(4) 법인창업의 경우 법인등기부등본

(5) 2~4일 뒤 통신판매업신고필증 수령

2 : 사업자등록 신청

'통신판매업신고필증'이 나오면 사업자등록을 신청할 수 있습니다. 이미 사업자등록을 한 상태에서도 통신판매업신고필증을 추가 등록할 수 있습니다.

▌창업 절차 //

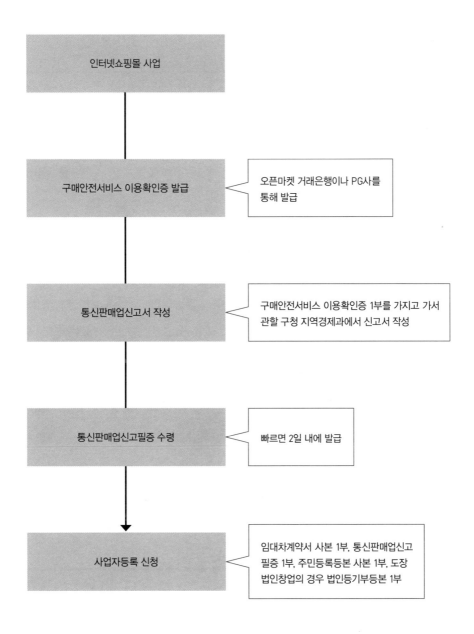

인터넷쇼핑몰 사업

구매안전서비스 이용확인증 발급 ◁ 오픈마켓 거래은행이나 PG사를 통해 발급

통신판매업신고서 작성 ◁ 구매안전서비스 이용확인증 1부를 가지고 가서 관할 구청 지역경제과에서 신고서 작성

통신판매업신고필증 수령 ◁ 빠르면 2일 내에 발급

사업자등록 신청 ◁ 임대차계약서 사본 1부, 통신판매업신고 필증 1부, 주민등록등본 사본 1부, 도장 법인창업의 경우 법인등기부등본 1부

 인터넷 통신사업은 점포 없이 가정집에서 하는 경우도 많습니다. 따라서 점포 임대차계약서가 없을 경우 자신의 주거지 계약서 사본을 준비합니다.

지식기반 서비스업, 벤처기업 창업 정보와 절차

12
SECTION

컴퓨터 프로그래밍 서비스, 게임개발, 경영컨설팅 같은 지식기반 서비스업의 창업 절차와 부대서류를 알아봅니다.

▌지식기반 서비스업의 종류 ///

지식기반 서비스업이란 컴퓨터, 공학, 영상, 광고, 예술, 창작 계통의 연구개발 및 서비스 사업을 말합니다. 컴퓨터 프로그래밍, 게임개발, 영상제작, 광고, 경영컨설팅, 환경컨설팅, 조경컨설팅 외 과학기술서비스업, 디자인, 사진 관련 업종, 여행사, 출판업 등이 있을 것입니다. 만일 특색 있고 사업성 있는 아이템이라면 중소기업진흥공단의 창업자금 융자를 받을 수 있는데 프로그래밍, 게임회사의 창업이라면 반드시 따내야만 승산이 있습니다.

지식기반 서비스업은 창업에 필요한 부대서류가 거의 없습니다. 말 그대로 사무실 임대차계약서만 있으면 누구나 창업할 수 있을 정도로 빠르게 결정할 수 있습니다. 따라서 남들보다 특출한 사업 아이디어, 소수정예의 뛰어난 인력을 구축해 승부를 거는 것이 좋을 것입니다. 예를 들어 기업 운영과 관련된 혁신적인 프로그램을 개발하거나 표준화하여 서비스 및 판매할 수 있을 것입니다. 게임개발 같은 프로그램과 관련된 사업은 개발비가 몇백 억 단위이기 때문에 창업 예비자에겐 어렵지만 프로그래밍이나 게임과 관련되지 않는 그 외 서비스업종은 소자본으로도 창업할 수 있습니다.

1 : 필요서류

(1) 임대차계약서

(2) 벤처기업 신청서(벤처 인증에 필요한 서류, 사업자등록에는 필요 없음)

2 : 사업자등록 신청

임대차계약서로도 사업자등록을 신청할 수 있습니다. 게임이나 컴퓨터 관련 서비스업이라면 '법인'창업을 권장하는데 저작권을 지키는 데 유리할 뿐 아니라 납세액을 줄일 수 있기 때문입니다. 아이디어 싸움이므로 아이디어 유출을 방지하기 위해 동업자 없이 창업하는 것을 권장합니다.

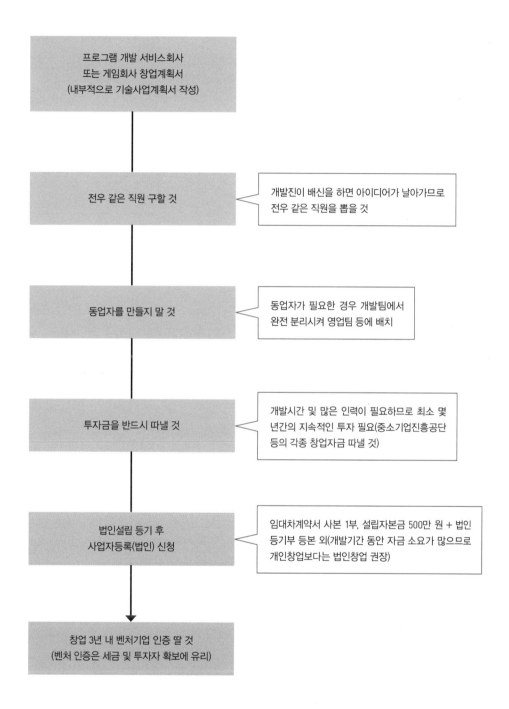

프로그램 개발 서비스회사
또는 게임회사 창업계획서
(내부적으로 기술사업계획서 작성)

전우 같은 직원 구할 것

개발진이 배신을 하면 아이디어가 날아가므로
전우 같은 직원을 뽑을 것

동업자를 만들지 말 것

동업자가 필요한 경우 개발팀에서
완전 분리시켜 영업팀 등에 배치

투자금을 반드시 따낼 것

개발시간 및 많은 인력이 필요하므로 최소 몇
년간의 지속적인 투자 필요(중소기업진흥공단
등의 각종 창업자금 따낼 것)

법인설립 등기 후
사업자등록(법인) 신청

임대차계약서 사본 1부, 설립자본금 500만 원 + 법인
등기부 등본 외(개발기간 동안 자금 소요가 많으므로
개인창업보다는 법인창업 권장)

창업 3년 내 벤처기업 인증 딸 것
(벤처 인증은 세금 및 투자자 확보에 유리)

프랜차이즈 창업 정보와 절차

13
SECTION

국내의 프랜차이즈 업체는 외식, 제빵, 의류·패션 등이 알려져 있지만 그 외에도 수많은 프랜차이즈 업체가 업종별로 있습니다. 프랜차이즈 업종의 종류와 창업 절차를 알아봅니다.

▋ 프랜차이즈 창업의 장단점 //

프랜차이즈 창업의 장점은 무엇일까요?

브랜드의 유명세, 균일한 품질관리, 원활한 재료 공급, 홍보 마케팅 등에서 일반사업자보다 훨씬 강점이라고 할 수 있습니다.

그렇군요. 그렇다면 프랜차이즈 창업의 단점은 무엇일까요?

과도한 창업비용, 일반매장보다 더 많이 필요한 인력, 본사의 무리한 요구, 적은 수익률이 아무래도 단점입니다. 그러나 유명 프랜차이즈의 경우 고객의 유입량이 일정하므로 소정의 수익은 발생시킬 수 있습니다.

▌프랜차이즈 업종 종류 //

국내에는 4,300여 개의 프랜차이즈 상표가 있습니다. 외식업부터 PC방까지 그 개수는 어마어 마합니다. 따라서 프랜차이즈 업체에 가맹하려면 먼저 그 회사의 사업실적을 파악해야 하는데 이를 파악할 수 있는 것이 '프랜차이즈 업체 정보공개서'입니다. 만일 정보공개서를 제공하지 않은 업체라면 신뢰성이 떨어지므로 가맹을 피하는 것이 좋습니다.

다음은 정보공개서를 열람할 수 있는 국내의 프랜차이즈 업체의 업종별 등록 상표 개수입니다. 정보공개서의 열람은 '소상공인진흥원' 홈페이지, '한국프랜차이즈협회' 홈페이지, '공정거래위원 회'에서 할 수 있는데 모두 같은 자료입니다.

정보공개서를 공개한 프랜차이즈 업체와 상표(2016년 기준)		
업종명	가맹본부 수	가맹점 수
외식업	약 3,219개(75.4%) (브랜드 수 4,017개)	106,890개(48.8%) (직영점 수 5,506개)
서비스업	769개(18.0%) (브랜드 수 944개)	67,200개(30.7%) (직영점 수 4,181개)
도·소매업	280개(6.6%) (브랜드 수 312개)	44,907개(20.5%) (직영점 수 7,167개)
합계	4,268개 (브랜드 합계 5,273개)	파리바게뜨, 신라명과 외 218,997개 (직영점 합계 16,854개)

자료: 공정거래위원회 가맹사업거래(franchise.ftc.go.kr), 소상공인마당(www.seda.or.kr), 한국프랜차이즈산업협회(www.ikfa. or.kr)

 프랜차이즈 사업이 돈을 버는 도구가 되면서 별다른 실적도 없이 사업을 운영하는 업체들도 많습니다. 따라서 프랜차이즈에 가맹할 경우 그전에 해당 회사의 본점 또는 가맹점의 실제 매장을 방문해 육안으로 확인한 뒤 가맹 여부를 결정하길 권장합니다. 시간과 경비 때문에 실사가 불가능하다면 네이버 지도나 다음(Daum) 지도를 활용해 가맹점들의 영업 상태를 확인하는 것도 좋은 방법입니다.

▌프랜차이즈 업체의 정보공개서로 알 수 있는 내역 ////////////////////////////////

정보공개서는 해당 프랜차이즈 본사의 사업능력, 가맹점 수, 홍보비 등을 일목요연하게 보여줍니다. 원래 가맹계약 체결에 앞서 해당 가맹본부를 통해 계약 체결 14일 전까지 공개정보서를 볼 수 있지만 지금은 인터넷에서 미리 보는 것이 더 좋습니다.

프랜차이즈 업체 정보공개서는 다음 내용을 제공하고 있으므로 가맹하기 전 서로 다른 프랜차이즈 업체를 비교할 때 유용합니다.

가맹본부의 일반 현황	가맹본부의 기본정보 계열사 정보 임원명단 및 사업경력 등
가맹사업 현황	최근 3년간 가맹점 현황(출점 수, 폐점 수 포함) 가맹본부의 최근 3년간 재무상황 지역별 가맹점사업자 수와 평균매출액(추정치)
법위반 사실	최근 3년간 공정거래법 및 가맹사업법 위반 가맹사업과 관련된 민사, 형사상 법위반 내역
광고, 판촉비	전년도 광고, 판촉비 지출액
가맹할 때의 비용	영업개시 이전(가맹금, 보증금, 설비 등의 비용) 영업 중일 때(로열티, 가맹본부의 하는 일) 계약 종료 때(재계약비용, 영업권 양도 시 부담 비용)
영업조건 및 제한	상품판매, 영업지역 보호 여부 영업지역 설정, 변경 등에 관한 내용 계약기간, 계약연장·종료·해지 등에 관한 내용
영업개시 절차	영업 개시까지 필요한 절차, 기간, 비용
자체 교육·훈련	교육·훈련의 내용, 이수시간 교육비용, 불참 시 불이익 내용

자료: 소상공인진흥원, 한국프랜차이즈협회

▎가입할 프랜차이즈 업체의 매출액, 재무현황 파악하고 비교하기 ////////////////////

프랜차이즈로 사업을 하기로 결정했을 때 무턱대고 프랜차이즈 업체에 가입해서는 안 됩니다. 신문이나 생활정보지에서 볼 수 있는 프랜차이즈 업체의 광고는 십중팔구 과대광고이기 때문입니다. 이때 필요한 것이 프랜차이즈 업체의 '공개정보서'입니다. 공개정보서를 확인하면 해당 프랜차이즈 업체의 재무상황, 부채, 총매출은 물론 가맹점의 개수와 개별 가맹점의 평균 연매출을 알 수 있습니다. 창업주는 공개정보서를 보면서 여러 프랜차이즈 업체를 비교 검토할 수 있을 뿐 아니라 가장 강점이 많은 업체를 선택할 수 있을 것입니다.

❶ 인터넷 주소(franchise.ftc. go.kr)를 입력해 '공정거래위원회의 가맹거래사업' 홈페이지로 접속합니다.

❷ '정보공개서 → 정보공개서 열람' 메뉴를 클릭합니다.

3 정보를 보고 싶은 프랜차이즈 업체를 클릭해 선택합니다.

4 기본적으로 가맹본부의 일반 현황이 나타납니다. 이 가맹본부의 상호, 브랜드명, 대표자명, 사업자등록 번호 등입니다.

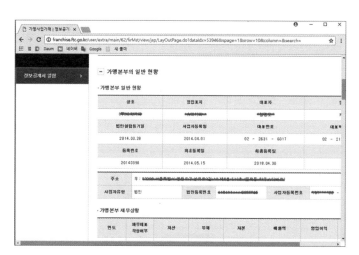

5 페이지를 밑으로 스크롤하면 이 가맹본부의 가맹점 수를 연도별로 알 수 있습니다. 아무래도 인기 있는 브랜드라면 가맹점 수가 해가 갈수록 늘어나 있을 것입니다.

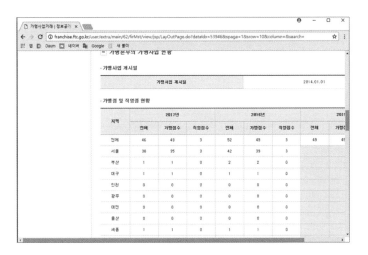

6 페이지를 밑으로 스크롤하면 이 가맹본부의 재무제표, 직원 수 등을 파악할 수 있습니다.

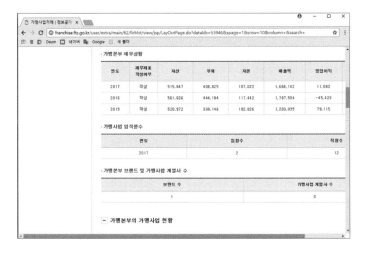

7 페이지를 밑으로 스크롤하면 이 가맹본부의 가맹점에서 발생하는 매출액을 알 수 있습니다. 또한 평당 매출액을 알 수 있으므로 다른 가맹본부와 비교할 때 유용합니다.

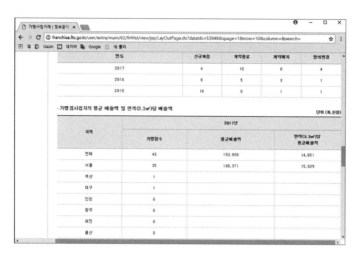

8 페이지를 밑으로 스크롤하면 이 가맹본부의 가맹점으로 가입할 때 필요한 비용을 알 수 있습니다. '가입비', '교육비', '보증금', '기타비용', '인테리어 비용'을 일목요연하게 확인할 수 있습니다.

 가맹본부를 비교하려면 상단 메뉴바에서 '가맹희망플러스' – '정보공개서 비교정보' 메뉴를 클릭합니다. 요식업 중에서 한식업 같은 어떤 동종업종에서 성장성, 수익성, 안정성이 높은 가맹본부를 비교 검색할 수 있습니다.

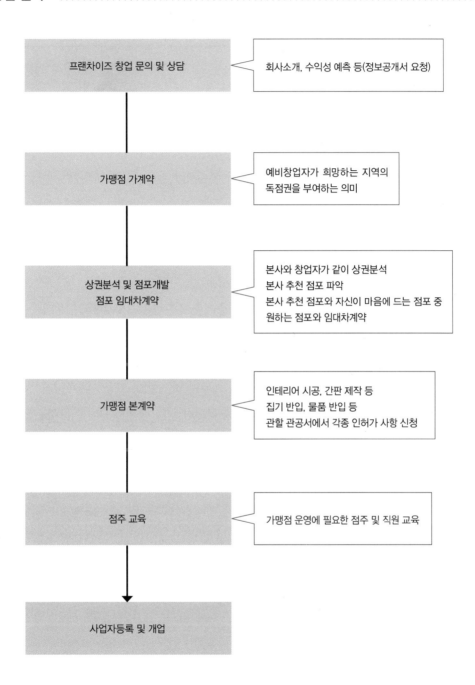

프랜차이즈 창업 문의 및 상담 ─< 회사소개, 수익성 예측 등(정보공개서 요청)

가맹점 가계약 ─< 예비창업자가 희망하는 지역의
독점권을 부여하는 의미

상권분석 및 점포개발
점포 임대차계약 ─< 본사와 창업자가 같이 상권분석
본사 추천 점포 파악
본사 추천 점포와 자신이 마음에 드는 점포 중
원하는 점포와 임대차계약

가맹점 본계약 ─< 인테리어 시공, 간판 제작 등
집기 반입, 물품 반입 등
관할 관공서에서 각종 인허가 사항 신청

점주 교육 ─< 가맹점 운영에 필요한 점주 및 직원 교육

사업자등록 및 개업

무역업, 해외구매대행사 창업 정보와 절차

14
SECTION

무역업은 수출입 업무를 중계하면서 커미션을 취하는 오퍼상과 자기 돈으로 물건을 구입해 수출입하거나 회사에서 생산한 물품을 해외 각국에 수출하는 무역상사가 있습니다. 초보자는 창업비용이 들지 않는 오퍼상 창업이 좋습니다.

■ 무역업의 특징 //

　주변에서 흔히 볼 수 있는 무역업자로는 중국의 액세서리 수출업자를 국내의 수입업자에게 연결하는 무역업자, 국내의 중고자동차 수출업자를 중동 지역의 수입업자와 연결하는 무역업자가 있습니다. 노르웨이산 고등어를 수입해 마트에 납품하는 것도 무역업자가 하는 일인데 대부분 개인사업자로 창업해도 충분히 할 수 있습니다.

　무역업은 기본적으로 영어를 잘해야 합니다. 영어를 할 수 있다면 자기 혼자 팩스를 주고받으면서 오더나 오퍼를 할 수 있고 창업 5~6년이 지나 중계량이 많아져도 1~2명의 직원이면 충분합니다. 따라서 무역학과 출신이거나 영어를 할 수 있는 사람들 중 소자본을 가진 사람들이 흔히 생각하는 창업 업종입니다.

　무역업은 특성상 처음 만나는 해외 무역업자나 해외에 있는 비슷한 규모의 무역업자와 거래를 하는 일이 잦습니다. 거래 초기에는 서로 신뢰도를 쌓으려 하기 때문에 사기를 당하는 일이 없지만 큰돈이 오가는 시점이 되면 뒤통수를 맞는 수도 있습니다. 예를 들어 중국과 1억 원 상당의 거래를 하다 보면 중국에서는 큰돈이기 때문에 먹고 튀는 일도 발생하는 것입니다.

　작은 규모의 무역업도 한 번 사기를 당하면 1억 원 정도 깨지기 때문에 생활고나 부도에 직면하게 됩니다. 따라서 수지맞는 거래라고 해도 초반에는 큰돈이 오가는 거래를 피하는 것이 좋으며, 자국으로 물건값을 가지고 오게 하는 해외 무역상과는 가급적이면 거래를 피하는 것이 좋습니다. 무역업은 기본적으로 신뢰가 쌓아지지 않은 상태에서는 선불은 적게 보내고, 후불을 많이 가져가는 것이 좋습니다. 즉 물건의 선적을 확인한 뒤 대금을 지급하는 방식이 좋습니다.

▌무역업의 대금지불 방식인 신용장과 환어음 ///

　무역업자이므로 국내에서 물건을 수출할 수출업자나 수입할 수입업자를 찾은 뒤 해외에서 그 물건을 소화할 수 있는 업자를 찾아냅니다. 수출입 역시 경쟁이 심하기 때문에 평범한 상품을 선정하면 그것을 수입할 업자를 찾을 수 없습니다. 보통은 그 시점에서 점점 인기를 얻을 것 같은 한국 상품 또는 한국에서 점점 인기를 얻을 것 같은 해외 상품을 찾아내어 연결하는 것이 좋습니다. 특히 다른 무역업자는 생각 못하는 틈새상품을 발굴하면 더 큰 이득이 날 것입니다.

 무역업 중에서 오퍼상이란 어떤 직업인가요?

 수출을 하려는 사람(생산자)과 수입을 하려는 사람(판매자)은 무역을 모르므로 해외 거래선을 확보하는 것이 어렵습니다. 해외 거래선을 찾지 못하는 업자나 상품을 발굴해 해외의 수입 또는 수출업자와 연결하고 커미션을 받는 것이 오퍼상입니다.

 그렇군요. 그렇다면 어떤 물건을 발굴하는 것이 좋을까요?

 물건을 발굴했을 때 수입업자가 그것을 탐탁지 않게 여긴다면 소화를 못 시킬 것입니다. 따라서 수입업자가 탐낼 만한 상품 아이템을 발굴하는 것이 무엇보다 중요합니다. 국내와 해외의 거래선 발굴을 완료했으면 두 회사 사이에 상품을 운송할 날짜와 대금지불 방법 등을 계약서로 작성하게 합니다.

 수입업자가 대금을 지불하는 방법에는 무엇이 있나요? 먼저 보내면 사기를 당하지 않을까요?

 그렇습니다. 그러므로 두 거래처 사이에 서로 신뢰도가 없는 상태라면 선불은 적게 보내고, 잔금은 물건이 도착한 뒤 지불하는 방식을 사용합니다. 이때 필요한 것이 신용장(L/C) 개설입니다. 신용장(L/C)은 물건을 보낸 것이 확인되면 물건 대금을 완불하겠다고 수입업자가 거래은행을 통해 수출업자의 거래은행에 보내는 서류입니다. 수입업자는 신용장 개설 방법을 모르므로 이 역시 오퍼상이 대리하여 처리합니다.

 그런 다음엔 어떤 일이 벌어지나요?

 물건이 없으면 그 사이에 수출업자는 물건을 공장에서 찍습니다. 동시에 수출입 승인을 땁니다. 물품을 선적하고 선박보험에 가입시킵니다. 무사히 선적을 완료한 수출업자는 '환어음'을 발행합니다. 환어음은 물건을 선적한 수출업자가 이제 잔금을 지불해달라는 뜻으로 자신의 거래은행을 통해 수입업자의 거래은행에 보내는 서류입니다. 수입업자는 물건 선적을 확인했으므로 환어음이 도착하면 바로 잔금을 입금합니다. 계약한 물건이 항구에 도착하면 통관 절차 및 관세 납부를 진행합니다. 완료한 뒤에는 중계를 종료하고 무역대행 커미션을 수취합니다.

▌무역업의 창업 준비 //

무역업은 개인사업 일반과세자로 등록해도 무방합니다. 국내와 해외의 두 거래선을 연결하면서 무역업무를 대리 처리하는 것이므로 큰 자본이 필요하지 않습니다. 무역업 법인등록은 이미 생산 공장이나 유통망을 가지고 있는 중소기업 혹은 대기업이 자체적으로 물건을 수출입할 때 창업합니다.

업종별	회사 형태	장단점
무역업 수출업 외	무역대리업체, 오퍼상 (개인사업 형태의 무역업)	소자본으로 창업 가능. 수출할 업체와 상대가 되는 수입업체를 발굴, 연결한 뒤 관련 수출입 서류를 대리 장성하고 커미션을 취하는 방식입니다. 수입은 적지만 위험률이 낮습니다.
	회사 내 무역부서, 무역상사 (법인 형태의 무역업)	많은 창업자본 및 운영자본 필요. 수입할 때 자기 돈으로 물건을 구매하여 국내에 공급합니다. 또는 회사 내 공장에서 찍어낸 물건을 세계 각국에 수출할 때 필요합니다. 무역대리업보다 수입은 높지만 위험률이 높습니다.

즉 흔히 말하는 대기업 무역상사나 무역부서는 법인 형태이고, 개인 무역상이나 오퍼상은 개인 사업인 경우가 많습니다. 잡화나 중고자동차 등을 수출입하고 싶다면 개인사업자로 창업해도 무방합니다.

1 : 필요서류
(1) 임대차계약서
(2) 무역업신고서(필요시)
(3) 무역협회회원 가입신청서(필요시)

2 : 사업자등록 신청
임대차계약서, 주민등록등본, 도장을 준비해 사업자등록을 신청합니다.

▌ 창업 절차 //

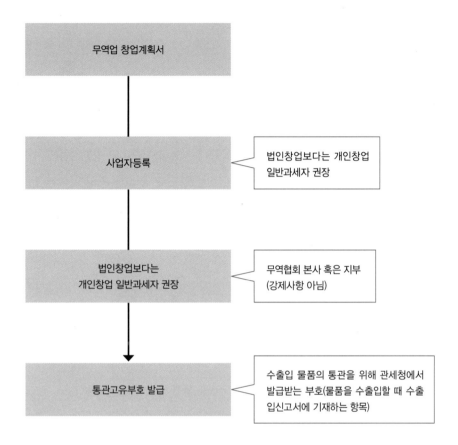

무역업 창업계획서

↓

사업자등록 ─── 법인창업보다는 개인창업
일반과세자 권장

↓

법인창업보다는
개인창업 일반과세자 권장 ─── 무역협회 본사 혹은 지부
(강제사항 아님)

↓

통관고유부호 발급 ─── 수출입 물품의 통관을 위해 관세청에서
발급받는 부호(물품을 수출입할 때 수출
입신고서에 기재하는 항목)

* 과거에는 무역업을 하려면 무역협회의 '무역업신고필증'을 발급받아야 했지만 지금은 무역업이 완전 자유이므로 강제
적 사항이 아닙니다.

* '통관고유부호'는 사업자등록번호와 비슷한 것으로서 맨 처음 '수출입신고서'를 작성할 때 발급됩니다. 그 후 다른 물
품의 수출입신고서를 작성할 때는 최초에 발급받은 통관고유부호를 계속 사용합니다.

* 인터넷을 보면 해외 아마존 등에서 물건을 구입대행하는 개인업자들을 많이 볼 수 있는데 이런 사업도 통관고유부호
만 있으면 누구나 가능합니다.

법인기업, 주식회사 창업 정보와 절차

15
SECTION

법인기업에는 우리가 흔히 말하는 주식회사, 합명회사, 합자회사, 유한회사 등이 있습니다.

법인기업은 기본 자본금 5,000만 원 이상, 3명 이상의 발기인(임원)이 원하는 만큼 자본금을 납입하고 납입액만큼 주식을 나누어 가진 형태로 창업합니다. 그러나 지금의 법인기업은 자본금이 적고 발기인 수가 본인 1명이어도 창업할 수 있습니다. 법인기업으로 창업한 뒤 일정 요건의 매출액이 되면 주식시장에 상장해 상장기업이 됩니다. 상장하지 않은 기업은 비상장기업이라고 합니다.

▌법인설립등기 절차

법인기업 중 주식회사 중심으로 창업 절차를 알아봅니다. 법인(주식회사)의 설립등기는 개인도 할 수 있지만 보통 법무사 대행으로 처리하는 것이 신속하고 정확합니다. 법인설립에 참여할 임원들의 주민등록등본 1부, 인감증명서 1부, 인감도장, 자본금 잔액증명서 1부 등을 가지고 법무사를 방문하면 신속하게 처리됩니다.

▌법인발기인 구성

법인기업설립을 집행한 자(창립 멤버로 도장을 찍은 자)를 발기인이라고 말합니다. 최소 1인 이상의 발기인이 필요합니다. 회사 업무와 관계없거나 미성년자, 특수관계인도 참여할 수 있습니다.

또한 법인발기인은 잔여주식을 인수해야 하는 의무가 있습니다. 보통은 사업주가 주식 납입을 스스로 다 하므로 잔여주식이 없는 경우가 많고 이 때문에 법인발기인이 잔여주식을 인수하는 경우는 거의 없습니다. 보통 회사에 문제가 있을 때 배상책임을 지기도 하지만 명의만 빌려주는 경우가 많으므로 법적으로도 피할 수 있습니다. 법인발기인은 이사, 감사 등의 임원으로 등재될 수도 있지만 이 경우 회사경영에 서류상 참여하는 것으로 나오므로 회사 운영이 어려울 때 등재임원(이사, 감사 등)이 책임을 피하지 못할 수도 있습니다. 따라서 발기인으로는 참여하되 이사, 감사 등의 등재는 피하는 것이 좋습니다. 이런 문제 때문에 요즘은 창업자 1인이 혼자서 1인법인을 창업하는 경우가 많습니다.

법인 대표이사(창업자) 입장에서는 등재임원을 고학력, 신용등급이 높은 사람 위주로 등재하는 것이 나중에 은행거래나 투자금을 모집할 때 유리합니다.

▌주식발행 수 정하기 ///

발기인은 법인정관에서 주식회사설립 시 발행할 주식 수, 회사가 발행할 주식 총수, 주식 액면가 등을 정하는데 이후 주식을 발행하게 됩니다. 주식 1주당 액면가는 최하 100원 이상이어야 합니다. 보통 액면가는 5,000원이나 1,000원으로 정합니다.

1 : 설립 시 발행할 주식 수

설립 시 발행할 주식 수는 '자본금/액면가액'으로 계산합니다. 예를 들어 준비한 자본금이 5,000만 원이고 액면가를 5,000원으로 정한 경우 '50,000,000/5,000 = 10,000'이므로 설립 시 발행할 수 있는 주식 수는 1만 주입니다.

2 : 회사가 발행할 총 주식 수

회사가 발행 가능한 총 주식 수는 설립 시 발행한 주식수의 최대 4배까지 잡을 수 있습니다. 위의 경우 회사설립 시 1만 주를 발행했으므로 총 발행할 수 있는 주식 수는 설립 시 발행한 주식 수의 최대 4배이므로 4만 주입니다.

▌공모주주 구성, 주식 납입(자본금) ///

회사설립 시 주식 1만 주가 발행되었으므로 발기인이 발행된 주식의 전부를 인수하거나 공모주주를 구성해 인수합니다. 일반적으로 발기인들은 명의를 빌려준 사람들이 많으므로 대표자(창업주)가 발행주식 전부를 인수하는 경우가 많습니다.

위의 경우 발행주식 수가 1만 주이고 액면가는 5,000원이므로 이를 전부 대표자가 인수하려면 5,000만 원이 필요합니다. 만일 발행주식 수가 1만 주이고, 액면가는 100이면 대표자가 인수할 때 100만 원만 있으면 됩니다.

대표자는 주식인수를 증명하기 위해 1만 주에 달하는 금액을 정관에서 납입은행으로 지정한 은행에 '별단예금'으로 납입하고 '주금납입보관증명서'를 발급받습니다. 최근 바뀐 상법에 의해 자본금 총액이 10억 원 미만인 법인기업은 '주금납입보관증명서' 없이 '잔고증명서'로 대체할 수 있습니다.

▌법인 등기에 필요한 서류

주금납입(설립자본금)을 완료한 뒤 다음 서류를 준비하여 관할 등기소에 접수합니다.

- 발기인 대표 명의 통장의 은행잔고증명서(주금납입증명서)
- 발기인 전원의 인감도장
- 임원 전원의 주민등록초본 1통, 인감증명서 2통, 인감도장
- 일반주주가 있을 경우 일반주주의 인감증명서 1통, 인감도장
- 임대차계약서(사업장)
- 법인 등록에 필요한 소정의 등록세

▌설립자본금의 유지기간

법인등기를 하기 전 혹은 업종에 따라 납입한 자본금(설립 시 발행한 주식의 판매금액 전액)은 일정 기간 동안 입출금할 수 없습니다. 통상적으로 법인등기를 마치면 당일 혹은 업종에 따라 며칠 지난 뒤 납입자본금(또는 잔고증명한 통장의 잔액)의 입출금이 가능합니다. 그때부터 자유로이 출금하여 임대료 등의 창업자금으로 사용할 수 있습니다.

▌법인설립 후 자본금이 부족할 때

설립 후 이리저리 물품을 구입하다 보면 설립자본금을 다 소비하는 경우가 있습니다. 개인기업이 아니므로 사장이 자신의 돈을 집어넣을 수 없습니다. 이 경우 대주주 증자 등의 방법으로 부족한 자본금을 채워 넣어야 합니다.

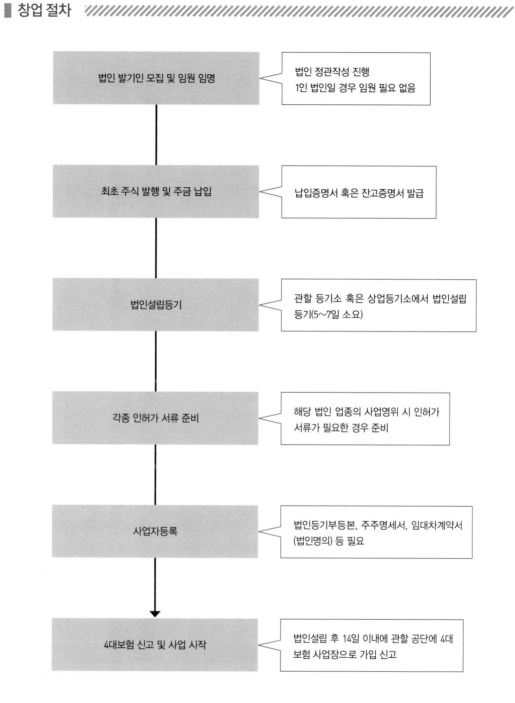

법인 발기인 모집 및 임원 임명 ◁ 법인 정관작성 진행
1인 법인일 경우 임원 필요 없음

최초 주식 발행 및 주금 납입 ◁ 납입증명서 혹은 잔고증명서 발급

법인설립등기 ◁ 관할 등기소 혹은 상업등기소에서 법인설립
등기(5~7일 소요)

각종 인허가 서류 준비 ◁ 해당 법인 업종의 사업영위 시 인허가
서류가 필요한 경우 준비

사업자등록 ◁ 법인등기부등본, 주주명세서, 임대차계약서
(법인명의) 등 필요

4대보험 신고 및 사업 시작 ◁ 법인설립 후 14일 이내에 관할 공단에 4대
보험 사업장으로 가입 신고

16

SECTION

공장설립 절차와 공장의 양수·양도

의류, 봉제, 완구, 기계, 전자, 식품 등의 법인 제조업체를 창업한 경우 제조업체 특성상 공장을 세우거나 인수하게 됩니다. 공장설립에 필요한 일반적인 서류나 절차를 알아봅니다. 업종에 따라 인허가 서류가 다를 수 있음을 양해 바랍니다.

▌공장의 설립 ///

공장의 설립은 주소지 관할 지자체의 법률적 확인과 여러 평가를 거친 뒤 설립하게 됩니다. 구비서류는 적지만 법률적인 저촉사항이 있는지 검토할 시간이 필요한 것입니다. 따라서 무턱대고 자신이 지역에 공장을 세우는 것보다는 각 지자체가 추천하는 농공 단지 등에 세우는 것이 좋습니다. 참고로 공장설립 관련 서류는 관할 시·군·구청 민원실에서 구할 수 있습니다.

1: 공장설립 신청 관련 서류들

입주계약 신청서(또는 토지소유 및 사용권, 임차권 증명서 종류)

- 공장설립신청서
- 사업계획서
- 공장도면 등
- 법인인감증명서(법인일 경우)
- 법인등기부등본(법인일 경우)
- 농지전용허가(토지형질변경이 필요한 경우)
- 산림형질변경허가 등(토지형질변경이 필요한 경우)

2: 공장 건축 관련 서류들

- 건축허가
- 건축착공신고
- 건축물사용승인 외
- 공장건축완료신고서(건축 완료 후)
- 공장등록신청서(건축 완료 후 최종 서류)

■ 공장 건축 사업계획서 //

공장을 세우려면 공장 건축 사업계획서를 작성하고 문제점과 누락시킨 사항, 각종 인허가 사항을 사전점검하는 것이 좋습니다. 다음 항목별로 세부 내용을 작성하면서 사전점검하기 바랍니다.

항목	내용
현황	
업체 현황	공장을 소유한 업체의 현황, 본사 주소지, 대표자 이름 등
생산할 제품	공장에서 생산할 물품 종류 등
공장 주소	공장이 입주할 주소지 등
공장 형태 및 허가사항	
토지매입 형태	분양, 경매, 양도, 임대 등
공장보유 형태	자가, 임차 등
공장설립 형태	신규, 기존 건물 인수 등
용지면적	공장 대지면적
건축면적	건물 면적
건폐율	대지면적에 대한 건축면적(1층 바닥 면적)의 비율
용적률	대지면적에 대한 연면적 비율 (연면적은 지상 모든 층의 바닥면적 합산)
용도지역	토지의 용도 종류
지목	토지의 지목 종류
착공 예정일	건축 시작일
준공 예정일	건축 완료일
가동 예정일	가동 예정일
인허가 사항	필요한 인허가 사항 기재
운영계획	
종업원 수	120명
운영 방식	3교대
건축비용	
자기자본	공장 건립에 들어간 자기자본금
타인자본	은행 융자 등의 타인자본금
외국인투자금	외국인투자금 등
공장 시설 개요	
제조시설	공장에 설치된 제조시설 등 기재
부대시설	공장에 설치된 부대시설, 비품 등 기재
생산공정도	공장의 생산라인, 생산공정도 도면 작성
생산시설명세서	생산시설명, 용량 등의 상세명세
배출시설명세서	배출시설명, 용량, 배출 오염물질 종류 등의 상세명세
공장배치도	공장의 평면도 작성
용수, 전력, 연료	생활·공업용수, 일반전력·자가발전, 석유·가스·석탄 등

▌공장설립 절차

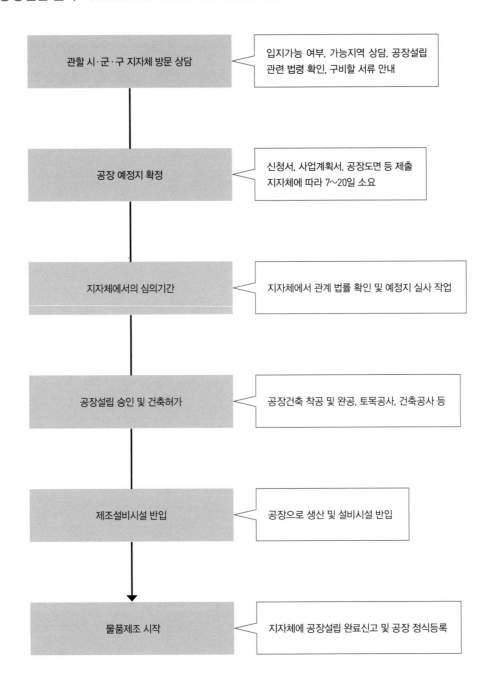

관할 시·군·구 지자체 방문 상담 ◁ 입지가능 여부, 가능지역 상담, 공장설립 관련 법령 확인, 구비할 서류 안내

공장 예정지 확정 ◁ 신청서, 사업계획서, 공장도면 등 제출 지자체에 따라 7~20일 소요

지자체에서의 심의기간 ◁ 지자체에서 관계 법률 확인 및 예정지 실사 작업

공장설립 승인 및 건축허가 ◁ 공장건축 착공 및 완공, 토목공사, 건축공사 등

제조설비시설 반입 ◁ 공장으로 생산 및 설비시설 반입

물품제조 시작 ◁ 지자체에 공장설립 완료신고 및 공장 정식등록

■ 공장신설 신청서 양식

공장신설 신청서, 사업계획서, 인허가 관련 서류, 공장입지 토지사용 동의서 또는 임대차계약서 등을 준비하여 관할 시·군·구 민원실을 방문합니다.

공장을 새로 건설할 것인지, 증설할 것인지 선택합니다.

[별지 제5호서식] 〈개정 2009.8.7〉				(앞 쪽)	
공장	□신　　설 □증　　설 □이　　전 □업종변경 □제조시설설치	□승　인 □변경승인	(신청)서	처리기간	
				뒤쪽 참조	
신청인	회 사 명		(사업자등록번호:　　　　) (전화번호:　　　　)		
	대표자 성명		생년월일 (법인등록번호)		
	대표자 주소 (법인 소재지)				
승인 신청 사항	공장 소재지				
	용 도 지 역				
	업　　종		분류번호	점난 업종 (적용 범위)	
	공사착공 예정일		공사준공 예정일		
	규　　모	공장부지면적(㎡)	제조시설면적(㎡)	부대시설면적(㎡)	종업원 수
기존 공장	회 사 명		대표자		
	소 재 지				
	업　　종		분류번호		
	규　　모	공장부지면적(㎡)	제조시설면적(㎡)	부대시설면적(㎡)	
변경승인신청사항					

공장 소재지, 용도, 업종, 규모, 착공 예정일 등을 입력합니다.

기존 공장이 있을 경우 기존 공장에 대한 정보를 작성합니다.

「산업집적활성화 및 공장설립에 관한 법률」 제13조제1항, 제20조제2항, 같은 법 시행령 제19조제1항 및 같은 법 시행규칙 제6조, 제7조, 제8조의4에 따라 위와 같이 신청합니다.

수수료
없 음

년　　월　　일

시장·군수·구 (산업집적활성 공장설립등 및 변 19조제3항에 따라 위와 같이
※ 의제처리되는 인·허가 및 승인조건: 별지 참조

년　　월　　일

시장 · 군수 · 구청장　[직인]

210㎜×297㎜[일반용지 60g/㎡(재활용품)]

▌ 공장의 매매 혹은 임차 //

　공장의 매매는 부동산을 거래하는 것과 같지만 미납세금이나 저당권 등의 귀책사유가 있을 수 있으므로 계약서상에 귀책사유를 명확히 기재해야 합니다.

　공장을 매매하면 대표자가 바뀌게 되므로 공장 매입자는 그 사실을 관할 시·군·구청에 신고해야 합니다. 신고 양식은 앞의 '공장 신설 신청서' 양식과 거의 비슷하지만 '변경' 항목이 있어 대표자가 변경된 부분을 신고할 수 있습니다.

　공장매매계약서를 작성할 때 반드시 넣어야 할 요소는 다음과 같습니다.

1 : 갑과 을의 계약서 서문

　갑은 본건 부동산(대지, 공장건물, 부대건물 포함)을 현 상태의 변경 없이 을에게 매도하고 을은 본건 부동산을 본계약일에 대금 전액을 지불하여 매수하기로 한다.

2 : 매매 내용의 명확한 기재

　'부지, 공장건물, 부대건물' 또는 '부지, 공장건물, 구축물, 생산설비, 부대시설, 유통권리'

3 : 미납세금, 저당권의 말소 기재

　갑은 계약 후 ○○일까지 조세, 기타 미납금을 완납하고 저당, 가등기 등이 있을 경우 완전 말소하여 본계약 시 문제가 없도록 하며 본계약일에 등기부상 문제가 있으면 을은 본계약을 중단할 수 있고 갑은 계약금을 반환한다.

4 : 귀책사유 기재

　본계약 시 생산설비, 부대시설 등의 훼손이 있을 경우 을은 % 비율로 매매가를 감액청구할 수 있다. 훼손도가 매우 심할 경우 을은 계약을 해제할 수 있고 갑은 계약금을 반환하는 동시에 계약금 금액만큼 손해배상액을 을에게 지불한다.

CHAPTER 4

창업계획서 작성과
사업자금의 준비

창업계획서 · 사업계획서 작성하기

01
SECTION

창업을 결심한 뒤 범하기 쉬운 사례의 하나가 창업·사업계획을 머릿속에 담아둔 채 사업을 시작하는 것입니다. 창업은 의욕의 자랑이나 재력의 자랑이 아닙니다. 창업을 결심한 뒤에는 반드시 '창업계획서'를 작성하는 것이 좋습니다.

서면으로 정식 작성한 창업계획서는 창업 후 사업의 흐름을 논리적으로 세우고 예측하게 합니다. 높은 견지에서 사업의 향방을 내다볼 수 있으므로 사업의 가설이나 창업 방향의 수정이 용이합니다. 잘 만든 창업계획서는 자금을 융통하거나 거래처를 확보할 때 상대방을 설득하는 용도로 활용하기도 합니다. 정부기관의 창업자금 지원이나 은행대출, 친인척의 투자를 유도하려면 논리적인 창업계획서가 설득에 유리하기 때문입니다.

■ 창업·사업계획서의 작성 요령

창업계획서의 작성에는 어떤 정해진 양식이 없습니다. 내용도 1페이지로 끝나는가 하면 100페이지를 넘는 경우도 있습니다. 단, 알아보기 쉬운 큰 글자, 창업의 전체 구상, 창업의 세부 내용, 자금조달 계획, 손익계산 예측 등을 논리적으로 작성하면 훌륭한 창업계획서가 됩니다. 요즘은 인터넷의 문서대행 사이트에서 창업계획서나 사업계획서 샘플을 구할 수 있으므로 누구나 작성할 수 있습니다.

1 : 큰 글씨

투자자의 투자를 유도하기 위해 요즘은 파워포인트로 비주얼한 형태의 창업계획서를 작성합니다. 개인창업자는 워드프로세스로 작성하기 때문에 비주얼 면에서 밀릴 수밖에 없습니다. 그러므로 깨알 같은 글씨로 작성하는 것보다는 큰 글씨로 작성하는 것이 투자자의 이목을 끄는 데 유리할 것입니다.

2 : 논리적 흐름

각 항목 설명이 말이 되어야 하며, 목차 연결도 말이 되면 좋습니다. 목차만으로도 사업내용을 파악하게 만든다면 잘 만든 창업·사업계획서입니다.

3 : 요점 위주

필요 없는 말 대신 이해가 빠른 짧고 간결한 문장이 유리합니다. 불필요한 부언은 가급적이면 삭제합니다. 개인창업자라면 볼펜으로 그때그때 떠오른 아이디어를 추가할 수 있고, 법인창업자라면 관련 서류를 많이 첨부하는 것이 유리합니다.

▌창업·사업계획서에 넣어야 할 항목 ///

표지	업체명, 작성일, 작성자 이름, 연락처
목차	창업·사업계획서 목차
창업동기	창업·사업의 목적, 동기, 창업배경, 사회환경, 시대환경, 경쟁업체 환경
사업경험	자신의 사업경험
사업내용	구체적인 사업내용 작성 또는 취급상품, 홍보 마케팅 방법 작성
상품조달	상품을 조달할 거래처, 조달 예상가격
상품판매	상품판매가, 타깃 고객층 분석
차별화	어떤 식으로 사업을 전개할 것인지 계획. 자신의 사업이 경쟁업체와 비교할 때 차별화된 강점 설명
시나리오	창업 후 안정화될 때까지의 시나리오(1~5년). 대출금이 있을 경우 대출금 상환 시작을 사업 1년차부터 설정
조직·인력 계획	인력계획 및 조직계획에 대해 작성
매출계획	예상매출, 매출원가, 경비, 이자, 손익분기, 순이익 예상
자금조달	창업자금 또는 운영자금 조달 방법 작성
부록	참고용 첨부자료 설명

창업계획서는 자신의 사업에 대한 분석용이지만 창업자금 융자나 투자를 받을 때도 활용할 수 있습니다. 따라서 논리적이고 정확하게 분석하여 작성하는 것이 좋습니다. 또한 각종 조사자료를 첨부하는 것도 좋은 생각입니다.

창업 전 사업타당성 검토하기

02
SECTION

창업을 하려면 하고자 하는 업종의 사업타당성을 분석해야 합니다. 사업타당성 분석은 복잡한 방식과 간단한 방식이 있는데 일반적으로 아래와 같은 순서로 사업타당성을 분석할 수 있습니다.

사업타당성을 분석한 후 사업성이 있다고 판단될 경우 창업계획서를 작성합니다. 보통 다음과 같이 사업타당성을 검토한 뒤 수익성 확보에 승산이 있을 경우 창업계획서를 정식으로 작성하여 사업 준비를 시작합니다.

사업타당성 검토 시작				
사업(창업)업종 선정				사업 타당성이 없는 경우 다른 사업을 재선정하여 검토
시장 분석	수익성 검토	기술성 검토	생산(공급)검토	
1. 시장조사 2. 판매계획 검토 3. 경쟁업체 분석 外	1. 사업수익성 검토 2. 미래 안정성 검토 外	1. 사업 영위에 필요한 기술성 검토 2. 인재(기술진) 발굴 가능성 검토 外	1. 상품을 직접 생산할 경우 공장 설립, 생산 시설 검토 外 2. 외부 상품을 구매해 판매할 경우 안정적인 상품 수급망 검토 外	
자금조달 검토 1. 자기자본 검토 2. 투자자 검토				
창업(사업)계획서 작성				
OK 1. 창업 확정 2. 창업비용 마련				
창업 준비 착수 1. 점포(사무실) 계약 2. 직원 구인				
사업자등록 신청 1. 업종별 관련 서류 발급 2. 세무서에서 사업자등록 신청				
사업 개시				

03
SECTION

사업계획서 작성 1단계: 사업 전체 구상 쓰기

일반적으로 개인창업자는 워드프로세서로, 법인창업자는 파워포인트로 창업계획서 혹은 사업계획서를 작성합니다.

▌ 창업·사업 추진 동기나 배경 //

개인창업자는 창업을 시작한 동기, 법인창업자는 창업 추진배경이나 사업이념을 간략하게 작성합니다.

"직장생활보다는 내 적성에 맞는 예쁜 커피숍을 운영하는 것이 꿈이었다."

"자녀들을 위한 양질의 완구를 양판점 형태의 저렴한 가격으로 판매한다."

"우리 지역 농산물을 현명한 소비자에게 온라인 직거래하여 유통합리화를 선도하는 기업이다."

"이 시장은 특정 틈새시장이므로 전력을 집중하면 성공할 수 있다."

▌ 사업경험 ///

자신의 사업경험을 간략하게 작성합니다.

"청량리 귀퉁이에서 고등어 노점장사를 하다가 1년 만에 노점용 트럭을 구입했다."

"레스토랑을 하면서 3년 동안 근근이 풀칠했지만 아파트단지가 들어설 무렵 권리금을 받아 2배 수익이 났다. 아파트단지가 들어선다는 정보를 3년 전 미리 입수하고 창업했기 때문이다."

▌ 사업 개요·연혁 ///

업체명, 사업 형태(개인·법인), 대표자명, 이사 명단, 사업장 주소, 종업원 수를 작성합니다.

▌ 사업 목표·비전 ///

개인창업자는 미래의 목표, 법인창업자는 회사의 미래 비전을 간략하게 씁니다.

"5년 후 점포를 2개로 늘리고 10년 후 프랜차이즈 사업을 추진하겠다."

"공구도매업을 시작한 10년 뒤 공구제조업 공장을 인수하겠다."

"농산물 전자상거래 시장의 1인자를 실현하겠다."

사업계획서 작성 2단계: 구체적인 내용 쓰기

04
SECTION

창업계획서 1단계에 이어서 구체적인 내용을 하나씩 작성합니다. 가급적 상세하게 기술하는 것이 좋습니다.

사업내용, 취급상품 내용, 사업홍보 방법

사업내용을 구체적으로 작성하거나 점포에서 취급할 상품을 구체적으로 작성합니다. 또한 판매 증진을 위한 개업 이벤트, 전단지, 광고, 인터넷 홍보를 어떻게 준비할 것인지 상세히 설명합니다.

"요리사자격인 고용 및 산지농산물을 급송한 양질의 재료를 사용해 고급 한정식을 판매한다."

"잡화양판점으로서 화장품, 위생용품, 문구, 주방용품, 침구, 인스턴트커피, 수입과자, 화훼용품 까지 백화점식으로 취급한다."

"노르웨이산 고등어를 싼값에 들여오고, 완도 돌김을 일본에 수출한다."

"오픈 3일 전부터 매일 홍보전단지 3,000장을 뿌린다."

"음식점 오픈 1개월 전에 페이스북과 블로그를 개설하여 신상품 메뉴 등 주요 정보를 등록해 두고, 오픈과 동시에 할인 쿠폰 등 대대적인 이벤트를 준비한다."

상품 공급·조달업체 계획

상품 공급업체, 구매 방식, 구매가를 작성합니다. 공급업체에서 보내온 구매주문서나 상품공급 계약서, 상세한 공급가를 서류로 첨부하면 보기에도 좋습니다.

판매·판매가·판매대상 계획

고객이 용인하는 판매가격을 설정합니다. 타깃이 될 고객의 연령층, 성별을 설정하고 사전 현장 조사 자료가 있을 경우 첨부합니다. 타깃에 대한 상세한 자료가 첨부된 경우 창업·사업 자금을 융 자받을 때 유리할 것입니다.

타깃이 될 고객을 설정할 때에는 가급적 세분화하는 것이 좋습니다. 단순하게 20대 여성이 나 30대 남성과 같이 설정하지 말고 '서울 강남에 거주하는 28세 남성, 대졸 신입사원, 월수입은 200만 원 안팎, 애인이 있으며 주 2회 외식을 즐김'처럼 구체적으로 형상화하는 것이 좋습니다.

▌ 판매 차별화, 자신만의 사업 강점 계획

자신이 판매하는 상품이 어떤 점에서 강점이 있는지 작성합니다.

"쇼핑몰에서 주문받으면 당일 자정까지 반드시 상품을 내보내겠다."

"식당영업에서 밥공기에 넣은 달걀프라이를 모든 손님에게 서비스하겠다."

"닭튀김용 신선한 식용유를 3회까지만 사용하고 폐기하겠다."

"우리 미용실의 고객들이 대기시간 중 편안하게 휴식할 수 있도록 안마의자를 설치하겠다."

▌ 조직·인력 계획

사업장에 필요한 상설직원, 아르바이트생, 조직체제를 작성합니다. 직원에 대한 대우 조건, 조달 방식도 작성합니다.

▌ 사업 일정·시나리오

창업부터 사업 안정화 시기까지의 예상 일정을 작성합니다. 예컨대 창업자금을 투자받을 경우 1년차부터 상환이 가능함을 예상하고 사업 일정을 작성합니다.

창업자금을 투자받은 경우 전체적인 상환시기를 지나치게 낙관적으로 잡는다면, 즉 3개월 이후나 6개월 이후부터 갚아나가겠다는 등으로 조급하게 계획한다면 실제 개업 후에 자금압박이 심해질 우려가 있습니다. 어느 정도 여유를 두고 일정을 세우는 것이 좋습니다.

사업계획서 작성 3단계:
사업자금조달 계획표

05
SECTION

사업자금조달 계획표는 창업계획서 2단계에 이어서 작성합니다. 사업자금은 '자본'과 '설비자금' 등이 있습니다. 보통 자세한 숫자로 기입하는 것이 좋습니다.

▌설비자금 //

물품을 생산하기 위한 설비투자에 사용한 자금을 말합니다. 점포 혹은 사무실 임대보증금을 포함한 인테리어 공사비, 비품 구입비, 기계설비 구입비 등이 설비자금에 속합니다. 자세한 숫자와 함께 조달계획도 명시하는 것이 좋습니다.

"점포임대보증금: 5,000만 원/월 임대료 300만 원"

"주방설비용품 구입비: 3,000만 원"

▌운전자금(경영자금) //

운전자금이란 사업운영에 기본적으로 필요한 자금입니다. 통상적으로 1년 이내의 특정 기간을 설정해 작성하되 보통 6개월 정도의 운전자금이 있다는 가정 하에 사업을 시작합니다. 운전자금은 사업을 시작한 후 매출이 발생하면 회수할 수 있습니다. 운전자금 역시 자세한 숫자와 함께 조달계획을 함께 명시하는 것이 좋습니다. 개인사업자의 경우 사업 초기에는 현금을 운전자금으로 사용하므로 자신의 은행잔고가 운전자금이 됩니다. 사업이 일정 이상의 궤도에 오르고 거래처가 공고해지면 어음발행이나 어음할인 등의 방식으로 운전자금을 조달하기도 합니다.

운전자금은 상품 매입대금 또는 원부자재 매입대금, 이자, 종업원 임금, 광고홍보 판촉비, 사무용품 구입비, 수도광열비 등의 제반 경비가 있습니다.

1 : 고정비

고정된 운전자금 항목을 세세히 예측 작성합니다. 월간 기준으로 작성합니다.

- 점포 임대료
- 수도광열비
- 전화·휴대폰 요금
- 장비임대 가격
- 은행이자
- 직원 인건비
- 복리후생비
- 영업비용(수당, 잡비, 교통비 등)
- 인터넷 요금
- 홈페이지 운영비
- 월간 주차비, 차량유지비

   그 외

2 : 변동비

조업에 따라 변동하는 운전자금을 변동비라고 하며 역시 세세히 예측하고 작성합니다. 월간 기준으로 작성합니다.

- 상품 또는 원재료 매입비
- 그 밖의 재료비
- 운송 탁송비
- 인쇄홍보물 제작비
- 특별 홍보비

   그 외

▌사업자금조달 계획표 //

창업을 준비할 때 반드시 확인하는 것이 '사업자금'의 준비입니다. 물론 대부분 어떤 자금이 있기 때문에 사업을 준비할 것입니다. 이때 중요한 것은 대출 같은 지불금이 남아 있을 경우 이를 어떻게 대처할 것인지 명확한 계획이 필요하다는 것입니다.

1 : 자본

'자기자본' 또는 '기업의 자본'입니다. '자산'에서 '부채'를 뺀 것이 '자기자본'입니다.

2 : 자산

자신이 동원할 수 있는 자본을 각 항목별로 세세히 작성합니다.

- 퇴직금
- 은행예금
- 보험
- 공제(각종 협회 가입된 경우)
- 증권(주식예수금 등)
- 부동산
- 귀금속(예물)
- 자동차

합계

3 : 부채

부채가 있을 경우 항목별 부채금액과 월 상환금액, 월 이자 등을 세세히 작성합니다.

- 은행대출
- 그 외 신용대출

합계

사업계획서 작성 4단계: 손익예측표 작성

창업계획서 3단계에 이어서 손익예측표를 작성합니다.

06
SECTION

▌ 월매출 예측

일반소매업의 경우 '객단가 × 구매 객수 × 영업일 수'로 월매출을 예측할 수 있습니다. 객단가란 고객 1인당 평균 매입액을 말합니다. 음식점의 경우 '객단가 × 자리 수 × 회전율 × 영업일 수'로 월매출을 예측합니다.

의류점에서 1인당 평균 8만 원어치의 의류를 구매한다면 객단가는 8만 원입니다. 1일 구매 객수는 10명, 월간 영업일 수는 30일이라고 가정합니다.

이 의류점의 월매출은 8(만 원)×10(명)×30(일)=2,400만 원입니다.

▌ 매출원가 예측

월 매출원가는 '매출 × 원가율'에서 확인할 수 있습니다. 원가율은 1-(업종 평균 마진율)로 계산합니다. 이 의류점의 월 매출은 2,400만 원이고 이 업종 평균 마진율이 55%라고 가정합니다.

이 의류점의 월 매출원가는 1-(업종 평균 마진율)=0.45이므로
2,400만 원×0.45=1,080만 원입니다.

▌ 매출 총이익 예측 //

매출 이익은 '매출 – 매출원가'로 계산할 수 있습니다.

의류점에서 월매출 2,400만 원이고 업종 평균 마진율이 55%이라고 가정합니다. 매출원가는 1-(업종 평균 마진율)=1,080만 원입니다.

이 의류점은 2,400만 원 – 1,080만 원이므로 1,320만 원이 매출 총이익입니다.

▌ 영업이익(혹은 순이익) 예측 //

총이익에서 제반 경비를 뺀 것이 영업이익입니다. 제반 경비로는 인건비, 임대료, 광고홍보 판촉비, 수도광열비 등이 있습니다. 순이익은 사업 외적으로 발생한 손실이나 이익을 합산한 뒤 얻은 이익으로 이자수익 등이 있습니다.

의류점에서 종업원 3명 인건비 550만 원, 임대료 250만 원, 수도광열비 80만 원, 은행이자 월 120만 원이 나간다고 가정합니다.

월매출 총이익 1,320만 원 – 월간 제반 경비 1,000만 원을 빼면
월 320만 원이 순이익입니다.

창업계획서·사업계획서 작성 양식

07 SECTION

앞의 내용을 참고하면서 표준 창업(사업)계획서를 작성합니다. 사업계획서는 앞으로 진행할 사업을 면밀히 계획하는 것이므로 세부적으로 작성하여 사업 방향을 결정하는 용도로 사용할 수 있습니다.

1 : 창업동기

업체명	닭불갈비	업종		요식업	창업 예정일	2014.7.7
대표자	홍길순				종업원 수	5명
					결산일	
주소	본사	서울 마포구 공덕동 10122번지 메가프라자 빌딩				
	사업장	서울 마포구 동덕동 10122번지 메가프라자 빌딩				
자본금	1억 원	자산 (부채)	1억 5,000만 원 (5,000만 원)		연매출액 (순이익)	5억 원 (8,000만 원)
사업장 현황		임대		사업장 규모	1층, 40평	
사업동기 (법인비전)		현 상가에서 잡화백화점을 70평 규모로 운영하고 있습니다.				
		옆 건물에 40평 규모의 한식전문점을 준비 중입니다.				
		국내 일류의 닭요리 전문 프랜차이즈로 도약하겠습니다.				

2 : 업체연혁 또는 사업경험

자격사항	운전면허증 1종, 한식조리기능사 자격증, 복어요리기능사 자격증, 양식요리기능사 자격증, 공인중개사 자격증, 부동산권리분석사 자격증 외
사업경험 (법인연혁)	요식업 프랜차이즈 업체에서 8년 근무
	요리메뉴개발팀장으로 퇴사
	현 공덕메가프라자에서 70평 규모의 잡화백화점 운영

3 : 사업내용(취급상품)

취급상품	닭불갈비(객단가 9,000원)
	냉면, 국수류(객단가 6,000원)
	식사류(객단가 7,000원)
	육류(객단가 2만 원)
	주류 음료수 외
공급처 (상품조달 방법)	야채류매입처(김치야채 Tel 02-2200-XXXX)
	식품류매입처(뽀빠이상사 Tel 02-2321-XXXX)
	육류매입처(횡계한우 Tel 02-2222-XXXX)
고객층	공덕빌딩 주변의 직장인 점심 및 저녁 손님

 여기서는 요식업에 맞게 작성했지만 일반소매업의 경우 타깃이 될 고객층 분석 및 시장 조사를 세밀하게 한 뒤 작성합니다.

4 : 초기 설비운영 자금

설비자금	임대보증금	5,000만 원
	인테리어 공사	4,000만 원
	주방설비	3,000만 원
	간판	500만 원
	개업판촉비	500만 원
	기타 물품	700만 원
	예비 사업비	
운영자금	인건비	800만 원(직원 5명, 월간)
	복리후생비	직원 의료보험료 등
	임대료	200만 원(월간)
	은행 상환금	100만 원(월간)
	수도광열비	100만 원(월간)
	초도재료구입비 (상품구입비)	약 2,200만 원(월간)

 법인은 복리후생비로 직원의 4대보험과 관련된 비용을 일부 납부해야 합니다. 개인사업자는 직원의 4대보험을 들지 않는 경우가 많으므로 복리후생비가 필요하지 않습니다.

5 : 판매예측

월 판매예측	사업 초기		사업 6개월 뒤	
	월매출	3,500만 원	월매출	4,200만 원
	월매출 원가	1,800만 원	월매출 원가	2,100만 원
월 운영자금	사업 초기		사업 6개월 뒤	
	인건비	650만 원	인건비	800만 원
	임대료	200만 원	임대료	200만 원
	기타	200만 원	기타	200만 원
	식자재 구입	일 60만 원	식자재 구입	일 70만 원

6 : 손익예측

손익예측	월매출	4,200만 원(일매 약 160만 원/월 4일 휴무 기준)			
	월매출 원가	50% 마진	2,100만 원	40% 마진	2,520만 원
	월매출 총이익	50% 마진	2,100만 원	40% 마진	1,680만 원
	월 순이익	50% 마진	900만 원	40% 마진	480만 원

 월 순이익은 월간 운영자금을 뺀 금액이며 사장님이 가져가는 금액입니다. 요식업 특성상 식자재 재료비에 대한 마진율이 매우 높기 때문에 매출 총이익이 높습니다. 그러나 요식업은 인건비가 많이 나가기 때문에 월 순이익은 많이 떨어집니다

7 : 자금조달 계획

자기 자본 조달 내역	보통예금	2,000만 원
	정기적금	5,000만 원
	해외혼합형펀드	1,000만 원
	주식예수금	1,000만 원
	배우자 저축	1,000만 원
대출 계획	은행 담보대출	
	은행 신용대출	3,000만 원, 연리 4.5%
	정부기관 창업대출	
	친구 김만복 투자금	2,000만 원, 연리 5.5%

 여기서는 기존 사업체를 크게 하고 있으므로 대출 항목을 신용대출로 작성했습니다. 은행대출을 받기 전 창업 업종과 관련된 정부기관 창업대출이 있는지 면밀히 파악하는 것이 좋습니다.

창업 시의 자기자본비율: 70~80%가 적절

08
SECTION

창업할 때 자기자본비율이 100%라면 그보다 좋을 사업은 없습니다. 그러나 자기자본 100%로 사업을 벌일 만큼 창업자의 주머니 사정이 녹록지 않습니다. 창업 시 안전한 자기자본비율은 흔히들 70~80% 선이라고 말합니다.

만일 자기자본비율이 낮으면 사업 실행 후 경영보다는 빚에 쪼들리게 될 것입니다. 저는 자기자본비율이 10~20%인 사람이 사업을 벌인 후 약 20년 동안 기존 빚에 새로운 빚이 생기면서 걷잡을 수 없는 수렁에 빠지는 것을 여러 번 봤습니다.

자기자본이 10~20%라는 것은 사무실을 임대할 돈밖에 없다는 뜻입니다. 그 이후는 인맥을 통해 구매를 외상으로 처리하여 번듯하게 사업이 전개되는 것처럼 보였지만 물건이라는 것이 바로 팔리는 것이 아닙니다. 외상으로 구입한 물건값을 지불하고자 빚을 지고, 인건비를 주기 위해 또다시 빚을 지면서 부채에 부채가 쌓이는 악순환이 반복됩니다.

사업관계에서 돈은 냉정하다고 하는데 인간관계에서도 돈은 냉정합니다. 기존 부채에 또 다른 부채를 짊어지게 되면 자신의 인생항로와 가족관계가 파탄될 수 있음을 알아야 합니다.

창업할 때는 자기자본비율을 70~80% 선에 맞추는 것이 좋아요.

자기자본비율이 70~80% 정도이면 신규 부채를 져도 방어할 수 있어요.

2010년에 조사한 국내의 소상공인 창업 자료를 분석하면 자기자본비율이 70~80%임을 알 수 있는데 이는 돈 구하는 것도 어려울 뿐 아니라 사업의 안정성을 유지할 목적 때문일 것입니다.

▌소상공인 창업 시 자기자본비율

소상공인		10~20%	50~60%	80~90%	90~100%	평균 자기자본 비율(%)
업종별	제조업	2.0	17.7	4.2	49.6	74.1
업종별	전기·가스·수도·건설업	1.7	18.5	5.1	51.5	76.2
업종별	소매업	1.5	17.7	5.0	51.4	75.5
업종별	숙박·음식업	1.8	21.9	6.0	42.2	69.9
업종별	운수·통신업	1.9	15.1	5.3	56.1	76.7
업종별	부동산·임대업	0.9	13.0	2.8	67.3	83.4
업종별	정보·기술·사업서비스업	2.0	20.2	4.9	48.9	74.1
업종별	교육·서비스업	1.3	20.9	5.0	48.0	73.6
업종별	오락·문화·운동	1.3	22.4	7.2	43.2	71.7
업종별	수리·개인서비스업	1.1	18.0	4.9	54.1	76.0
매출액별	400만 원 이하	1.5	18.0	4.2	55.6	76.4
매출액별	401~1,000만 원	1.6	19.7	5.8	45.1	73.0
매출액별	1,001~2,000만 원	1.9	20.0	5.7	41.5	71.6
매출액별	2,001~3,000만 원	1.2	16.0	9.6	44.0	73.9
매출액별	3,001~4,000만 원	1.6	20.6	6.3	45.2	72.7
매출액별	4,001~5,000만 원	2.4	15.4	7.3	44.7	73.0
매출액별	5,001만 원 이상	1.5	21.1	7.3	41.8	71.4

자료: 중소기업청(2010년)

국내의 소상공인들이 창업할 때 자기자본비율은
보통 70~80%예요.

총 창업비를 1억 원으로 예측한다면 7,000~8,000만 원
의 자기 돈이 있어야 한다는 뜻이죠.

CHAPTER 5

정부기관, 은행에서
창업자금 조달하기

창업자금 대출의 올바른 준비과정

창업 준비는 6개월 이상의 기간이 필요한데 이 기간은 대출신청에 앞서 자신의 신용도를 높이지는 못해도 연체율 관리 정도는 할 수 있는 기간입니다. 연체율 관리를 잘해놓아야 정부지원 서민창업대출 심사에서 유리하게 작용합니다.

▌창업준비기간(6~12개월) 동안 대출 준비과정 ///////////////////////////////////////

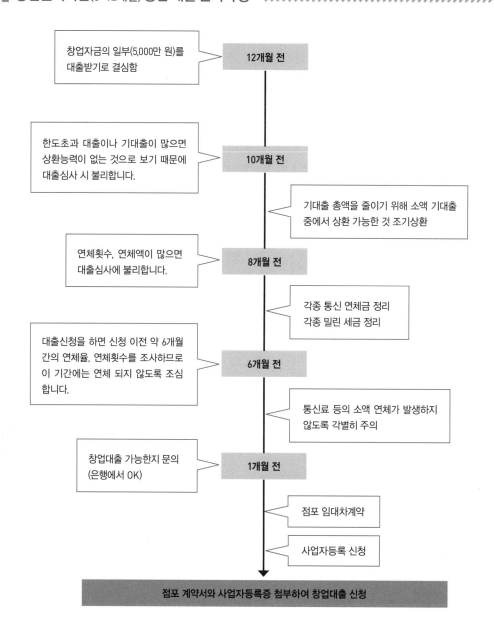

창업자금의 일부(5,000만 원)를 대출받기로 결심함 — **12개월 전**

한도초과 대출이나 기대출이 많으면 상환능력이 없는 것으로 보기 때문에 대출심사 시 불리합니다. — **10개월 전**

기대출 총액을 줄이기 위해 소액 기대출 중에서 상환 가능한 것 조기상환

연체횟수, 연체액이 많으면 대출심사에 불리합니다. — **8개월 전**

각종 통신 연체금 정리
각종 밀린 세금 정리

대출신청을 하면 신청 이전 약 6개월간의 연체율, 연체횟수를 조사하므로 이 기간에는 연체 되지 않도록 조심합니다. — **6개월 전**

통신료 등의 소액 연체가 발생하지 않도록 각별히 주의

창업대출 가능한지 문의 (은행에서 OK) — **1개월 전**

점포 임대차계약

사업자등록 신청

점포 계약서와 사업자등록증 첨부하여 창업대출 신청

02
SECTION

대출신청 전 자신의 신용도 관리하기

앞의 플로어 차트를 보면 알 수 있듯 창업자가 대출을 신청하면 금융기관은 금융기관 전산망을 통해 대출신청자의 각종 정보 등을 조사 및 심사합니다. 따라서 연체횟수, 연체금액, 금융사고 위반이 있다면 일단 대출대상자에서 바로 탈락합니다.

▌대출신청 전 최소 6개월 전부터 자신의 신용도 관리 /////////////////////////////////

무담보 신용대출이나 정부지원 서민대상 대출상품을 대출받으려면 창업자는 높은 신용도가 있어야 합니다. 다행히 정부지원 서민창업대출은 6~7등급 아래의 저신용자용 대출상품이지만 현재 연체가 있는 자, 지난 몇 개월간 연체 횟수가 빈번한 자, 금융질서 문란범으로 등록된 자, 기대출이 많은 자는 무조건 대출대상에서 제외됩니다.

창업준비기간으로 최소 6개월~1년을 준비하는 예비창업자는 그 기간 동안 자신의 연체율과 기대출상품 중 소액대출건을 어느 정도 관리 및 정리하는 것이 좋습니다. 이처럼 연체금, 연체횟수를 없애거나 줄여놓으면 일단 정부지원 서민창업대출 같은 보증인과 담보 없는 대출의 신청요건을 갖추게 됩니다. 은행, 보험계 등의 일반대출을 이용하려는 사람은 주거래은행과의 신용등급을 5~6등급 이상으로 관리해야 대출 승인이 날 수 있으며 7등급 이하는 사실상 일반 은행대출이 불가능합니다. 물론 부동산담보대출은 신용등급과 상관없는 대출상품이지만 이 역시 신용등급이 좋을수록 대출이자를 낮출 수 있습니다.

1 : 연체율, 연체횟수 관리하기

대출신청을 하면 금융기간은 대출신청자의 이전 3~6개월간의 연체금이 있는지, 연체횟수가 빈번한지 확인합니다. 연체금이나 연체횟수가 많으면 상환능력이 없는 사람으로 보기 때문에 대출신청이 허가되지 않습니다.

그러므로 창업준비기간을 6~12개월로 잡은 경우 같은 기간 동안 창업예비자는 통신요금 연체나 세금 같은 소액연체 금액을 정리하고 연체횟수도 일어나지 않도록 노력해야 합니다. 일단 대출신청 이전 전 3~6개월간의 연체금과 연체횟수 등을 조사하므로 연체를 아예 없애놓으면 정부지원 서민창업자금 대출신청 심사에서 유리한 상태가 됩니다.

2 : 소액 기대출 정리하기

기대출이 여러 금융기관에 쌓여 있거나 동일인 한도초과 대출을 받은 창업예비자는 정부지원 창업자금 대출신청 시 무조건 대출대상에서 제외됩니다. 돈을 사방에서 빌려 쓴 사람에게는 누구도 돈을 꿔주지 않기 때문입니다.

물론 주택융자금 같은 거액은 한 번에 상환할 필요도 없고 한 번에 상환할 수도 없습니다. 그러나 몇백만 원 이하의 소액대출이 여러 금융기관에 있다면 창업예비 6~12개월 기간 중 몇 개는 상환 정리하는 것이 좋습니다. 정부지원 서민창업대출(미소금융, 햇살론 등)은 최대 7,000만 원까지 신청할 수 있으므로 대출신청 몇 개월 전 소액 기대출을 가급적 상환 정리하여 대출신청 후의 심사 과정에서 유리하도록 해야 합니다.

소액 기대출이 여러 금융기관에 있는 창업자는 미소금융이나 햇살론을 신청할 수 없나요?

그렇습니다. 따라서 대출신청 전 자신의 소액 기대출 한두 개는 상환한 뒤 미소금융이나 햇살론을 신청하는 것이 좋습니다.

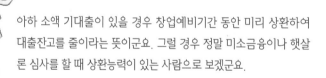

아하 소액 기대출이 있을 경우 창업예비기간 동안 미리 상환하여 대출잔고를 줄이라는 뜻이군요. 그럴 경우 정말 미소금융이나 햇살론 심사를 할 때 상환능력이 있는 사람으로 보겠군요.

물론입니다. 빚더미에 있는 사람에겐 누구도 돈을 꿔주지 않는 것과 같은 이치입니다.

미소금융 프랜차이즈 창업대출: 점포보증금, 운영자금대출

03 SECTION

금융회사가 출연한 휴면예금과 거대 기업들의 기부로 모인 자금으로 저소득·저신용 계층의 경제적 자립 기반을 만들 수 있도록 하는 서민전용 대출입니다.

미소금융 대출은 청년, 대학생, 전통시장 상인의 생계를 위한 소액대출과 창업자 대상의 대출이 있습니다. 창업자 대상의 대출은 프랜차이즈 창업대출, 임차보증금대출, 운영자금대출, 시설개선자금대출, 무등록사업자대출이 있습니다. 지면이 부족하므로 창업자 대출 위주로 정리합니다.

프랜차이즈 창업자금대출(임차보증금, 권리금 용도)					
대출한도	대출기간		이자율		상환 방법
7,000만 원	상환기간	거치기간	최고 4.5%	최고 4.5%	원리금 균등분할상환 거치식
	5년 이내	1년 이내			

창업임차자금대출(사업장임차보증금대출, 보금금증액대출)					
대출한도	대출기간		이자율		상환 방법
7,000만 원	상환기간	거치기간	최고 4.5%	최고 4.5%	원리금 균등분할상환 거치식
	5년 이내	1년 이내			

운영자금대출(사업자등록 1년 이상자 대상)					
대출한도	대출기간		이자율		상환 방법
2,000만 원	상환기간	거치기간	최고 4.5%	최고 2.0%	원리금 균등분할상환 거치식
	5년 이내	6개월 이내			

시설개선자금대출(사업자등록 1년 이상자 대상)					
대출한도	대출기간		이자율		상환 방법
2,000만 원	상환기간	거치기간	최고 4.5%	최고 2.0%	원리금 균등분할상환 거치식
	5년 이내	6개월 이내			

무등록사업자대출(사업자등록증이 없는 영세자영업자 대상)					
대출한도	대출기간		이자율		상환 방법
500만 원	상환기간	거치기간	최고 2%	무이자	원리금 균등분할상환 거치식
	5년 이내	6개월 이내			

[문의] 미소금융중앙재단 ☎ 1600-3500(www.smilemicrobank.or.kr)

* 시설개선자금대출은 사업자등록일로부터 1년 이상 운영 중인 자영업자의 영업용차량의 구입, 수리, 보수, 유지, 비품 등의 구입을 지원하는 대출입니다.
* 무등록사업자대출은 사업자등록증이 없는 영세자영업자의 창업에 소요되는 자금, 제품구입비, 장사용 차량구입비, 비품 등의 구입 등을 위해 제공되는 대출입니다.

▎ 미소금융 대출처, 대출 절차 //

　대출대상은 기초생활수급권자, 차상위계층, 개인신용 7등급 이하 저소득·저신용 자영업자 및
창업예정자입니다. 미소금융 대출상담 및 대출사업을 하는 단체는 6대 기업(삼성, 현대차, LG, SK,
포스코, 롯데)과 5대 은행(국민, 우리, 신한, 하나, 기업)이 있습니다. 보통 위의 5대 은행의 중요 지점에
미소금융을 전문 담당하는 창구가 있으므로 가까운 국민, 우리, 신한, 하나, 기업은행 창구에 문
의하여 미소금융을 담당한 지점 위치를 알아보기 바랍니다.

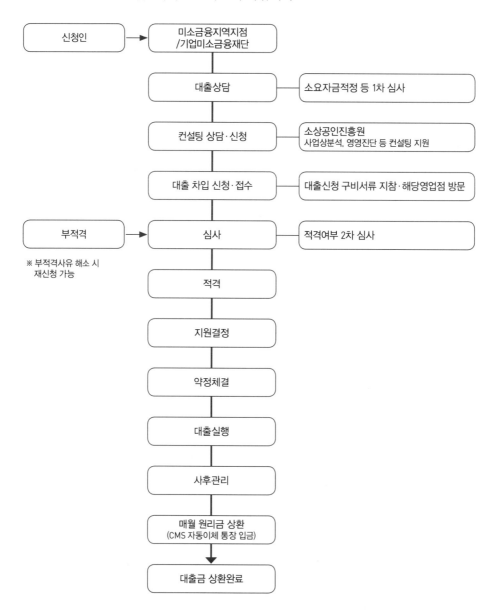

▍미소금융 대출신청 구비서류 //

'대출상담 및 차입신청서' 작성 후 실명확인증표 사본 1부와 함께 제출하고 심사허가가 떨어지면 구비서류를 완벽히 구비해 제출합니다.

기본서류 (채무관련인 공통 제출서류)	▫ 대출상담 및 차입신청서 ▫ 주민등록등본(최근 1개월 이내 발급분) ▫ 신분증 ▫ 소득증빙서류(택일) ○ 급여소득자의 경우 – 급여명세서(최종 3개월분) – 급여통장(최종 3개월분) – 근로소득원천징수영수증(전년도) – 소득세원천징수증명서(최종 3개월분) – 취업사실 확인(증명)서(근로계약서 등) – 소득금액증명원 등 ○ 자영업자의 경우 – 소득금액증명원(전년도) – 매출대금 입금통장(최종 3개월분) – 소득증명(진술)서 등 ○ 사업소득자의 경우 – 소득금액증명원(전년도) – 사업소득원천징수영수증(전년도) – 수수료입금명세서(최종 3개월분) – 수수료 입금통장(최종 3개월분) – 고용계약서 – 소득증명(진술)서 등 ○ 일용직 등의 경우 – 고용보험납입내역확인서 – 사업주의 근로사실확인서 – 읍·면·동장이 확인한 농(어)업인 확인서 – 소득증명(진술)서 등 ▫ 재산관련서류 토지·건물 등기부 등본(최근 1개월 이내 발급분) ○ 상가·주택 임대차계약서 ○ 자동차등록증 등 ▫ 개인신용정보의 조회·제공·활용 동의서 ▫ 신용정보회사의 신용보고서(필요시) ▫ 금융거래확인서(필요시) ▫ 채무변제상환내역확인서(필요시) ▫ 기타 필요서류

자료: 미소금융중앙재단(2013년)

추가 서류	프랜차이즈 창업자금 및 창업 임차자금	– 컨설팅결과보고서(최근 3월 이내 발급서류) – 창업교육수료증(최근 3월 이내 발급서류) – 사업자등록증명원(최근 1개월 이내 발급서류) – 사업장임대차계약서(현재·재계약서 등) – 사업장의 토지·건물 등기부등본 – 프랜차이즈 가맹계약서
	운영자금 및 시설개선자금	☐ 컨설팅결과보고서(3월 이내 발급서류) ☐ 사업자등록증명원(1개월 이내 발급서류) ☐ 부가가치세과세표준증명원(최종 1년간 / 최근 1개월 이내 발급서류) ☐ 사업장임대차계약서(가급적 원본 제출) ☐ 자금용도 및 활용 계획서(필요 시)
	무등록 사업자 지원자금	☐ 무등록사업확인(진술)서

* 사업자등록 명의자와 실제 운영자가 동일인이어야 합니다. 한편 임대차계약서 등의 원본 제출이 곤란한 경우 사본을 제출할 수 있지만 원본과의 대조확인을 하므로 이 점 철저히 준비하기 바랍니다.
* 대출 제외자: 전국은행연합회 신용정보전산망에 신용도판단정보 및 공공정보가 등재된 자(연체정보, 대위변제(대지급)정보, 부도정보, 관련인정보, 금융질서 문란정보), 보유재산이 과다한 자('지역별 재산 합계액' 기준 수도권 1억 5,000만 원, 지방 1억 원 이상 보유재산이 있는 자), 재산 대비 채무액(여신, 은행대출 등)의 비율이 60%를 초과하는 과다대출자, 미소금융중앙재단(복지사업자, 미소금융지역지점 포함), 정부·지방자치단체 등으로부터 금융지원을 받은 자, 개인회생·개인파산 신청자 및 인가된 자, 어음·수표 부도거래처 기록자, 재산은닉자 등은 대출대상에서 제외됩니다.
* 신용회복지원 중인 자 중 2년 이상 변제금을 성실히 납입한 자, 파산 신청자 중 면책이 결정된 자, 개인회생 신청자 중 법원으로부터 면책이 결정된 자, 개인파산 신청자 중 법원으로부터 면책이 결정된 후 5년 이상 경과한 자는 대출신청을 한 뒤 심사 결과에 따라 대출 여부가 결정됩니다.

미소금융대출 상담신청서

04 SECTION

미소금융 대출을 신청하기 위해서는 먼저 상담신청서를 작성해야 합니다. 기본적인 포맷과 작성법을 알아보도록 하겠습니다.

▌미소금융지원(대출) 상담신청서 //

다음은 신한은행의 미소금융지원(대출) 상담신청서입니다. 대출 상담신청서의 양식은 은행별로 조금 다를 수 있습니다.

미소금융지원(대출) 상담신청서
년 월 일

귀중

> 본인의 정보를 입력합니다.

신청인	성명	(인)	주민등록번호	–		
	연락처	자택 ( ) –		휴대폰 ( ) –		
	주소					
	직업구분	□회사원 □사업소득자 □자영업자 □일용직 □무직 □기타( )				
	직장명 (상호명)		부서 / 직위 (자영업업종)		월평균소득	만원
	개업(예정)일 (입사일)	년 월 일	창업시 업종			

신청내용	신청금액	만원	대출기간	◦거치기간 : 년 개월 ◦상환기간 : 년 개월
	자금용도 (대출종류)	□프랜차이즈창업자금대출 □창업임차자금(사업장임차보증금)대출 □운영자금대출 □시설개선자금대출 □무등록사업자지원자금대출		
	신청사유 (구체적으로)			

> 대출 금액 및 용도, 사유를 입력합니다.

재무상황	재산내역			부채내역(기발생 및 예상)		
	재산종류	평가액	월임차료	채권기관명	여신금액	월상환액
		만원	만원		만원	만원
		만원	만원		만원	만원
		만원	만원		만원	만원

개인신용정보의 조회 동의서
휴면예금관리재단(미소금융중앙재단), 신용회복위원회 귀중

본인은 「신용정보의 이용 및 보호에 관한 법률」 제32조제2항에 따라 구 기관이 아래와 같은 내용으로 신용정보집중기관, 신용조회회사, 휴면예금관리재단의 설립 등에 관한 법률 제2조와 제3조에서 정의된 휴면예금관리재단(미소금융중앙재단) 및 복지사업자(미소금융재단 포함)로부터 본인의 신용정보를 조회하는 것에 대하여 동의합니다.

□ **조회할 신용정보** : 개인식별정보(성명, 주민번호, 주소, 전화번

> 본인의 재산, 부채 상태를 상세히 입력하며, 속일 경우 상담이 중단됩니다.

▌ 은행이 조사하는 대출신청자 정보 ///

대출신청을 하면 은행은 '개인신용정보 조회 동의서'에 사인을 요구합니다. 개인신용정보 조회 동의서에 사인하면 은행은 이때부터 대출신청자의 모든 금융거래정보를 능동적으로 조회 파악할 수 있습니다. 과연 어떤 정보를 파악할 수 있을까요?

다음은 은행이 조사하는 개인신용정보 조회의 주요 내용입니다.

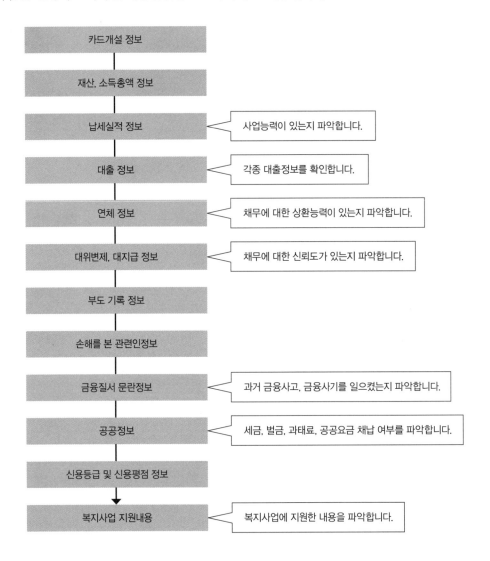

따라서 대출신청서의 재산과 부채 등에서 허위 내용을 작성하면 상담이 중단될 수 있습니다. 만일 위 내용 중 어느 한두 개 항목에서 약점이 잡혀 있다면 대출신청은 허가되지 않습니다.

05
SECTION

햇살론 창업대출:
저소득·저신용자용 점포보증금, 운영자금대출

농협, 수협, 새마을금고, 신협, 저축은행, 산림조합에서 저소득·저신용 서민들을 위해 생활자금, 창업자금, 운영자금을 빌려주는 정부 보증부 대출상품입니다.

햇살론은 신용보증재단의 85% 보증으로 일반서민, 자영업자가 대출을 받을 수 있는 보증부 대출상품입니다. 창업자의 경우 사업자등록 1년 내의 창업자가 대상이며 주로 점포 보증금을 대출받을 때 신청합니다. 창업자가 임대차계약서를 제출하면 최대 5,000만 원 이내에 대출이 이루어지고, 5,000만 원을 미달할 경우 나머지 금액은 운영자금으로 대출받을 수 있습니다. 대출요건은 창업교육 이수 12시간이며 지역별 소상공인지원센터에서 이수받을 수 있습니다.

▌햇살론 대출 종목과 이자

일반대상자	일반근로자, 일용근로자, 농림어업인, 기초생활수급자, 차상위계층, 대리운전기사, 학원강사 등 연소득 4,000만 원 이하이자 신용등급 6~10등급자 연소득 2,600만 원 이하의 자영업자(행상, 무등록자, 무점포자)
창업대상자	무등록, 무점포 자영업자가 점포 구비하며 사업자등록을 할 경우 (무등록 창업자는 개업 3개월 이내에 신청) 정부, 공공기관 창업과정을 이수한 신규창업자 (신규창업자는 사업자등록 및 점포 마련 1년 이내에 신청)
대출한도	창업자금(최고 5,000만 원) 사업운영자금(최고 2,000만 원) 근로자생계자금(최고 2,000만 원) 고금리채무대환자금(최고 3,000만 원)
대출금리	10~14%(보증수수료 1% 제외)
대출기간 및 상환 방법	창업자금(1년 거치 4년 이내 균등분할상환) 사업운영자금(1년 거치 4년 이내 균등분할상환) 긴급생계자금(3~5년 매월 균등분할상환)

[문의] 농협 햇살론 ☎ 1577-5522, ☎ 수협 햇살론 1588-1515, ☎ 신협 햇살론 1566-6000
산림조합 햇살론 ☎ 02-3434-7222, 새마을금고 햇살론 ☎ 1588-8801 외
[햇살론 홈페이지] www.sunshineloan.or.kr

▌ 햇살론 대출처, 대출 절차 //

대출신청 상담을 하면 해당 금융기관에서 대출신청자의 정보 파악을 하면서 1차적으로 걸러냅니다. 일단 다른 금융기관에서의 기대출이 적을수록 모든 면에서 유리합니다. 상담을 통과하면 정식 대출신청서 작성과 함께 첨부자료를 제출합니다. 금융기관은 신용보증재단에 보증서 신청을 합니다. 별문제 없으면 7일 내에 보증서가 발급되고, 금융기관은 대출을 실행합니다.

대출신청자	근로자: 재직 및 근로소득 확인서류 외 공통서류
	자영업자: 사업자등록증 외 공통서류 무등록 자영업자: 점포가 있을 경우 임대차계약서 외 무점포일 경우: 무등록 소상공인 확인서 외 사업소득납부자: 사업소득원천징수영수증 외
	농림어업인: 농지원부, 영농확인서, 어선원부 등 제출

↑↓

각 지역의 농협, 수협, 새마을금고, 신협, 저축은행, 산림조합	근로자: 대출 및 보증 심사 후 → 1~2일 내 대출
	자영업자: 대출심사, 사업영위 사실 확인, 지역신용보증재단에 보증신청, 7일 이내 보증심사를 받아 대출 여부 결정
	농림어업인: 자영업자와 동일

대출신청 ↓ ↑ 대출실행

보증신청   보증서발행

신용보증재단중앙회 (지역신용보증재단) 7일 이내 보증심사 결과 통보	근로자: 신용보증재단중앙회에서 보증심사 후 보증서 발급 업무는 금융기관에 위탁
	자영업자: 지역신용보증재단에서 보증심사
	농림어업인: 지역신용보증재단에서 보증심사

정부 보증부 대출이란 정부(신용보증재단)에서 대출보증을 서주는 대출입니다.
손실률이 있기 때문에 대출이율은 높은 편입니다.

▌햇살론 대출신청 구비서류

주민등록등본	최근 1개월 이내 발급분, 공동대표자인 경우 각각 제출	
사업장 및 거주주택	실제 거주지 기준으로 접수(실거주지와 주민등록등본상 주소지가 다를 경우)	
임대차계약서 사본	사업자등록 무등록, 무점포 자영업자와 인적용역제공자는 점포가 없으므로 사업장 임차계약서 접수 생략 가능	
공통	저신용 자영업자	사업자등록증 원본 제출
	무등록 무점포 자영업자	무등록 소상공인 확인서 제출
	점포 사업 영위자	점포 계약서 사본 제출
	사업소득세를 납부하는인적용역제공자 (방문판매원, 우유배달원, 학원강사, 행사도우미, 간병인, 보험설계사 등)	사업소득원천징수영수증 또는 소득자별 사업소득원천징수부 또는 사업소득세 납부를 증명할 수 있는 서류 (미제출자는 '무등록 소상공인 확인서' 제출)
	창업교육·컨설팅 이수 확인서류	정부, 공공기관 등 창업교육기관이 발급한 교육이수 확인서류(각 지역 소상공인지원센터 또는 근로복지공단에서 창업교육 이수 가능)
	창업준비 시 소요한 각종 자금 증빙서류 (가지고 있는 것 위주로 제출)	임대차계약서 인테리어 등의 공사계약서 설비납품계약서(매장 내 냉동기 등의 설비) 상품납품 계약서 세금계산서 대금지급 영수증 입금증 원본 등

 햇살론 대출 제외자: 현재 연체 중인 자, 3개월 이내 10일 이상 연속된 연체기록 4회 이상인 자, 은행연합회 전산에 신용도 판단정보 및 공공정보가 등재된 자(연체정보, 대위변제정보, 부도정보, 관련인정보, 금융질서문란정보 등), 개인회생, 파산 중인 자, 상환능력이 없다고 판단된 자, 여러 금융기관에 상당액의 대출이 중복되어 있는 여신과다자, 세금, 과태료, 고용보험료 체납자, 신용도가 1~6등급이고 연소득이 2,600만~4,000만 원인 고신용의 평균 이상의 연봉자, 지역신용보증재단의 보증사고와 관련 기록이 있는 자, 유흥업소, 향락업종 창업자는 대출대상에서 제외됩니다.

햇살론 구비서류: 무등록 소상공인 확인서

06
SECTION

햇살론의 특징은 점포가 없는 자영업자도 대출을 받을 수 있다는 점에 있습니다. 이 경우 자영업을 하고 있는지 증명해야 하는데 이때 필요한 서류양식입니다.

이 서류는 햇살론 홈페이지(www.sunshineloan.or.kr)에서 다운로드할 수 있습니다.

무등록 소상공인 확인서

1. 신청인(본인작성)

상호명 (*해당자에 한함)		사업자명		주민등록번호	-
주 소				전 화 번 호	
				휴대폰 번호	
상시근로자수 (*해당자에 한함)	명	업종(취급품목)			
사업장소재지 (구체적으로)					

> 본인이 작성하는 사업장 내역과 소재입니다.

2. 사업사실 확인(확인자 작성)

상기인이 위의 장소에서 실제사업을 하고 있음을 확인합니다.
년 월 일

성명	주민등록번호	주소	연락처(전화)	서명
직장명(직위) (*해당자에 한함)		직장주소 (*해당자에 한함)		

> 상인회장 또는 인근 부녀회장이 작성하는 사업사실 확인서입니다.

※ 사업사실 확인자
- 시장상인 : 상인회장
- 노상점포 : 사업장 소재지 통·반장 또는 인근 고정사업주, 부녀회장, 아파트관리사무소장 등
* 점포내 사업영위자는 임대계약서 사본, 기타 개인용역제공 사업자(유제품 배달원 등)등은
   사업사실 확인절차 없이 관련 계약서 등 확인 가능한 서류로 갈음

소상공인 정책자금 대출

중소기업진흥공단의 소상공인진흥원에서 관할하는 정부지원 공식 대출자금입니다.

07
SECTION

스스로 성장하고자 하는 의지가 있는 소상공인을 대상으로 하는 대출이지만 담보 혹은 개인 신용도가 높아야 대출 가능합니다. 또한 소상공인의 안전망 구축을 위한 정책(운영)자금 대출이지만 창업한 지 1년 후면 종목에 따라 신청할 수 있습니다.

▌소상공인 정책자금 대출 종목과 이자 //

소상공인 정책자금은 금융기관과 달리 소상공인진흥원 자금규모(연간 총 1.6조 원 내외) 아래 대출을 실행합니다. 조성된 자금은 4분기로 나누어 사용하며 모두 소진되면 대출실행도 중단되지만 이듬해 다시 정책자금 사업이 시작되므로 매년 소상공인 정책자금 사업이 운영된다고 할 수 있습니다.

대출종목은 일반자금, 특화자금, 소공인 자금 등이 있으며 소상공인의 시설 개선, 원부자재 구입 등 경영안정을 위한 운전자금으로 한정되어 있습니다. 심사를 통과하면 시중 국민, 신한, 우리, 하나, 부산, 대구, 광주, 전북, 경남, 제주은행, 농협중앙회, 수협중앙회, 새마을금고, 신협중앙회 등을 통해 대출을 실행합니다.

대출한도	대출기간	금리	참고
7,000만 원	5년 이내, 거치기간 2년 포함(거치기간 후 상환기간 동안 대출금액의 70%는 1, 3개월마다 균등 분할상환하고 30%는 만료일 일시상환)	대출종목에 따라 다름 연 2.0~3.18%	대출자금은 사업체 운영자금으로 사용 (기융자대출과의 대한 대환대출 불가)

[문의] 소상공인시장진흥공단 ☎ (국번 없이) 1357

＊ 공동소유(2명 이상) 사업체는 소유주별 적용이 아니라 업체당 최고 7,000만 원 대출 가능합니다.
＊ 폐업 시 전액 일시상환토록 규정되어 있으나 자금부담, 재창업 기회 등을 고려하여 정상적으로 상환하다가 휴·폐업한 소상공인은 일시상환 회수 유보하고 만료 시에 상환 가능합니다(문의 상담 요망).

▌세부지원요건 //

소상공인 또는 창업자등록을 한 사업자로서 1~5년 이상 운영한 사람이 대출신청자에 해당합니다. 일반소매업, 요식업, 작은 규모의 제조업, 운송업, 작은 규모의 중소기업 등이 대상이며 업종별로 상시근로자 수가 5~10인 이하인 경우 신청 가능합니다.

소상공인 정책자금 대출요건 중 가장 중요한 것은 본인 또는 배우자의 신용도입니다. 은행 신용도가 높거나, 신용보증재단을 통한 신용보증서를 발급받을 수 있는 사업자에 한해 신청할 수 있습니다. 신용보증서 발급이 불가능한 사업자는 부동산을 담보로 하여 신청해야 합니다.

구분	세부	신청요건
성장기반자금	소공인 특화자금	(직접대출) 제조업을 영위하는 10인 미만의 소공인
	성장촉진자금	(직접대출) 업력 5년 이상 소상인 (대리대출) • 업력 5년 이상 소상인 　　　　　　 • 업력 5년 이상, 소상공인 컨설팅 이수
경영안정자금	일반경영 안정자금	(일반경영) 업력 1년 이상 소상공인 (경영초기) 업력 1년 미만이고 중소벤처기업부 장관이 정한 교육과정을 수료한 소상공인(대리대출), 사관학교 졸업생 중 창업자 (소상공인긴급) 고용노동부 일자리 안정자금 수급 소상공인 사업주 (사업전환) '소상공인 재창업 패키지' 교육을 이수한 소상공인 (크라우드펀딩) '크라우드펀딩 소상공인 창업경진대회' 실전펀딩에서 목표금액을 달성한 기업 (긴급경영) 재해확인증을 발급받은 소상공인(정책자금 확인서 발급 없이 진행) (경영애로) 재난·재해 및 감염병 등의 발생으로 영업에 심대한 피해를 입은 소상공인
	청년고용 특별자금	(청년고용) 아래 요건 중 1개 이상 충족하는 자 ① 대표자가 만 39세 이하인 사업자 ② 신청일 기준 총 상시근로자 중 과반수 이상 청년 근로자를 고용 중이거나, 최근 1년 이내 청년 근로자 1인 이상 고용 사업주
소상공인 특별자금	매출연동 상환자금	간이과세자, 신용 4~7등급 소상공인

 소상공인 정책자금 대출은 2018년에 3,000만 원을 대출받고, 2019년에 다시 대출받으려면 7,000만 원의 잔여한도인 4,000만 원까지만 대출이 가능합니다.

▍소상공인 정책자금 대출신청 절차 ///

전국 62개 소상공인지원센터에서 신청 및 접수를 하면 이후 심사과정을 거쳐 대출 여부가 결정되고 대출실행은 소상공인 정책자금 신청서에 명기한 취급 은행을 통해 하게 됩니다.

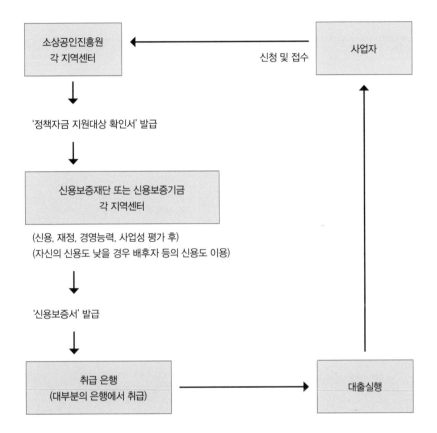

소상공인 정책자금 대출은 '신용보증재단'의 신용평가를 통과한 사람에 한해
대출이 가능하므로 신용평가 통과에 신경 써야 합니다.

▌소상공인 정책자금 대출신청 필수서류 //

정책자금 융자신청서, 사업계획서, 정책자금 융자신청 자가진단 등의 필수서류는 소상공인진흥원 홈페이지에서 다운로드하여 작성합니다. 정책자금 융자신청서 안에 필요한 서류가 모두 구비되어 있습니다.

필수서류	참고
정책자금 융자 신청서 1부	• 소상공인진흥원 홈페이지에서 다운로드 www.seda.or.kr
사업계획서 1부	• 정책자금 융자신청서에 첨부되어 있음
정책자금 융자신청 자가진단 1부	• 정책자금 융자신청서에 첨부되어 있음
개인(신용)정보 조회·수집·이용·제공 동의서 및 사전고지 확인서 1부	• 정책자금 융자신청서에 첨부되어 있음
실명확인증표 사본 1부	• 주민등록증, 운전면허증, 노인복지카드, 장애인복지카드, 공무원증, 여권 등 본인을 증명할 수 있는 서류
사업자등록증 사본 1부	• 본인 사업자등증 복사본 1부
상시근로자 확인가능 서류 1부	• 상시근로자 없음: 대표자 지역건강보험증 사본 또는 보험자 격득실확인서 중 선택. 대표자가 다른 직장의 직장건강보험에 가입 중이거나 타인의 피보험자로 등재된 경우는 해당 건강보험증 사본 혹은 보험자격득실확인서 • 발급서류: 보험자격득실확인서 • 발급처: 국민건강보험공단 www.nhic.or.kr
	• 상시근로자 있음: 사업장 가입자명부 • 발급처: 4대사회보험 정보연계센터 www.4insure.or.kr

보다 상세한 사항은 소상공인진흥원 홈페이지인 www.seda.or.kr에 접속해 확인하기 바랍니다.

■ 소상공인 정책자금 신청서

다음은 정책자금 융자신청서(www.seda.or.kr)의 서류 작성 예시입니다.

소상공인 정책자금 융자 신청서

업체현황	업 체 명			대 표 자	
	법인등록번호			주민등록번호	
	사업자등록번호			사업	
	사업장 주소				
	전화번호	( ) -			
	상시근로자수	명		업	

담보 종류. 순신용도가 높거나 부동산 담보가 있으면 은행에서 바로 대출을 받습니다. 없을 경우 신용보증재단에서 신용보증서를 발급받는 데 성공해야 대출이 가능합니다.

신청내용	구 분	세 부 신 청 내
	융자희망금액	총액 : 백만원
		□ 시설 : 백만원 □ 운전 : 백만원
	기융자내역 (소상공인 정책자금에 한함)	□ 해당 □ 해당없음
		* ( )은행 ( )백만원
	담보종류	□ 부동산 □ 신용보증서 □ 순수신용(은행)
		* 보증기관 : (재단 / 기금) 지점
	취급은행	□( )은행 ( )지점
	업 력	□ 3개월 미만 □ 6개월 미만 □ 1년 미만 □ 1 ~ 3년 □ 3 ~ 7년 □ 7년 미만 □ 7년 이상
	세금체납 여부	□ 정상 □ 체납중 금융기관연체 여부 □ 정상 □ 연체중

사업별신청	일반지원자금	□ 창업교육 □ 경영개선교육 □ 소상공인컨설팅 □ 나들가게 □ 프랜차이즈 □ 시니어 □ 신사업개발 □ 물가안정모범업소 □ 여성가장 □ 장기실업자	
	특화지원자금	□ 소공인 특화지원 □ 협업화 지원 □ 창조형 소상인 지원 □ 장애인 기업활동 지원 □ 재해 소상공인 지원	* 중소기업진흥공단에서 신청·접수 * 지역신용

대출받을 자금의 용도를 선택합니다.

상기와 같이 중소기업청 소관 소상공인 정책자금 융자를 신청하며, 기재
내용이 사실과 다름이 없음을 확인합니다.

년 월 일

성명 : (서명/인)

※첨부서류 : 신분증(본인) 사본 1부, 사업자등록증 사본 1부, 상시근로자 확인가능 서류 1부
사업계획서 1부, 정책자금 융자신청 자가진단 1부, 개인(신용)정보 동의서 1부

중진공 창업기업지원자금 대출

소상공인 정책자금 대출은 중소기업진흥공단에서 지원하는 사업이지면 영세사업자를 위한 대출입니다. 청년예비창업자, 좀 더 큰 규모의 예비창업자, 중소기업 기운영자는 중소기업진흥공단의 '창업기업지원자금'에 지원하는 것이 좋습니다.

▌ 창업기업지원자금의 종류 ///

창업기업지원자금 (운전자금 용도 최대 5억 원)	• 사업자등록 개시일로부터 7년 미만(신청·접수일 기준)인 개인사업자 또는 법인사업자 또는 창업을 준비 중인 자(최종 융자 시점에는 사업자등록 필요)
재창업지원자금 (운전자금 용도 최대 45억 원)	• 사업실패로 저신용자로 분류된 기업인 또는 사업실패 후 자금조달에 애로를 겪는 기업인 중 다음 요건을 모두 충족한 자 – 재창업을 준비 중인 자 또는 재창업일로부터 7년이 경과하지 않은 실패한 개인사업자나 법인사업자 – 실패 기업 업종이 비영리업종, 사치향락업종, 음식숙박업, 소매업, 금융 및 보험업, 부동산업, 공공행정, 국방및사회보장행정, 가구 내 고용 및 자가소비 생산활동, 국제 및 외국 기관이 아닌 자 – 재창업을 준비 중인 자의 경우는 재창업자금 지원결정 후 3개월 이내에 법인 대표 등록이 가능해야 함 – 실패 사업체를 폐업했거나 재창업자금 지원결정 후 3개월 이내에 폐업 가능한 자 – 고의부도, 회사자금 유용, 사기 등 폐업의 사유가 부도덕하지 않은 자 – 신용 미회복자는 총부채규모가 30억 원 이하일 것(신용회복 절차가 정상적으로 진행 중인 경우 제외)
청년전용창업자금 (최대 1억 원)	• 만 39세 이하의 창업예비자를 위한 자금대출. 지식서비스산업(별표7), 문화콘텐츠산업(별표8), 제조업, 도매업 등을 영위하는 사업 개시일로부터 3년 미만(신청·접수일 기준)인 중소기업. 창업예비자는 융자결정이 나면 사업자등록 반드시 필요

중진공 창업기업지원자금 대출은 청년사업자가 지식기반 사업을 창업할 때 문의해보는 것이 좋습니다.

 * 지식서비스산업: 도매, 전기통신업, 창작, 영화, 음반, 디자인, 예술 관련 업종입니다.
* 문화콘텐츠산업: 출판, 공연, 게임, 애니메이션, 방송 프로그램 제작 관련 업종입니다.

▌ 창업기업지원자금의 용도 //

대출받은 자금은 사업주 임의대로 다른 용도에 사용할 수 없습니다. 신청서를 접수하면 중진공이 검토를 한 뒤 적정성 있는 용도에 지원자금을 대출해줍니다. 용도에 따라 대출금액, 상환기간, 대출이율이 달라집니다. 용도가 정해진 상태에서 대출받는 것이므로 다른 용도의 전용은 불가능합니다. 이때 창업예비자는 보통 임차보증금 용도로 신청하는 것이 가장 좋습니다.

기사업자의 경우에는 시설자금, 운전자금, 사업장 확장자금, 원재료 구입비용 용도로 사용합니다. 기사업자가 원재료 구입비용 용도일 경우 물품 생산 및 거래처 인도 후 대출자금을 바로 상환해야 합니다.

1 : 운전자금 용도
• 창업소요 비용
• 제품생산 비용 및 기업경영에 소요되는 자금

2 : 재창업지원자금
• 구매기업과의 납품계약(계약서 등)에 근거한 제품 생산비용 등의 소요자금

　(구매기업의 계약이행능력, 계약내용 등을 확인하여 융자를 제한할 수 있음)

3 : 시설자금 용도
• 임차보증금
• 생산설비 및 시험검사장비 도입 등에 소요되는 자금
• 정보화 촉진 및 서비스 제공 등에 소요되는 자금
• 공정설치 및 안정성평가 등에 소요되는 자금
• 유통 및 물류시설 등에 소요되는 자금
• 사업장 확보자금(매입, 경·공매, 사업영위 필요에 따라 기업당 1회로 한정 지원함)
• 사업장 건축자금(토지구입비 포함, 토지구입비는 건축허가가 확정된 사업용 부지 중 6개월 이내 건축
　착공이 가능한 경우에 한함)

▌창업기업지원자금의 대출기간과 대출이율 //

중진공의 관리 하에 자금을 융통받는 것이므로 용도전용이 불가능하지만 대출금 거치 및 상환 기간, 대출이율이 시중은행에 비해 상당히 유리합니다.

1 : 대출금리(변동금리)

- 정책자금: 기준금리에서 0.3%p 차감(기준금리)
- 청년전용창업자금: 연 3.0% 이내 고정금리

2 : 대출한도

- 일반중소기업 운전자금: 연간 최대 5억 원
- 재창업자금 운전자금: 연간 최대 45억 원(운전자금은 5억 원)
- 20억 원 이상 시설투자기업의 운전자금: 연간 7억 원
- 재창업자금 생산지원금융(생산용 원재료 반입 등에 사용하는 자금):
  회전한도 내에서 계약금액의 90% 이내(최대 5억 원)
- 청년전용창업자금: 최대 1억 원

3 : 대출기간

- 시설자금: 10년 이내(거치기간 4년 이내 포함)
- 협동화 및 협업사업 승인기업: 10년 이내(거치기간 5년 이내 포함)
- 운전자금: 6년 이내(거치기간 3년 이내 포함)
- 재창업자금(생산지원금융): 구매기업의 대금지급일 이내(최대 180일)
- 청년전용창업자금: 시설·운전 구분 없이 3년 이내(거치기간 1년 이내 포함)

거치기간 동안에는 이자만 납부하기 때문에 사람들은 보통 거치기간을 길게 가져갑니다. 하지만 거치기간에는 원금이 줄어들지 않으므로 결국 거치기간이 길수록 납부하는 이자 액이 많아집니다. 그러므로 사정이 허락한다면 거치기간은 가급적 짧게 잡아야 합니다.

▌ 대출신청과 절차 ///

대출신청서는 중소기업진흥공단 홈페이지(www.sbc.or.kr)에서 다운로드할 수 있습니다. 접수는 중소기업진흥공단 각 지역 본부에 할 수 있습니다.

1 : 창업기업 지원

사업자가 자금 신청·접수를 하면 중진공은 신청자의 기업평가를 통하여 융자대상 결정 후 중진공이 직접 대출실행을 하거나 금융회사를 통해 대리 대출을 실행합니다.

2 : 재창업

재창업 사업자가 자금 신청·접수를 하면 중진공은 기업평가 및 도덕성 평가를 통해 융자대상 결정 후 직접 대출실행을 합니다. 단, 기업 편의에 따라 신청자의 주거래은행을 통해 대출할 수도 있습니다. 다만, 사업자의 신용이 미회복 상태이면 신용회복심사(신용회복위원회)를 통과한 경우에 한해 대출이 가능합니다.

3 : 청년전용창업

청년 예비사업자가 자금 신청·접수를 하면 중진공은 교육·컨설팅 실시 및 사업계획서 등에 대한 평가를 통해 융자대상 결정 후 직접대출(융자상환금 조정형) 또는 취급은행(기업은행, 우리은행)이 자금 신청·접수와 함께 평가를 통해 융자대상 결정 후 대출을 실행합니다.

융자상환금 조정형이란 대출을 받고 사업을 벌이다가 부득이한 사유로 사업에 실패할 경우 실패 원인 등을 따져본 뒤 적절한 사유가 있다면 융자상환금의 일부를 조정하는 방식입니다.

중진공 대출신청서 양식은 세 가지가 있습니다. 다음 서류는 39세 이하 예비창업자들이 작성해야 할 '청년전용창업자금 신청서'입니다. 접수 시 첨부해야 할 서류는 신청서 하단에 명기되어 있습니다.

중소기업 정책자금 융자신청서[청년전용창업자금]

신청자현황	성 명 (대 표 자)	한글 : 영문 :		업 체 명	한글 : 영문 :	
	주민등록번호			사업자등록번호		
	법인등록번호			설립일자	년 월 일	
	종업원수	정규 명, 임시 명		매출액		
	E-mail			전화번호	( )	
	Homepage			FAX번호	( )	
	휴대폰			자택전화번호	( )	
	사업장(예정)주소	우 [-]				
	자택주소	우 [-]				

> 창업 아이템이 좋으면 대출심사에 유리합니다.

신청내용	구 분	세 부 신 청 내 용 (해 당 란 에 ☑표시)			
	창업 아이템 (주 생산품)				
	융자신청금액	☐ 백만원			
	신청자 유형	☐ 창업 예정 ☐ 창업 3년 미만 기업	영위 업종	☐ 지식서비스업 ☐ 문화콘텐츠업 ☐ 제조업	
	금융기관 연체 여부	☐ 정상 ☐ 연체	교육참석여부	☐ 참석 ☐ 불참석	

참고항목	특허 보유	☐ 유 ☐ 무			
	창업관련 수상실적 및 정부지원사업 참여현황	대회(사업)명	수상(지원)내역	일자(기간)	주관기관

※ 창업지원 대상자 최종 약정 시점에 업력, 세금 체납, 중복 지원여부 등 확인을 위해 사업자등록증, 국세 지방세 납세증명서, 금융거래확인서 등 추가 제출 필요하며 결격사유 발견시 지...습니다.

...소관 중소기업 정책자금 융자를...다.

> 대출신청은 일단 연체기록이 없는 상태에서 신청하는 것이 좋습니다.

> 수상실적이 많으면 대출심사에 유리합니다.

신청인(대표)　　　　　　　　(인)

※ 첨부서류 : 유의사항, 자가진단표, 사업계획서, 정보제공동의서(기업1, 개인1),
　　　　　　　 윤리준수약속, 이력서, 등기사항전부증명서, 사업자등록증 사본,
　　　　　　　 실명확인증표(주민등록증, 운전면허증, 여권 등) 사본 각 1부
　　　　　　 * 이력서는 별도양식이 없으며, 주요 경력사항을 중심으로 작성

중소기업진흥공단이사장 귀하

접수번호	업체번호	관리번호	산업분류번호	담당부서

* 굵은 선 안은 중진공에서 기재하는 사항입니다.

자치단체·종교단체 지원
창업자금 찾아내기

SECTION 09

앞서 창업자금은 국가지원 혹은 범국가적으로 진행하는 창업자금 대출인데 사람들이 이 창업
자금으로 몰려오기 때문에 대출받기가 여간 어려운 것이 아닙니다.

■ 서민금융 나들목(www.hopenet.or.kr) ///

창업자금 대출은 지방자치단체나 종교단체에서도 하기 때문에 자신의 지역에 창업자금 지원단
체가 있는지 파악하는 것이 좋습니다. 예컨대 원주시 같은 지방단체는 그 지역에 맞는 창업자금
대출사업을 하고 있습니다.

자신이 사는 지역의 창업자금 지원단체가 있는지 알고 싶다면 '서민금융 나들목' 사이트에서 검
색하는 것이 가장 빠릅니다. 포털 사이트에서 검색된 대출업체는 전부 고리의 사금융업체이기 때
문에 되도록 이용을 피해야 합니다.

서민금융 나들목에서 검색하면 일반소득자 대상 창업 지원단체는 없지만 저소득자 대상 창업 지
원단체는 의외로 있습니다. 일반소득자는 은행을 통해 창업자금을 대출받는 것이 더 빠를 것입니다.

1 인터넷에서 www.hopenet.or.kr를 입력해 '서민금융 나들목' 사이트에 접속합니다.
'금융지원정보' 메뉴를 클릭합니다.

2 '자금용도별 금융지원정보' 메뉴를 클릭합니다.

③ 왼쪽 메뉴의 '창업자금' 메뉴를 클릭합니다.

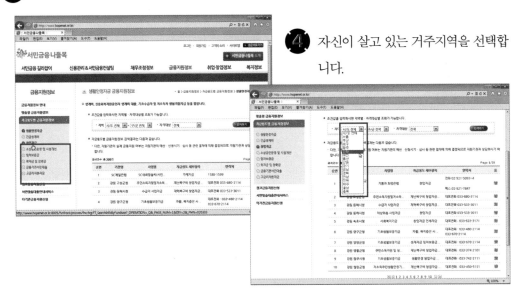

④ 자신이 살고 있는 거주지역을 선택합니다.

⑤ 서민금융 사이트이기 때문에 일반소득자 대상 창업자금은 거의 보이지 않습니다. 자격대상 옵션에서 '저소득자'를 선택하고 '검색' 버튼을 클릭합니다.

⑤ 자기 지역의 저소득자를 위한 창업자금 지원단체가 검색됩니다. 내용을 확인하면 대부분 앞에서 배운 비슷한 조건의 창업대출입니다. 마음에 드는 지원단체가 있나 찾아보기 바랍니다.

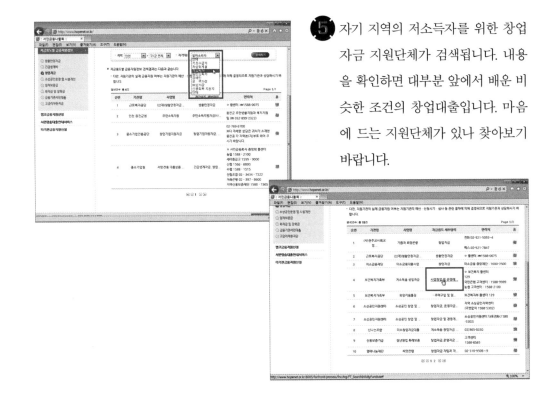

시중은행에서의 대출

10 SECTION

시중은행들은 기업신용등급 BBB급 이상의 투자적격 우량 중소기업이나 대기업을 상대로 한 돈놀이(운전자금, 시설자금 대출 돈놀이)에 바쁘기 때문에 예비창업자용 상품이 거의 없다시피 합니다.

시중은행 상품을 잘 찾아보면 창업자금 대출이라는 명목의 상품이 1~2개씩 있는 은행도 있습니다. 보통 신용보증기금의 보증서만으로 창업자금 융자가 가능하므로 예비창업자들이 관심을 가져볼 만합니다.

시중은행에서 사업자금을 융통받는 가장 쉬운 방법이 부동산담보대출, 주택담보대출, 신용대출 등입니다. 물론 주거래은행에서 고신용등급 고객으로 인정받으면 신용대출이 가능하지만 창업자 대부분은 이에 근접하지 않기 때문에 주택담보 같은 담보대출을 이용하는 경우가 많습니다. 주택을 담보로 잡히는 것은 최악의 선택이지만 몇천만 원 정도는 쉽게 대출받을 수 있기 때문에 사업자금이 부족할 때는 그러한 방법을 쓸 수밖에 없을 것입니다.

시중은행의 기본 대출상품	대출이율
주택, 아파트, 다세대주택 담보대출	3.16~4.4% – 은행별, 금리유형별, 상환기간별 다름
전세보증금 담보대출 (한국주택금융공사 발급 전세자금보증서 필요	3.94~4.54% – 은행별, 금리유형별, 상환기간별 다름
신용대출 (직장인용 대출상품인 경우가 많으므로 퇴직한 예비창업자는 해당 안 되는 경우 많음)	4.45~13.3% – 개인신용등급에 따라 이율차가 큼
보증서 담보대출 (지역 신용보증기금 발급 보증서 필요)	• 소상공인창업지원 대출과 같은 방식 • 은행이 주체가 되어 대출상품 판매 • 기업, 외환 등 일부 은행에서 취급 중

＊ 시중은행의 대출상품금리를 비교하려면 전국은행인연합회 홈페이지(www.kfb.or.kr)에서 확인하는 것이 가장 빠르지만 기본 대출상품 이율만 비교할 수 있습니다.

＊ 기본 대출상품을 기준으로 각 시중은행에서 여러 이름의 대출상품을 만들어 판매하므로 은행별로 대출이 유리한 상품이 있는지 확인하기 바랍니다.

11
SECTION

개인사업자, 프랜차이즈, 창업자금대출:
프랜차이즈 가맹점 창업자금 대출(창업소요자금대출)

우리은행에서 출시한 이 대출상품은 '우량 프랜차이즈(파워브랜드) 가맹사업자 대상의 창업소요자금' 전용 대출입니다.

이 상품은 우량 프랜차이즈(파워브랜드) 가맹사업자를 창업하려는 개인사업자를 위한 창업자금 전용대출입니다. 다른 창업대출과 달리 창업 시 필요한 간판, 가맹비, 인테리어비 등의 소요자금을 대출받을 수 있는 상품이며 소요자금의 3분의 2 범위 내, 최대 1억 원을 대출받을 수 있습니다.

대상자	• 우리은행이 선정한 우량 프랜차이즈 소속 가맹사업자로 외부신용등급 4등급 이상인 개인사업자 또는 창업예비생을 위한 우량 프랜차이즈(파워브랜드) 가맹사업자 대상 창업대출상품. • 창업자금 3분의 2 범위 내, 최대 1억 원을 대출 가능. • 사업자등록증 기준 창업 후 6개월 이내 신청.
대출한도	• 창업소요자금(가맹비, 최초 교육비, 인테리어비 등) 3분의 2 범위 내, 최고 1억 원
대출금리	• 기준금리+외부신용등급별 가산금리(2.2%~2.7%)
대출기간	• 1년 만기일시상환 • 5년 분할상환 택일
필요서류	• 프랜차이즈 가맹계약서 • 인테리어 계약서 등
절차	• 가까운 우리은행에서 자격조건이 되는지 상담 • 대출서류 작성 • 대출심사 • 대출승인

[문의] 우리은행 ☎ 1588-5000, 1599-5000, spot.wooribank.com

개인사업자, 프랜차이즈, 창업자금대출:
프랜차이즈 가맹점 창업대출(임차보증금, 운전자금대출)

12 SECTION

시중 각 은행에서 판매하는 프랜차이즈 가맹점 창업대출은 임차보증금 또는 운전자금을 대출받을 수 있는 대출상품으로서 보통은 부족한 임차보증금을 대출받을 목적으로 신청합니다. 임차보증금을 저당잡히고 대출받는 상품이므로 창업예비생은 누구나 신청할 수 있습니다.

다음은 하나은행의 프랜차이즈 가맹점 창업대출입니다. 하나은행뿐 아니라 국민, 신한, 농협 등에서도 비슷한 대출상품을 판매하므로 자신의 주거래은행에서 상담하기 바랍니다.

대상자	• 하나은행이 선정한 프랜차이즈 소속 가맹점을 창업하려는 개인사업자 또는 창업예정자를 위한 우량 프랜차이즈(파워브랜드) 가맹사업자 대상 창업대출상품.
대출한도	• 창업자금: 최대 1억 원(임차보증금+인테리어 비용+기기구입비 등)의 3분의 1 이내 • 운영자금: 최대 2억 원(4개월간 매출액 합계액 이내)
대출금리	• 최저 연 4.93%부터
대출기간	• 1년 만기일시상환 • 3년 분할상환 택일
담보	• 임차보증금 대출의 경우 일반적으로 임차보증금에 질권 설정 • 운영자금의 일반적으로 신용대출
필요서류	• 사업자등록증 사본 • 신분증 • 부가세공급증명원 • 소득금액증명원 • 프랜차이즈 가맹계약서 • 인테리어 계약서 등
절차	• 가까운 은행에서 자격조건이 되는지 상담 　(유명 프랜차이즈인 경우 프랜차이즈 본부와 상담 가능) • 대출서류 작성 • 대출심사 • 대출승인

[문의] 하나은행 ☎ 1599-1111, www.hanabank.com

개인사업자 부동산 소호대출:
일사천리 소호대출

13
SECTION

신용대출과 프랜차이즈대출 외의 창업대출로는 부동산담보대출이 있습니다. 일반적으로 창업예비자가 자신의 아파트나 부동산을 담보로 제출하고 대출받는 상품입니다.

'KB일사천리 소호대출'은 부동산을 담보로 제공하는 개인사업자를 위한 창업대출상품입니다. 비슷한 소호대출상품으로는 신한은행에서 판매하는 대출상품이 있습니다.

대상	• 부동산을 담보로 제공하는 개인사업자 고객 중 다음에 해당하는 사람 　−신용등급 4등급 이상 　−본 건 기준으로 배분담보가액이 대출금액의 80% 이상(제3자 담보제공포함) 　※ 신용평가결과 신용등급이 낮은 고객 또는 일부업종의 경우 대출 불가
대출한도	• 운전자금: 최대 10억 원 이내 　−일시상환: 1∼3년 이내 　−분할상환: 5년 이내(거치기간 설정 가능) • 시설자금: 최대 10억 원 이내 　−일시상환: 1∼3년 이내 　−분할상환: 10년 또는 15년 이내(거치기간 설정 가능)
대출금리	• 적용금리 연 3.14%∼연 4.44%
대출기간	• 1년 만기일시상환. 신용등급 및 담보비율에 따라 최대 3년 연장 가능 • 5년 분할상환 택일
담보	• 부동산
필요서류	• 은행에 문의
절차	• 가까운 국민은행에서 자격조건이 되는지 상담 • 대출서류 작성 • 대출심사 • 대출승인

[문의] KB국민은행 ☎ 1588-9999, www.kbstar.com

법인 개인 중소기업 창업자를 위한
창업지원 보증대출

14
SECTION

'신한 창업지원 보증대출'은 법인사업체를 창업하는 대상자 중에서 신용보증기금으로부터 '창업 중소기업'으로 창업보증서를 발급받은 대상자를 위한 대출상품입니다.

신용보증기금의 '청년창업특례보증서'를 받은 창업 후 3년 이내 중소기업 및 개입사업자를 위한 대출상품입니다.

대상	• 신용보증기금의 '청년창업특례보증서'를 받은 창업 후 3년 이내 중소기업 및 개입사업자를 위한 운전자금 또는 시설자금 대출상품. • 자세한 문의는 관할 신용보증기금을 방문하여 상담.
대출한도	• '청년창업특례보증서'에 기재된 금액 한도. 5억 원일 경우 5억 원 한도 내에서 대출 가능.
대출금리	• 고정금리 연 1.57% 또는 변동금리 연 1.54%+가산금리 • 최종금리 연 4.31% 내외
대출기간	• 일시상환 또는 분할상환 택일
담보	• 청년창업특례보증서 담보
필요서류	• 사업자등록증 • 소득금액증명서 • 부가가치세 과세표준증명서 • 재무제표 • 청년창업특례보증서 등
절차	• 가까운 신용보증기금에 방문해 자격조건이 되는지 상담 (기술보증이 아닌 한 부동산 담보 필요할 수 있음) • 심사 통과 후 청년창업특례보증서 발급 • 가까운 신한은행에 청년창업특례보증서를 담보로 제출 • 대출승인

[문의] 신한은행 ☎ 1599-8000, www.shinhan.com

대출 제외자: 은행연합회 전산망에 연체 등의 정보나 금융질서 문란정보, 세금체납 등의 공공정보가 등재된 자, 신청일 현재 연체 건이 있는 자, 또한 음식숙박업, 사치향락 업종자

기업 대출상품, 수출입 대출상품 일괄 찾아내기

15 SECTION

각 은행마다 공인인증서 로그인을 요구하기 때문에 거래은행이 아니라면 대출상품을 확인조차 못 합니다. 이때 '기업금융 나들목' 홈페이지가 유용합니다.

기업금융 나들목(www.smefn.or.kr)은 기업금융 검색에 사용하는 공식력 있는 사이트입니다. 사업자 대상의 창업대출, 운전자금대출, 시설자금대출, 취급 중인 시중은행과 지방은행, 무역금융, 수출입은행 대출정보를 검색할 때 요긴합니다.

1 인터넷 www.smefn.or.kr 주소를 입력하여 '기업금융 나들목' 홈페이지에 접속합니다. '창업·사업 시작하기' → '금융지원' 메뉴를 클릭합니다.

2 검색어 입력란에 '창업'이라는 글자를 입력한 뒤 검색합니다. 전국의 은행과 수출입은행에서 제공하는 창업 관련 대출상품을 알 수 있습니다. 마음에 드는 창업대출이 있으면 뒤 해당 은행 홈페이지로 이동한 뒤 더 자세한 대출조건을 입수하기 바랍니다.

은행대출 전 신용보증회사 보증서 발급받기

16
SECTION

부동산이나 신용이 낮은 상태의 개인사업자 혹은 법인사업자가 은행대출을 받을 때 사용하는 것이 신용보증회사의 신용보증서입니다. 국내에는 약 3곳의 유명 신용보증회사가 있습니다.

신용보증회사의 신용보증서를 발급받으면 그것을 은행에 저당 잡히고 대출을 받는데 예비창업자의 경우 최대 5,000만 원까지 받을 수 있습니다.

1 : 국내 유명 신용보증회사

신용보증서 신청은 각 지역 본부나 신용보증회사의 인터넷 홈페이지에서 할 수 있습니다.

신용보증기금 www.kodit.co.kr	정부설립기관. 중소기업 혹은 창업자 선별 보증 신용보증재단과 중복신청 가능
신용보증재단 www.koreg.or.kr	지자체설립기관. 중소기업 혹은 창업자 선별 보증 신용보증기금과 중복신청 가능
기술보증기금 www.kibo.or.kr	기술력이 뛰어난 중소기업 혹은 창업자 선별 보증 신용보증재단과 중복신청 가능

2 : 신용보증서 신청 시 준비서류

일반적으로 준비해야 할 서류이므로 업종별 추가서류는 각기 확인바랍니다.

신용보증신청서	관계 은행, 보증회사, 홈페이지에 비치
사업장 임차계약서 사본	사업장이 있는 경우
금융거래확인서, 재무제표	잔액이 가장 많은 계좌
사업자등록증	사업자등록증
납세증명서	소득세 납부를 증명할 수 있는 서류 등
창업교육이수 확인서	창업자의 경우
주민등록등본	주민등록등본

 법인일 경우 법인등기부등본, 주주명부, 재무재표 등이 추가될 수 있습니다. 신청서 양식이 매우 상세하므로 대표자의 재산 관련 내용을 모두 기술해야 합니다.

3 : 신용보증 심사 평가기준

신용보증회사에서 자체적으로 정한 보증 관련 사항에 저촉사항이 있는지 파악합니다. 또한 사업성이 있는지 판단할 뿐 아니라 금융거래상 위반사항이 있는지 파악합니다. 신청 결과는 서면, 이메일, 전화 등으로 통보받습니다.

다음은 소상공인 및 창업대상자의 신용평가 기준입니다. 점수가 높을수록 신용보증서를 발급받을 확률이 높습니다.

재무항목

- 임대보증금
- 차입금(대출)
- 신용카드대출금
- 월 평균매출액
- 이자비용 외

> 신청서 작성 및 담당자와 상담을 할 때는 사실 위주로 기술해야 하며 허위 기술 시 발급 자체가 무산됩니다.

비재무항목

- 대표자의 동업계 사업경력
- 부동산 보유 유무, 종류, 가격
- 은행거래 실적, 예금액
- 유가증권 보유 여부, 보유금액
- 대표자 혹은 기업 신용정보
- 사업기간
- 사업장 거주기간
- 사업거래 성실도
- 임차료, 임금 연체 여부

> 창업을 준비하는 기간(약 1년) 동안 주거래은행을 만든 뒤 예금액을 높여놓는 것이 좋습니다.

평가점수 가감항목

- 사업 관련 자격증 소지 여부
- 연대보증인 유무 여부

 유흥업 및 향락업종 창업 예정자는 신용보증 발급대상이 아닙니다.

CHAPTER 6

직원 고용, 급여 산정,
인터넷 영업전략

사업 초기 직원의 구성: 가족경영체제

직원을 뽑는다는 것은 고정비용의 지출을 의미합니다. 직원수만큼 매월 급여를 지급하므로 월고정지출비가 상승합니다.

█ 고정비용 줄이기 //

음식점, 숙박업, 소매업(잡화점이나 편의점) 등은 개업 초기에 직원을 필요한 만큼 뽑으면 고정비용이 상승합니다. 사업의 향방을 모르는 상태에서 매월 인건비만 나갈 수도 있습니다. 개업 초기에는 최소한의 인력을 고용하고 가족과 함께 운영하는 체제가 좋습니다. 음식점이라면 부모님이 카운터를 맡고 배우자는 주방, 자신은 서빙을 맡을 수 있을 것입니다. 사업이 본 궤도에 오르거나 매출액이 기대 이상이라면 이때부터 직원을 추가 채용하는 것입니다.

따라서 사업 초기에는 항상 최소한의 인력을 뽑는 것이 좋습니다.

 "의류점이라면 오전반 1명, 오후반 1명이 필요하므로 2명으로도 충분히 운영할 수 있습니다."

 "장사가 잘되는 유명 메이커라면 아르바이트생 2명을 추가 고용하고 상황을 봐가면서 정직원이나 아르바이트생을 추가 고용합니다."

 "작은 음식점이라면 남자(사업주)가 주방 총책임자로 주방에서 일하는 경우가 많습니다. 여자(배우자)는 카운터에서 일하는 것이 좋습니다."

 "주방에 필요한 최소 인원은 주방장 1명, 보조 1명이므로 사업주가 주방장 역을 하면 월 250만 원 정도의 인건비를 절약하고 그것을 자기 몫으로 가져올 수 있습니다."

직원 모집 및 채용

사업 초기에는 배우자와 함께 가족경영체제나 부부경영체제로 운영하겠지만 평생 그럴 수는 없을 것입니다. 이제 사업이 적정 궤도에 오르면 직원을 뽑습니다.

▌직원 모집 ///

가장 쉬운 방법으로 〈벼룩시장〉 같은 생활정보지에 광고를 내는 것이 있습니다. 이 방법은 동네 단위가 아닌 더 넓은 지역에서 직원을 보충할 때 유용합니다. 동네 단위의 구인광고는 구인광고를 작성한 뒤 매장 앞에 붙이거나 전봇대에 붙이는 방법이 있습니다. 물론 전봇대에 붙이는 방법은 법적으로 문제가 있으므로 조심스럽게 붙여야 합니다.

 "음식점이나 매장 직원을 구하려면 매장 앞 유리창에 붙이는 것이 가장 효과적입니다."

 "직원은 인맥으로 구하는 것이 가장 좋은 방법입니다. 아무래도 신원이 확실하기 때문이지만 문제가 발생하면 해고에 어려움이 있습니다."

 "사무실이나 공장 직원을 구하는 일은 인력수급이 어렵기 때문에 구인광고를 넓은 지역에 내야 합니다. 예컨대 생활정보지에 구인광고를 내는 것이 효과적입니다."

 구인광고를 낼 때는 남녀 성별을 차별할 수 없습니다. 성별 차별을 피하려면 광고에 원하는 내용만 기입합니다. 여직원만 뽑으려면 '사무 여직원 2명 모집' 식으로 하는 것이 좋습니다.

 음식점이나 소매업 같은 사업은 개업 초기 사업의 향방을 알 수 없으므로 월고정비가 나가지 않도록 가족체제로 운영하는 것이 좋습니다.

근로기준법

03
SECTION

직원을 고용하려면 근로기준법 정도는 파악하는 것이 좋을 것입니다. 또한 법인사업체라면 통상임금을 산출하는 방법을 미리 알아두는 것이 좋습니다.

■ 근로기준법 ///

2018년도 근로기준법을 기준으로 사업자가 알아야 할 중요한 내용입니다.

근로계약 체결 시 명시할 사항
• 종사업무, 임금, 근로시간, 휴일, 연차유급휴가, 취업장소, 회사규칙 등

주당 근로시간과 초과근무 시 지급액
• 휴식시간을 제외한 주당 40시간 초과 금지(1일 8시간 초과 금지)
• 당사자 합의 시 1주당 12시간 한도 내 연장근무 가능
• 여직원의 휴일근무와 야간근무(밤 10시~아침 6시) 시 해당 여직원 동의 필요
• 근로시간 4시간 연장 시 통상임금의 50% 이상 지급 의무
• 휴일 및 야간근무 시 통상임금의 50% 이상 지급 의무

휴가
• 연간 80% 이상 출근한 근로자에게는 15일의 유급휴가 의무

해고
• 근로자 해고 시 통상 30일 전에 해고사실 예고
• 예고하지 않고 해고할 경우 최소 30일치 통상임금 지급하고 해고
 (일용근로자일 경우 3개월 이하 근무자, 봉급근로자일 경우 6개월 이하 근무자는 해당사항 아님)

요즘은 시민의식이 높아졌기 때문에 아르바이트생을 뽑더라도 근로기준법을 가급적 지켜주는 것이 좋습니다.

급여구성과 급여명세서

04
SECTION

개인사업자는 대략 뭉뚱그려서 직원의 급여를 지급하지만 직원수가 5인 이상일 경우 급여체계를 체계적으로 구성하여 지급해야 합니다. 법인사업자는 당연히 급여체계를 체계적으로 구성하여 지급해야 합니다.

■ 급여구성

1 : 최저임금

근로자에게 지급하는 임금에서 최대한 그 수준 이상으로 지급해야 함을 법으로 정한 시간당 최저임금한도입니다. 사업주 외 1인 이상 근로자가 있는 모든 사업장이 최저임금제 적용 사업장입니다. 최저임금은 1시간 임금을 기준으로 매년 소폭 인상됩니다.

2018년 현재의 최저임금은 1시간당 7,530원입니다. 만일 근로자가 주 40시간으로 한달 동안 근무했다면 표준월근무시간 209시간을 적용해야 하므로 월급여는 최소 1,573,770원 이상 지급해야 근로기준법을 위반하지 않습니다. 최저임금은 기본급+고정수당이 합쳐진 구조입니다.

2 : 기본급

급여의 구성에서 각종 추가 수당을 제외한 가장 기본이 되는 급료입니다. 보통 최저임금에 표준월근무시간(토일 휴무시 209시간)을 곱한 것이 기본급입니다. 사업장의 최저임금이 얼마냐에 따라 기본급이 달라집니다. 기본급은 연장근무수당, 상여금, 퇴직금을 산정할 때 기준이 되므로 낮게 가는 경우가 많습니다.

다음은 2018년 최저임금 7,530원에 표준월근무시간 209시간을 적용하였습니다. 이 경우 기본급은 1,573,770원입니다. 하지만 큰 회사의 경우에는 무작정 최저임금 기준으로 기본급을 설정하는 것이 아니라 시간당 최저임금에 고정수당 같은 몇몇 항목을 포함하여 기본급을 설정하는 경우도 있습니다.

9,000(최저임금에 기본수당 합산) × 209(표준월근무시간) = 1,881,000원(이 회사의 기본급)

3 : 통상임금

직원을 고용할 때 정기적으로 지급하기로 한 시간급, 일급, 주급, 일급 등을 말합니다. 통상임금은 기본급+고정수당입니다. 직원을 고용할 때 직무 면에서 우수한 능력이 있거나 위험한 사업장일 경우 직무수당, 위험수당을 합쳐서 지급약속을 합니다. 통상임금에는 상여금, 연장근무수당(야근, 특근), 연월차수당 등이 포함되지 않았지만 최근 법이 계속 바뀌면서 통상임금의 구성이 바뀌고 있으므로 정확한 내용은 관련 관공서 홈페이지에서 확인바랍니다.

통상임금=기본급+고정수당(직무수당, 위험수당…)

4 : 급여(월급여)

지급하기로 약속한 통상임금(기본급+고정수당 등)에 비고정수당(연장근로수당, 연월차수당 등)이 포함된 금액입니다. 차량유지비, 상여금 등은 별도입니다. 따라서 월급을 지불할 때는 다음과 같은 항목으로 구성할 수 있습니다.

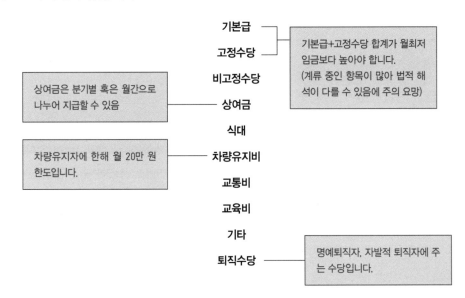

* 고정수당: 매월 고정적으로 나가는 수당으로 직무수당, 위험수당, 물가수당, 출납수당, 승무수당, 주휴수당 등이 있습니다.
* 비고정수당: 근로자의 근로노력이 있을 때 주는 수당으로 연장근무수당, 야근특근수당, 연월차수당, 성과금, 상여금 등입니다.
* 수당 계산법: 만약 직원이 4시간 연장근무를 했다면 연장근무수당은 통상임금 1일치(8시간)의 50%(4시간)에 25% 추가해 지급합니다.
* 연월차수당: 월차휴가 또는 연차휴가를 가지 않고 근무했을 때 주는 수당으로 만일 연차휴가에서 2일치를 사용하지 않고 출근했다면 통상임금 기준 2일치 일급을 수당으로 지급합니다.

▮ 급여명세서 ///

급여명세서는 보통 다음과 같은 정보를 보여줄 수 있도록 만들어야 합니다.

급여명세서(3월분)

복리후생비 항목 대신 식대 항목이 들어가기도 합니다.

직원명: 홍길동   지급일: 2014. 03. 30

월간 총근무시간						
급여내역	기본급			공제내역	갑근세	
	직책수당				주민세	근로자가 내야 할 근로소득세(원천세)입니다.
	위험수당					
	연장근무수당				고용보험	
	특별수당				건강보험	
	복리후생비	50,000원			국민보험	
	차량유지비	200,000원				근로자가 월납부액의 절반을 분담해야 3대사회보험입니다.
	교통비				사우회	
	교육비				경조금	
	기타					
	합계				공제금액 합계	
			실수령액			

차량이 있는 직원들의 절세를 위해 본봉에서 20만 원 한도까지 차량유지비 등으로 빼줍니다. 차량유지비와 교통비 등은 직원의 연말정산 시 비과세할 수 있기 때문입니다. 즉 차량유지비를 실제 지급하는 회사도 있고, 월급에서 20만 원이 비과세되도록 차량유지비로 빼주는 회사도 있습니다.

광고홍보 전략의 선택

05
SECTION

요즘은 동네에서 마트를 오픈해도 광고홍보를 하지 않으면 고객이 모이지 않습니다. 음식점 같은 경우는 오픈 당일에는 사람들이 꽉 차는 경우가 많지만 입맛에 맞지 않으면 발길이 끊깁니다. 따라서 광고홍보 전략을 미리 세워야 합니다.

▌효과 없는 광고 없다 ///

입소문만큼 좋은 홍보효과도 없지만 사람의 입에 오르내리는 것만큼 어려운 일도 없습니다. 그러므로 입소문이 나길 기다리는 것은 사업자의 자세가 아닐 것입니다. 사업자라면 의당 비용 대비 효과 높은 광고를 처음부터 계획하고 창업자금의 일부를 광고홍보비로 책정해놓습니다.

무엇보다 중요한 것은 광고 목적에 맞는 매체의 선택과 예산의 준비입니다. 음식점이나 의류 매장이라면 전단지 등 광고매체가 반경 1~2km가 대상이 되지만 쇼핑센터나 대형잡화 매장이라면 반경 5km까지 광고대상으로 삼아야 할 것입니다. 유통전문점처럼 특정 제품을 소매 및 도매하려면 인터넷이 큰 홍보수단이 됩니다.

전단지를 맨투맨으로 배포할 계획이라면 고객층, 연령층을 분석하여 해당 고객층의 이동이 많은 시간에 배포해야 효과가 있습니다. 창업계획서를 작성할 때 나름대로 고객 분석을 했을 것이므로 그 고객에 맞게 광고홍보 전략을 세우고 광고매체도 골라야 합니다.

정말 광고한 만큼 효과가 있을까요?

그러니까 비용 대비 효과 있는 광고매체를 선택하는 것이 중요하다 하겠습니다.

▌광고매체의 선정 ///

아래 목록을 보고 꼭 필요한 광고매체를 최소한 2~3개 정도 염두에 둡니다.

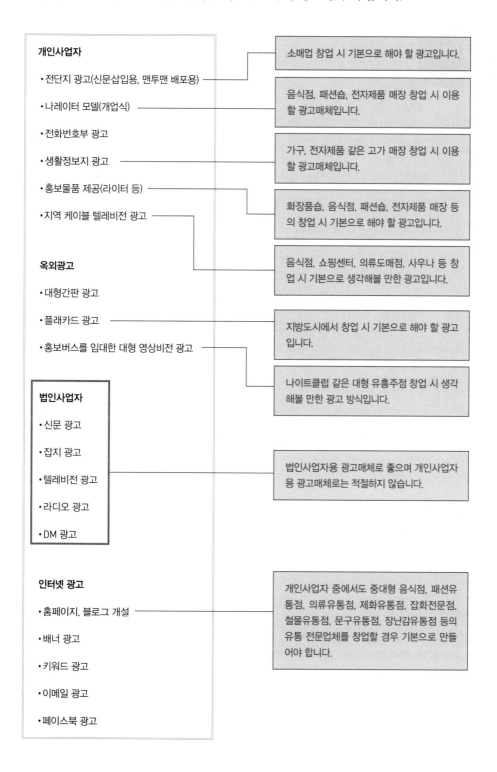

개인사업자

- 전단지 광고(신문삽입용, 맨투맨 배포용) ──── 소매업 창업 시 기본으로 해야 할 광고입니다.

- 나레이터 모델(개업식) ──── 음식점, 패션숍, 전자제품 매장 창업 시 이용할 광고매체입니다.

- 전화번호부 광고

- 생활정보지 광고 ──── 가구, 전자제품 같은 고가 매장 창업 시 이용할 광고매체입니다.

- 홍보물품 제공(라이터 등) ────

- 지역 케이블 텔레비전 광고 ──── 화장품숍, 음식점, 패션숍, 전자제품 매장 등의 창업 시 기본으로 해야 할 광고입니다.

옥외광고 ──── 음식점, 쇼핑센터, 의류도매점, 사우나 등 창업 시 기본으로 생각해볼 만한 광고입니다.

- 대형간판 광고

- 플래카드 광고 ──── 지방도시에서 창업 시 기본으로 해야 할 광고입니다.

- 홍보버스를 임대한 대형 영상비전 광고 ──── 나이트클럽 같은 대형 유흥주점 창업 시 생각해볼 만한 광고 방식입니다.

법인사업자

- 신문 광고

- 잡지 광고

- 텔레비전 광고 ──── 법인사업자용 광고매체로 좋으며 개인사업자용 광고매체로는 적절하지 않습니다.

- 라디오 광고

- DM 광고

인터넷 광고

- 홈페이지, 블로그 개설 ──── 개인사업자 중에서도 중대형 음식점, 패션유통점, 의류유통점, 제화유통점, 잡화전문점, 철물유통점, 문구유통점, 장난감유통점 등의 유통 전문업체를 창업할 경우 기본으로 만들어야 합니다.

- 배너 광고

- 키워드 광고

- 이메일 광고

- 페이스북 광고

홈페이지, 블로그, 페이스북, 트위터

06
SECTION

유통업을 겸한 사업자라면 인터넷 판매를 염두에 두어야 합니다. 요식업도 이탈리아 레스토랑, 스파게티 레스토랑, 중고급 한정식집은 인터넷 영업이 필요합니다. 유통업은 특히 홈페이지 등을 개설하여 인터넷 영업에도 발을 담가야 합니다.

▌ 홈페이지

홈페이지는 음식점, 명품판매, 중소기업, 법인사업체에 좋습니다. 도메인 주소 구입비, 홈페이지 제작비, 연간 유지관리비가 필요합니다. 깔끔하고 보기 좋은 홈페이지는 제작비가 몇백만 원 들기도 하지만 몇십만 원 안쪽의 실비로 제작 의뢰할 수도 있습니다. 관련 상품 사진과 텍스트 내용을 준비한 뒤 홈페이지 제작업체에 문의하기 바랍니다. 홈페이지는 쇼윈도처럼 상품을 제대로 보여줄 수 있을 뿐 아니라 필요하면 결제시스템 및 자체 쇼핑몰을 추가할 수 있다는 점이 장점입니다.

▌ 블로그

사업규모가 작은 사업자는 블로그나 페이스북을 만드는 것이 좋습니다. 별도의 유지관리비가 들지 않고 무료로 사용할 수 있는 것이 장점이기 때문입니다. 단, 상품을 쇼윈도우처럼 보기 좋게 배열할 수 없으므로 홈페이지에 비해 영업효과는 상당히 떨어집니다. 그러나 AS 업무가 많은 전자, 기계 관련 중소기업이라면 블로그 하나로도 소비자의 AS 문의 및 처리 업무를 할 수 있으므로 AS 용도의 블로그는 반드시 개설할 만합니다. 블로그는 '네이버'나 '다음' 같은 포털 사이트에 가입하면 무료로 생성시킬 수 있습니다.

젊은 층 대상 사업을 준비 중인데 홈페이지와 블로그 중
어느 것을 만드는 것이 좋을까요?

제품을 보여주고 판매하려면 홈페이지가 가장 좋습니다.
회사의 신뢰성을 높이기에도 유리합니다.

▌ 페이스북

페이스북은 블로그와 거의 비슷한 방식이므로 블로그를 개설한 경우 페이스북까지 개설하면 중복투자가 됩니다. 페이스북과 블로그 중 하나를 개설하고 싶다면 조작 및 관리가 쉬운 블로그가 더 편리합니다.

하지만 페이스북은 전 세계를 대상으로 네트워크가 연결되기 때문에 제품을 수출하고 싶은 사업자나 무역업자에게 안성맞춤입니다. 생산제품을 국내가 아닌 전 세계에 홍보할 수 있으므로 제품을 직접 생산하는 사업자에게 특히 좋습니다. 제품생산 및 판매자일 경우 일반적으로 홈페이지와 페이스북 조합으로 만들 것을 추천합니다. 홈페이지는 생산 중인 제품을 소개하는 용도이고, 페이스북은 신제품의 출시홍보 및 외국 거래선을 만드는 용도로 안성맞춤입니다.

✜ 트위터

트위트는 사용자가 입력한 짤막한 내용이나 사진들이 실시간을 통해 다른 트위터 사용자에게 노출되는 것이 장점입니다. 물론 모든 트위터 사용자에게 노출되는 것이 아니라 어떤 업종이나 어떤 물건에 관심 있는 사람들에게 노출됩니다. 불특정 다수에게 노출시키므로 영업효과는 많이 떨어질 수밖에 없습니다. 그러나 자신의 상품을 불특정 다수에서 홍보하려면 이보다 좋은 도구도 없을 것입니다. 예컨대 맛집이거나 좋은 상품을 소문내는 용도라면 트위터의 활용을 생각해볼 만합니다.

페이스북이나 트위터의 개설비용은 얼마인가요?

페이스북이나 트위터는 무료 가입한 뒤 바로 사용하는 것이므로 별도의 개설비가 필요 없습니다.

홈페이지의 홍보와 비용

07
SECTION

너무나 많은 홈페이지가 인터넷에 존재하기 막상 홈페이지를 개설해도 방문객이 없는 경우가 태반입니다. 따라서 검색 사이트나 포털 사이트에서 노출이 잘 되도록 홍보해야하며, 필요할 경우 키워드광고나 배너광고를 구입해 광고해야 합니다.

▌ 포털 사이트에서 검색 노출이 잘되도록 하기

'네이버'나 '다음' 등의 포털 사이트에서 사용자가 검색을 했을 때 검색창 상단에 노출되도록 하려면 일정 비용이 필요합니다. 이것을 포털 사이트의 '키워드 광고'라고 하는데 이 말은, 즉 어떤 단어를 입력했을 때 상단에 노출되도록 하는 광고입니다. '건강기능식품'이란 단어를 입력했을 때 경쟁업체보다 상단에 노출된다면 아무래도 홈페이지로 유입되는 사람들도 많을 것입니다.

키워드 광고는 업종별, 브랜드별, 모바일별 광고가 있습니다. 브랜드 검색 광고의 경우 네이버의 기본요금은 1,000,000원(월간 15,700회 노출까지의 금액)입니다. 만일 한 달 동안 그 이상 노출되고 유입자가 많으면 광고비가 대폭 상승하므로 소상공인에게는 마련하기 어려운 비용일 것입니다.

1 : 네이버 키워드 광고 가격 및 상담 안내

네이버에서 '키워드 광고'를 입력하고 검색하여 안내창으로 접속합니다. 키워드 광고의 효과, 업종, 광고 방법, 비용을 알 수 있습니다.

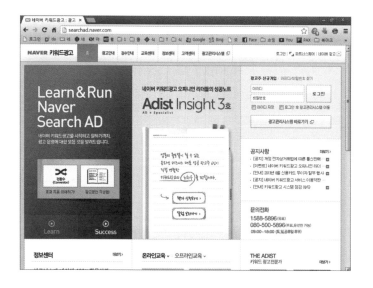

2 : 다음 클릭스 광고 가격 및 상담 안내

다음에서 '다음클릭스'를 입력하고 검색하여 안내창으로 접속합니다. 클릭스 광고의 효과, 업종, 광고 방법, 비용을 알 수 있습니다.

█ 업종과 관련된 중소 커뮤니티 사이트에서 배너 광고하기 ////////////////////////////////

비교적 쉽게 홍보효과를 낼 수 있는 것 중 하나로 중소 커뮤니티 사이트의 배너 광고를 구입하는 방법이 있습니다. 포털 사이트의 배너 광고는 가격이 비싸므로 중소 커뮤니티 사이트의 배너 광고를 구입해 홍보하는 것입니다.

예를 들어 직장 여성용 패션의류 제조업체라면 오피스걸이 잘 모이는 커뮤티니 사이트에서 배너 광고를 내는 것입니다. 광고기간은 보통 한 달 정도로 잡고, 광고비용은 100만 원부터 몇백만 원까지 있으므로 커뮤니티 운영자와 상담하기 바랍니다.

참고로 배너 광고는 여러 가지 방식이 있습니다. 사업 초기에는 일반적으로 회사나 제품을 노출시키는 것이 중요하므로 CPM 방식이 좋습니다.

광고 방식	• CPM 방식: 기간을 정해 노출하는 방식
	• CPC 방식: 클릭했을 때마다 일정 광고료가 빠지는 방식
비용(월간)	• 월간 100~500만 원, 사이트 규모에 따라 다름

홈페이지(인터넷쇼핑몰) 관리와 유지

08
SECTION

사업자의 대부분이 홈페이지나 인터넷쇼핑몰을 개설한 뒤 유지비 등의 문제로 초창기 화면 그대로 사용합니다. 홈페이지에서의 영업효과는 서서히 상승하기 때문에 홈페이지 관리에 신경을 쓰고 판매역량 개발에 투자하는 것이 좋습니다.

▌홈페이지(인터넷쇼핑몰) 관리 및 판매 방법

홈페이지나 인터넷쇼핑몰에서의 판매역량을 강화하는 방법은 다음과 같습니다.

1 : 홈페이지의 디자인과 내용

홈페이지의 디자인과 내용은 6~12개월 간격을 두고 지속적인 업그레이드 및 변화가 있어야 합니다.

2 : 고객 니즈에 적합한 상품 준비

1년 전의 인기상품을 계속 걸어놓는 것보다는 현재 인기 있는 상품과 고객들이 찾는 상품을 신속하게 수배하여 노출시켜야 합니다.

3 : 결제시스템의 신뢰성

결제가 이루어진 뒤 물건에 하자가 있을 경우 신속한 반품처리 등의 신뢰성 확보에 주의합니다.

4 : 배송 서비스의 신뢰성

배송 서비스의 신뢰성을 잃지 않도록 주의하여 관리합니다. 예를 들어 약속한 배송날짜가 이틀이라면 소비자에게 약속한 날짜에 물품이 도착하도록 하여 배송의 신뢰성을 잃지 않도록 합니다.

5 : 신규 권유 상품의 발굴

전문적인 인터넷쇼핑몰이 아니더라도 실력 있는 머천다이저(MD, 상품기획자)를 고용하여 주기적으로 신규 상품의 발굴 및 추천을 통하여 홈페이지에서의 판매역량을 강화시킵니다.

 인터넷 트렌드와 인기도가 궁금하다면 랭키닷컴(www.rankey.com)을 이용해봅니다. 랭키닷컴은 국내의 사이트별 접속자 유출입을 시간대별로 분석하여 순위를 내는 사이트입니다. 대분류, 중분류, 소분류, 업종, 제품 등 여러 가지 방법으로 사이트 순위를 매기고 이용자 나이, 체류시간 등의 정보를 알려줍니다. 국내 인터넷의 최신 트렌드를 분석할 때도 유용합니다.

성공의 지름길:
상권분석과 점포입지
철저히 하는 방법

상권 조사 및 분석

사무실 형태의 창업이라면 저명한 상업구역, 이를테면 종로나 강남 같은 곳의 뒷골목에서 창업해도 일단 무방합니다. 명함과 홈페이지에는 뒷골목에 사무실이 있다는 것이 보이지 않고 사무밀집지역에 사무실이 있는 것처럼 보이기 때문입니다.

▌ 상권조사(상권분석)

상권조사란 상업적으로 장사가 잘될 만한 유리한 곳을 찾는 작업을 말합니다. 보통 두 가지 방법으로 상권조사에 임할 수 있습니다.

먼저 창업 종목을 선정한 뒤 그 업종이 잘 먹힐 만한 상권을 찾는 방법이 있고, 장사가 잘된 만한 장소를 먼저 찾은 뒤 그곳에서 먹힐 만한 업종을 창업하는 방법이 있습니다. 일반적으로 전자의 방법을 흔히 사용하지만, 대형 아파트단지가 들어서면서 신생 상권이 탄생하면 후자의 방법을 따르게 됩니다.

상권조사는 전문가들만 할 수 있는 것으로 아는데 초보자도 할 수 있나요?

물론입니다. 그러나 그만큼 시간과 노력을 기울여야 합니다. 어떤 상권 이건 입점 여부의 최종 결정자는 자기 자신입니다. 중요한 결정을 내려야하므로 더 열심히 상권조사를 해야 합니다.

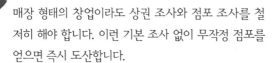

매장 형태의 창업이라도 상권 조사와 점포 조사를 철저히 해야 합니다. 이런 기본 조사 없이 무작정 점포를 얻으면 즉시 도산합니다.

상권분석 유동인구별 추천업종 앉아서 찾는 방법

상권의 유동인구 분석은 매장을 입점할 때 가장 중요한 포인트입니다. 입점하고자 하는 지역의 유동인구를 파악해 창업의 성공률을 높일 수 있습니다. 예비창업자라면 매장을 입점할 지역을 선정한 후 그 지역의 유동인구에 맞는 업종인지 분석하기 바랍니다.

예비창업자가 상권분석을 할 때 도움이 되는 사이트는 국가에서 운영하는 '소상공인마당 홈페이지(http://sg.sbiz.or.kr)입니다. 무료 회원 가입을 하면 누구나 무료로 상권분석을 할 수 있습니다.

소상공인마당 홈페이지에서 할 수 있는 상권분석은 다음과 같습니다.

상권분석	원하는 지역의 상권에 대한 기본 분석을 할 수 있습니다.
경쟁분석	원하는 지역의 경쟁업종에 대한 분석을 할 수 있습니다.
입지분석	원하는 지역에 입점할 수 있는 유리한 업종과 유동인구를 분석합니다.
수익분석	원하는 지역에서 얼마만큼 수익이 발생할지 분석합니다.
시장분석	SNS, 동향지표, 점포이력 분석을 할 수 있습니다.
상권통계	업소통계, 매출통계, 지역통계 등 각종 통계지표를 알 수 있습니다.

여기서는 먼저 입지분석을 하는 방법을 알아봅니다.

먼저 '소상공인마당(http://sg.sbiz.or.kr)'에 접속한 뒤 무료회원으로 가입합니다. '소상공인마당'은 중소기업청에서 운영하는 준정부기관인 '소상공인시장진흥공단'의 산하조직입니다. 홈페이지에서 제공하는 정보는 신뢰할 수 있을 뿐 아니라 무료 사용할 수 있습니다.

소상공인마당 회원으로 가입한 뒤 '입지분석' 메뉴를 클릭합니다.

'입지분석' 화면에서 평소 본인이 찍어둔 위치를 지도에서 찾아본 뒤 입지를 분석할 지점을 클릭합니다.

여기서는 '용산 선인상가 건물의 정문' 입구를 클릭했습니다. 선인상가는 PC조립 부품을 전문 판매하는 전자상가이므로 이곳의 매장들은 대부분 PC조립 제품과 관련 부품들만 취급합니다.

용산 선인상가 입구 클릭

입지를 분석할 지점을 선정한 뒤에는 '분석하기' 버튼을 클릭합니다.

분석하기 버튼 클릭

잠시 뒤 입지분석 결과가 화면에 출력됩니다. 용산 선인상가 앞은 '2등급 입지'임을 알 수 있습니다.

해당 지점의 입지등급 표시

출력 화면을 아래로 스크롤하면 이곳에 입지하면 좋은 업종이 표시됩니다. 주로 요식업종을 추천하고 있습니다. 아무래도 PC전문 매장만 있는 지역이므로 상대적으로 매장 수가 적은 요식업종이 유리할 수 있습니다.

입지등급이 높을수록 입지에 유리한 업종

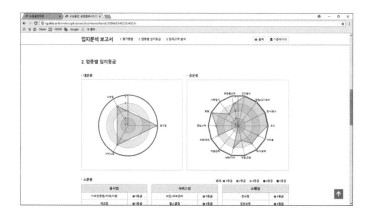

출력 화면을 아래로 스크롤하면 이곳에 입지하면 좋은 업종별 입지 등급이 표시됩니다.

선택한 입지는 음식업 1등급, 서비스업 2등급, 소매업 2등급 입지이므로 음식업에 가장 유리한 입지입니다. 음식업 중에서도 '커피전문점/카페/다방', '제과점', '아이스크림 판매' 업종의 평가등급이 높게 나타납니다. 음식업 중에서 '곱창/양구이 전문', '국수/만두/칼국수', '떡볶이전문' 업종의 평가등급이 낮은 이유는 젊은 여성층 유동인구와 저녁 시간 유동인구가 적기 때문입니다.

아이스크림 전문점은 계절을 타므로 커피전문점 창업을 재고할 수 있습니다.

출력 화면을 아래로 스크롤하면 이곳의 유동인구 숫자가 표시됩니다. 이 유동인구는 통신사의 휴대전화 통화량을 바탕으로 집계된 데이터입니다. 아마도 빅 데이터 통계시스템이 낮 유동인구가 많은 지역은 낮 장사용 업종에 1~3등급을 책정하고, 저녁 시간 유동인구가 적은 지역에는 저녁 장사용 업종에 3~5등급을 표시하는 듯합니다. 물론 이것은 참고 자료이므로 추가적인 상권분석과 본인 직접의 탐방 조사도 병행해야 합니다.

유동인구에서 직장인 인구가 바글바글하므로 요식업 업종 중에서도 커피숍 업종이 적합한 지역임을 알 수 있습니다.

상권평가, 업종분석, 매출분석, 인구분석 앉아서 하기

03
SECTION

소상공인마당(http://sg.sbiz.or.kr)의 '상권분석' 메뉴는 원하는 상권을 실제 분석하는 기능입니다. '상권평가', '업종분석', '매출분석', '인구분석', '소득소비분석', '지역분석'이라는 6가지 하위 메뉴를 통해 원하는 지역의 상권을 세부적으로 분석할 수 있습니다.

소상공인마당(http://sg.sbiz.or.kr) 홈페이지에서 '상권정보' – '상권분석' 메뉴를 클릭합니다.

상권을 분석할 지점을 원으로 그려줍니다. 여기서는 마포지하철역에 음식점을 입점할 계획이므로 해당 지역을 지름 100m의 원으로 그렸습니다. 이때 지도의 다른 지역에도 원을 그리면 두 지역을 비교하면서 상권분석을 할 수 있습니다.

왼쪽의 '업종선택' 메뉴를 클릭한 뒤 입점하고 싶은 업종을 선택합니다. 여기서는 요식업을 창업한다고 가정한 뒤 '한식집', '갈비집', '쌈밥집'을 선택했습니다.

'분석하기' 버튼을 클릭하면 1분 정도 분석을 시작한 뒤 분석 자료가 화면에 출력됩니다.

분석 내용은 '상권분석보고서' 형식으로 출력됩니다.

첫 번째 탭인 '상권분석'은 해당 상권의 성장성, 안정성, 구매력, 집객력 등을 분석한 내용입니다. '집객력' 항목에서 해당 지역의 유동인구, 주거인구, 직장인구를 알 수 있습니다.

두 번째 탭인 '업종분석' 탭은 앞에서 선택한 3개 업종의 세부 분석 내용입니다.

해당 지역의 상위 행정구역인 '마포구'의 상권잠재력을 분석한 내용입니다. 예컨대 앞에서 선택한 3개 업종의 증감률, 창업 및 폐업률을 보여준 뒤 상권의 성장력 및 잠재력을 보여줍니다. 폐업률이 높은 업종이라면 해당 업종의 장사가 잘되지 않는 지역임을 알 수 있습니다.

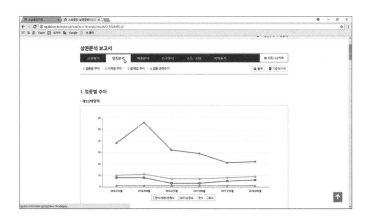

세 번째 탭인 '매출분석' 탭은 해당 지역에서 영업 중인 앞의 3개 업종의 실매출액을 보여줍니다. 이 데이터는 이들 업소에서 사용한 카드승인 자료를 토대로 한 데이터이므로 정확성이 매우 높습니다. 창업예비자는 이 자료를 통해 해당 업종을 창업할 때의 월간 매출액 합계를 예측할 수 있습니다. (개별 매장이 아닌 해당 업종 전체의 월간 합산 매출) 자료를 보면 3개 업종에서 어느 업종이 강세인지 알 수 있습니다.

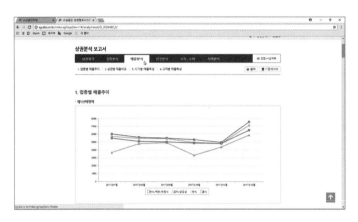

네 번째 탭인 '인구분석' 탭은 유동인구, 주거인구, 나이별 인구, 남녀성별 인구, 요일별 및 시간대별 유동인구 등을 알 수 있습니다. 시간대별 유동인구는 밥장사와 술장사 중 어느 장사가 유리한지 알게 합니다.(낮 유동인구가 많으면 밥장사, 저녁 유동인구가 많으면 술장사)

남녀성별인구는 남성매장과 여성매장 중 어느 매장의 창업에 유리한 지역인지 파악하게 합니다. 10~20대 여성 유동인구가 많은 지역이라면 소녀 고객 대상의 매장(분식점, 카페, 화장품점, 팬시점 등)을 생각할 수 있고 호프집 등은 제외할 수 있습니다.

다섯 번째 탭인 '소득 및 소비' 탭은 유동인구의 소득과 소비력을 분석한 자료입니다. 연령대, 주거별 소득에 대한 자료이므로 나이에 맞게 창업할 업종을 선택할 수 있거나, 자신이 창업할 업종과 이 지역의 소비력에 대한 궁합 여부를 판별할 수 있습니다. 40대 남성의 소비력이 왕성한 지역이라면 술집 등의 남성 매장, 20대 여성의 소비력이 왕성한 지역이라면 여성 매장이 유리한 지역임을 알 수 있습니다.(앞의 유동인구 데이터와 조합해 어떤 업종의 창업에 적합한지 판별할 수 있습니다.)

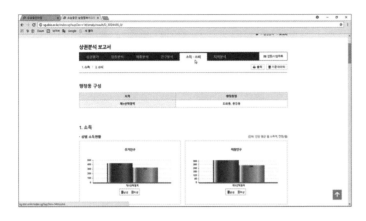

여섯 번째 탭인 '지역분석' 탭은 해당 지역의 '주요시설'과 '임대료' 등을 분석한 자료입니다. 자신이 준비한 창업비용에 적합한 지역인지 판별할 수 있습니다.

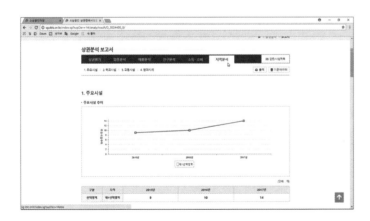

상권분석 중 경쟁업소 분석하기

소상공인마당(http://sg.sbiz.or.kr)의 '경쟁분석' 메뉴는 어떤 구역을 블록 단위로 선택한 후 그 구역의 경쟁업소 몇 곳의 데이터를 뽑아낸 후 창업할 업종의 경쟁력 내지는 위험성 여부를 판단할 때 사용합니다.

먼저 '상권분석' – '경쟁분석' 메뉴를 클릭합니다. 마포역 부근의 어느 지역에서 '커피숍'을 창업한다고 가정하고 데이터를 뽑아봅니다.

다음과 같이 '경쟁분석' 자료가 출력됩니다. 이 구역에서의 소비자 이동거리, 지역, 업종별 특성을 반영하여 서로 영향을 미치는 경쟁 업소(7개 자동 산출)를 찾아내 분석해줍니다. 이 구역에서 '커피전문점/카페/다방' 업종을 창업할 경우 '위험'할 수 있음을 알 수 있습니다. 위험지역이므로 다른 지역에서 창업할 것을 권고하지만 자본력이 받쳐준다면 대형 프랜차이즈 커피숍을 창업해 경쟁업소를 잡아먹는 방법도 있습니다.

상권분석 중 수익분석(수익예측)하기

05
SECTION

소상공인마당(http://sg.sbiz.or.kr)의 '수익분석' 메뉴는 어떤 구역에서 어떤 업종을 창업했을 때의 수익을 예측하는 자료입니다. 이 기능은 사업계획서를 완벽하게 작성한 뒤 매출 목표를 설정할 때 사용합니다.

'수익분석' 메뉴는 무턱대고 하는 것이 아니라 이미 사업계획서와 창업계획을 완벽하게 세운 뒤 진행합니다. 창업 후의 수익에 대한 감을 잡는 용도라고 할 수 있습니다.

소상공인마당의 '수익분석' 메뉴에서 창업할 업종, 창업할 위치, 창업비용을 상세하게 입력합니다. 사업계획서와 창업비지출계획을 세우지 않았을 경우 입력이 어려울 수도 있습니다.

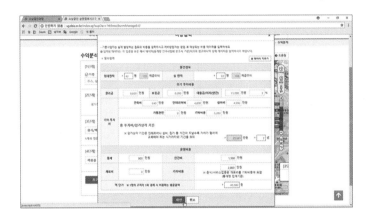

입력을 완료한 뒤 '평가' 버튼을 클릭하면 다음과 같이 투자비 대비 수익분석 자료가 출력됩니다. 귀에 걸면 귀걸이, 코에 걸면 코걸이 자료입니다. 실제 이런 수익의 발생 여부는 알 수 없고 다만 이 매출목표를 달성해야만 어떤 수익이 나올 수 있음을 추정하는 자료입니다.

점포 이력조사

점포 이력조사는 입점하길 원하는 점포에서 운영 중인 매장들의 창업/폐업 사실을 확인할 때 사용합니다. 폐업 업종의 운영기간, 폐업 개수를 확인하면서 어떤 업종이 그 지역에서 장사가 안 되는지 판단하는 자료로 사용할 수 있습니다.

소상공인마당의 '사업분석' – '점포이력분석' 메뉴를 클릭합니다. 조사할 지역을 선택한 뒤 화면을 확대하면 건물별로 클릭할 수 있습니다. 점포이력조사를 하고 싶은 건물을 클릭합니다.

클릭한 건물에서 영업 중인 매장들의 창업/폐업 이력이 화면에 출력됩니다. 폐업 업종의 리스트를 수집하면 해당 구역에서 어떤 업종의 영업이 불리한지 알 수 있습니다.

상권분석의 상권통계 활용하기

소상공인마당(http://sg.sbiz.or.kr)의 '상권통계' 메뉴는 어떤 시, 군, 구 지역의 상권통계를 업종별로 확인할 수 있는 기능입니다. 중요한 기능으로는 '밀집통계'와 '매출통계'가 있습니다.

소상공인마당의 '상권통계' – '밀집통계' 메뉴입니다. 어떤 업종의 밀집 상태를 파악할 수 있습니다. 시, 군, 구 같은 광역 구역의 자료만 출력하기 때문에 큰 도움은 되지 않지만 어떤 해당 지역에서의 업종별 밀집 상태를 파악할 때 유용합니다.

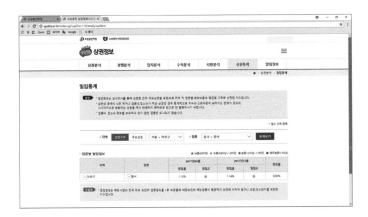

소상공인마당의 '상권통계' – '매출통계' 메뉴입니다. 어떤 업종의 매장별 월매출의 평균치와 카드매출 1건당 건 단가를 파악할 수 있습니다. 마포구의 경우 한식집 월 평균매출은 3,468만원, 카드매출 건 단가는 2만 9,293원입니다. 실제 영업 중인 매장의 평균값이므로 창업 시의 월매출목표와 건 단가를 설정할 때 도움이 되는 정보입니다.

소상공인마당의 '상권통계' - '업소통계' 메뉴입니다. 어떤 한 지역에서 어떤 한 업종의 증감률을 파악할 수 있습니다.

소상공인마당의 '상권통계' - '지역통계' 메뉴입니다. 어떤 한 지역에서 어떤 한 업종의 업소 수/업소당 가구 수/업소당 시설물 수를 파악할 수 있습니다. 업소당 가구 수와 시설물 수에 대한 종합 지표입니다. 당연하겠지만 업소당 가구 수와 시설물 수가 많은 지역이 영업 면에서 유리할 것입니다.

유동인구로 본 상권: 체크 요소

어떤 지역의 상업성을 판단할 때 가장 좋은 기준이 유동인구의 분석입니다. 예비창업자들은 전문적인 상권분석가가 아니기 때문에 짐작하여 분석합니다. 예컨대 유동인구수, 연령층, 남녀성별 비율, 재산 등을 짐작하여 분석하는 것입니다.

유동인구를 분석하면 어떤 종목이 알맞은 상권인지 충분히 짐작할 수 있습니다. 이때의 유동인구분석은 평일 유동인구분석, 주말 유동인구분석, 오후 시간 유동인구분석, 저녁 시간 유동인구분석 등 여러 상황을 가정하고 분석해야 합니다.

만일 호프집을 창업하고 싶다면 직장인의 퇴근 시간에 맞추어 입점하고 싶은 지역의 저녁 내지 밤 시간대의 유동인구를 분석합니다. 또한 평일 분석분과 주말 분석분을 합산하여 매출이 어느 정도 발생할 지역인지 미리 추측하는 것입니다. 이것은 대상 상권에 있는 경쟁하게 될 호프집이나 비슷한 업종의 술집에 유입되는 고객수를 지켜보면 알 수 있습니다.

1 : 유동인구수

소비세력의 규모를 전체적으로 판별할 수 있습니다. 초보자가 분석할 경우 상대평가 방식으로 분석합니다. 예컨대 자신이 즐겨 찾았던 종로 1가의 유동인구를 현재 관찰 중인 상권의 유동인구와 상대비교합니다. 군청소재지 크기의 도시에서는 읍내의 가장 번화가를 기준으로 하여 상대평가를 하면 현재 관찰 중인 상권의 유동인구가 어느 정도인지 어림잡을 수 있습니다. 동네에서 상권비교를 할 경우에는 동네의 가장 번화가를 기준으로 하여 상대평가를 합니다.

2 : 유동인구가 가장 활발한 시간대

상품이 가장 활발히 소비되는 시간대를 알 수 있습니다. 유흥주점, 호프집 등의 창업 시에는 유동인구가 저녁에 활발한 지역이 좋습니다.

3 : 유동인구 연령층

어떤 연령층에 해당하는 제품을 취급해야 할지 판별할 수 있는 근거입니다. 젊은 층 대상의 업종은 젊은 층 유동인구가 활발한 지역에서 창업합니다. 장년층 대상의 업종은 장년층 유동인구가 활발한 지역에서 창업합니다.

4 : 유동인구 남녀성별비율

해당 상권에서 어떤 제품을 취급해야 할지 판별할 수 있는 단서입니다. 쇼핑 매장, 패션숍, 커피숍, 스파게티 레스토랑, 베이커리, 문화상품매장 등이 여성층 유동인구가 많은 지역의 창업대상 업종입니다. PC방, 스포츠 패션숍, 메이커운동화 매장 등은 남성층 유동인구가 많은 지역의 창업대상 업종입니다.

5 : 유동인구 체류시간

유동인구의 개별 체류시간을 파악해봅니다. 체류시간이 많은 지역은 그에 맞는 업종을 창업하는 것이 좋습니다. 일반적으로 유동인구의 체류시간이 높은 지역은 먹거리 업종, 문화상품 업종에 좋은 지역입니다.

6 : 유동인구의 재산

유동인구의 재산은 해당 업종의 고가제품이나 저가제품 중 어느 것을 취급해야 할지 판별할 수 있는 근거입니다. 유동인구의 재산은 육안 판별이 불가능하므로 대개 배후 아파트단지 규모와 평수를 보고 판단합니다. 상권 둘레에 30평형 이상의 아파트단지가 둘러싸여 있다면 유동인구의 대부분을 중상위층으로 봐도 무방합니다. 상권 둘레에 업무지구가 밀집되어 있다면 사무용품, 호프집, 술집 등이 창업대상 업종입니다.

09
SECTION

주거 형태로 본 상권: 체크 요소

상권은 주거 형태로도 분류할 수 있습니다. 상권 배후의 주거 주인이 누구냐에 따라 창업 가능한 업종이 달라질 것입니다.

1 : 도심지형 상권

해당 도시의 가장 중심이 되는 상권입니다. 유동인구가 집단 발생함으로써 사계절 매출이 많이 발생하는 지역입니다.

2 : 업무타운형 상권

업무용 빌딩, 오피스텔, 크고 작은 업무용 상가 등이 밀집된 지역입니다.

3 : 베드타운형 상권

거주지역과 밀착 상생하면서 발생한 상권입니다. 아파트단지의 대형 상가지역을 예로 들 수 있습니다.

4 : 복합형 상권

여러 상권이 복합으로 합쳐진 상권입니다. 대표적인 복합형 상권은 도심지형 상권과 베드타운형 상권이 합쳐진 상권입니다. 상권 중에서 가장 좋은 상권은 도심지+업무타운+베드타운이 결합된 상권이며 초황금상권입니다.

5 : 군집형 상권

전자제품 상가, 가구 상가, 농수산물 상가처럼 동종 업종 혹은 비슷한 업종이 군집하여 있는 상권입니다. 전자제품 상가, 전자제품 부품상가, 공구 상가 등 군집형 상가들이 또 같이 모여 이루어진 상권은 복합군집형 상권입니다.

해당 분야의 전문지식이 없어도 창업이 가능한데, 예를 들어 군집형 상권에서 음식점, 횟집, 일식집, 커피숍 등을 차려도 승산이 있습니다. 무역업, 택배업 창업지로도 제격입니다.

SECTION 10

거리에 따른 상권: 체크 요소

유동인구의 분석은 가장 확실한 상권분석이지만 유동인구가 거의 없는 지역도 있습니다. 그러므로 매장을 중심으로 거리를 재어 고객 분포를 파악합니다. 이때 필요한 것이 거리에 따른 상권분석입니다.

거리에 따른 상권은 주 고객이 어느 층 사람인지 파악할 목적으로 합니다.

1 : 1차 상권(반경 500m)

매장에서 반경 500m 안은 1차 상권입니다. 매장 고객의 60% 정도가 거주하는 지역입니다.

2 : 2차 상권(반경 1,000m)

매장에서 반경 1,000m 이내가 2차 상권입니다. 매장 고객의 25% 정도가 거주하는 지역입니다.

3 : 3차 상권

3차 상권은 위의 1, 2차 상권에 해당하지 않는 나머지 상권을 포괄적으로 말합니다. 뜨내기 고객이 쉽게 오갈 수 있는 지하철역이나 버스정류장이 매장 근처에 있는지 파악합니다.

4 : 1, 2차 상권을 볼 때 파악해야 할 점

1, 2차 상권을 조사할 때 다음 내용을 분석 파악합니다.

건물 구성비율 파악	• 아파트, 주택, 빌딩, 사무실 등의 구성비 파악 • 상권 내에 아파트가 많으면 중산층용 상품의 수요가 상대적으로 높음
경쟁상권 유무 파악	• 경쟁상권이 존재할 경우 입점대상 상권과 경쟁 상권을 비교하여 우세한 상권이 어느 쪽인지 판단 • 필요할 경우 입점 대상지를 우세한 상권지역으로 재설정
경쟁업체 유무 파악	• 경쟁업체의 영업력, 매장 인테리어, 주차장 유무를 비교 판단 • 음식점 창업일 경우 경쟁업체의 요리 맛도 비교

11
SECTION

이름으로 본 상권: 체크 요소

부동산업자들이 상권을 설명할 때는 흔히 상권 이름을 말합니다. 예를 들어 '역세권 상권'이라는 말이 있듯 그 상권을 한마디의 말로 규정할 수 있습니다.

상권 이름으로 본 창업 가능한 업종은 다음과 같습니다.

1 : 대학가 상권

말 그대로 각 지역의 대학가 앞에 형성된 상권입니다. 방학에는 비수기를 맞지만 연매출이 일정하게 발생하므로 창업 예정지로 나쁘지 않습니다. 당연하겠지만 단과대보다는 종합대학의 학생수가 더 많으므로 종합대학 앞의 빈 점포를 알아보는 것이 좋습니다.

패션숍, 여성 메이커의류, 핸드폰, 음식점, 카페, 레스토랑, 커피숍, 패스트푸드점, 사무용품전문점, 서점, PC방, 유기장(당구장 등), 인터넷쇼핑몰업, 벤처기업 등이 창업대상입니다.

2 : 번화가 상권

말 그대로 중소대도시의 번화가이며 최고 요충지입니다. 서울이나 부산 같은 대도시는 번화가가 각 구역별로 있으므로 임대료가 맞지 않으면 하위권 번화가의 빈 점포를 물색해봅니다.

패션숍, 여성 메이커의류, 스포츠용품, 핸드폰, 전자제품양판점, 음식점, 카페, 레스토랑, 커피숍, 패스트푸드점, 베이커리, 노래방, 어학학원, 여행사, 무역업, 택배업, PC방, 화장품판매점, 헤어숍, 극장 등이 창업대상입니다.

3 : 유흥가 상권

중소대도시에서 술집, 음식점, 숙박시설이 모여있는 유흥가 상권을 말합니다. 역시 서울이나 부산 같은 대도시는 유흥가 상권이 각 구역별로 있으므로 임대료가 맞지 않으면 하위권 유흥가의 빈 점포를 물색해봅니다.

여성복 할인매장, 등산용품 할인매장, 24시간 음식점, 횟집, 호프집, 커피숍, 숙박업, 노래방, 욕장업(사우나) 등이 창업대상입니다.

4 : 업무타운

중소대도시에서 업무용 빌딩이나 사무실, 오피스텔이 밀집된 지역입니다. 대도시에는 각 구역별로 업무타운이 있으므로 임대료가 맞지 않으면 차선의 업무운에서 빈 점포를 물색해봅니다.

핸드폰, 사무용품전문점, 음식점, 커피숍, 레스토랑, 패스트푸드점, 호프집, 직장인 대상 백반집, 일식집, 베이커리, 무역업, 벤처기업, 인력사무소, 대리운전사무소, 택배업, 메이커의류전문점 등이 창업대상입니다.

5 : 역세권·터미널 상권

일반 창업자 중에서 어느 정도 자본이 있는 창업자들에게 가장 만만한 창업장소입니다. 대도시에서는 지하철역이 있는 역세권이 좋고 지방에서는 터미널 안이나 터미널 앞 상권입니다.

서점, 베이커리, 분식집, 호프집, 치킨집, 패스트푸드점, 커피숍, 카페, 레스토랑, 횟집, 일식집, 전문한식집, 등산용품 할인매장, 의류 할인매장, 메이커패션숍, 택배업, 욕장업, 화장품판매점, 건강식품판매점, 잡화양판점, 전자제품양판점, 오토바이택배업 등이 창업대상입니다.

6 : 아파트 상권

대규모 아파트단지에 의해 형성된 상권으로 2만 가구가 모여 있는 단지라면 어떤 종목이건 창업할 수 있는 좋은 상권입니다.

학습학원, 예능학원, 핸드폰, 전자제품양판점, 잡화양판점, 음식점, 횟집, 일식집, 커피숍, 치킨집, 레스토랑, 패스트푸드점, 호프집, 베이커리, 야채전문점, 주방용품전문점, 등산용품할인 매장, 의류할인 매장, 욕장업, 이미용실, 화장품판매점, PC방 등이 창업대상입니다.

7 : 전문상가

비슷한 물건을 취급하는 비슷한 업종의 도소매업체가 모여 있는 상가입니다. 주로 교통량이 많은 외각 도로변에서 창업합니다.

가구 할인매장, 전자제품 할인매장, 여성복·남성복 할인매장, 메이커스포츠의류 할인매장, 등산용품 할인매장, 해물자장면전문점, 한식전문점, 택배업 등이 있습니다.

업종 궁합 확인: 체크 요소

12

SECTION

업종 궁합이란 옆집 업종과 자신의 업종 관계가 궁합이 잘 맞는지 체크하는 작업입니다. 시쳇말로 궁합이 잘 맞으면 옆 매장을 찾은 사람이 자신의 매장 고객도 될 수 있으므로 매출 면에서 시너지 효과가 있습니다.

▌ 매출에 도움되는 궁합 //

1 : 찰떡궁합

자신과 옆집 매장이 찰떡궁합인 경우 매출상승에 도움이 됩니다. 상가에 입점할 때 상가에 찰떡궁합 업종이 많으면 매출 시너지 효과가 큽니다.

- 문구점과 서점
- 남성복점과 스포츠용품점
- 아동복점과 숙녀복점
- 학원가의 분식점
- 화장품점과 패션숍

2 : 동종업종 궁합

옆집이 같은 동종업종이면 당연히 매출 차질이 발생합니다. 단, 시장규모가 크면 둘 다 살아남을 수 있고, 시장규모가 작으면 둘 다 망할 수 있습니다.

- 공구 도매상가의 상점들
- 학교 앞 문구점들
- 번화가의 화장품 가게

3 : 기존 업체를 죽일 수 있는 궁합

말 그대로 기존 업체를 아예 죽일 수 있는 궁합입니다.

- 문구점 옆에 입주한 팬시점
- 분식집 옆에 입주한 패스트푸드점
- 20평 슈퍼마켓 옆에 입주한 80평 대형마트
- 20평 PC방 앞에 입주한 120평 PC방

▌ 매출에 도움 안 되는 궁합 ///

1 : 둘 다 망하는 궁합

두 업종이 아예 어울리지 않고 서로 매출을 깎아 먹는 형상입니다.

- 서점과 술집
- 숙녀복점과 횟집
- 화장품점과 장의사

2 : 구별 안 가는 궁합

매출에 시너지가 있는지 없는지 구별이 안 가는 궁합입니다. 주로 비슷한 업종이 옹기종기 모여 있는 궁합입니다. 이 궁합에서 살아남으려면 대형화, 유명업체를 입점시키는 방법을 사용해야 합니다.

- 의상실이 옹기종기 모여 있는 궁합
  (유명 의류대리점 입점 시 승산 가능)
- 컴퓨터판매점이 몇 개 모여 있는 궁합
  (대기업 컴퓨터대리점 입점 시 승산 가능)
- 미용실이 모여 있는 궁합
  (유명 헤어숍 입점 시 승산 가능)

3 : 아예 안 좋은 궁합

아예 안 좋은 궁합이란 그곳에 그 업종이 없어야 하는데 있는 경우입니다. 분명 없어야 할 업종이 그곳에 있다면 그 부근에의 입점은 무조건 피합니다.

- 유동인구 많은 지역에 있는 제조업체
  (가급적 제조업체 옆에 입주를 피해야 함)
- 상점이 있어야 할 곳에 있는 고물상
  (고물상 옆에 입주를 피해야 함)
- 의상실 옆의 문짝 조립공장
  (여성용품 소매업이라면 문짝 조립공장 옆에 입주를 피해야 함)

아파트 상권: 체크 요소

아파트 상권에서 창업할 때 눈여겨볼 만한 것은 이미 그곳에서 장사를 하는 경쟁 매장입니다. 상권이 아파트 주민으로 한정되어 있으므로 입점을 하더라도 기존의 경쟁 매장과 매출을 나눠 먹는 상황이 됩니다.

아파트 상권은 쉬우면서도 쉽지 않습니다. 대부분 비슷한 자본을 투자한 사업자들끼리 경쟁하는 구조이기 때문입니다. 비슷한 자본력이므로 사업을 하다 보면 비슷한 매출을 나누어 먹게 되고 그러다가 자본력이 센 사업자가 2배 크기의 매장을 내면 결국 잡아먹히게 됩니다. 임대료도 세기 때문에 투자를 잘못하면 다 날리고 나올 수 있습니다. 특히 아파트 상권처럼 블록화된 상권에서는 같은 업종의 사업자가 경쟁을 붙으면 서로 매출을 쪼개 먹는 상황이 됩니다. 그러므로 경쟁업체가 없는 업종이나 경쟁업체가 없는 단지에서 창업하는 것이 좋습니다.

▌ 아파트 상가의 종류

아파트 상가 종류별 장단점은 다음과 같습니다.

단지 내 상가	• 아파트단지 안에 있는 상가를 말하며 독점을 할 수 있다는 장점이 있습니다. • 배후 세대수가 1,000세대 이하일 경우 독점을 해봤자 큰 이익이 나지 않습니다. • 슈퍼마켓, 채소반찬전문점, 방앗간 등이 입점합니다. • 단지 안에 있기 때문에 중화요리점을 창업한 경우 전단지를 뿌려 많은 홍보를 해야 합니다.
근린상가	• 아파트단지 정문 맞은편이나 옆에 서 있는 상가들이 근린상가입니다. • 하나의 단지가 아닌 여러 단지를 대상으로 장사할 수 있으므로 단지 내 상가보다 유리합니다. • 슈퍼마켓, 채소반찬전문점, 한식집, 학습학원, 교습학원, 복권방 등이 입점합니다.

근린상가는 아파트 주민 외 근처를 통행하는 사람들도 고객으로 잡을 수 있으므로 단지내 상가보다 영업에 훨씬 유리합니다.

▌아파트 총세대수별 상권 분류 //

아파트단지는 거주타운 성격의 상권이므로 얼마나 많은 사람이 거주하는지 파악해야 합니다. 이때 근거가 되는 것이 총 세대수입니다.

단지 총세대수 (1,000~2,000세대)	• 앞동, 옆동, 뒷동 세대수를 다 합쳐 총세대수가 1,000~2,000세대일 경우 가급적 입점을 고려하지 않음 • 독점이 가능하다면 입점을 고려할 수 있음 • 중국집 같은 배달음식점, 슈퍼마켓이 입점할 수 있음
단지 총세대수 (4,000~5,000세대)	• 복수 이상의 한식집, 복수 이상의 호프집, 복수 이상의 편의점, 복수 이상의 치킨집, 유기장, 수예점, 노래방, 꽃집, 문구점, 작은 학원, PC방 등이 입점할 수 있는 상권 규모라 할 수 있음 • 치킨집을 입점할 경우 흔히 볼 수 없는 특색 있는 치킨 프랜차이즈로 입점 준비 • 전문한식집이 대여섯 개 입점할 경우 매출을 쪼개 먹는 형국이므로 최초의 입점 규모를 옆집보다 키워서 잡아먹음
단지 총세대수 (2만 세대 이상)	• 여러 아파트단지가 배후에 있고 중심부에 크고 작은 근린상가가 작은 군립을 이루거나 단지 주변에 포진한 구조 • 극장을 제외한 대부분의 업종을 이식할 수 있는 중대형 상권임 • 패스트푸드점 입점 가능 • 중고전자제품판매점 입점 가능 • 대로변에 PC전문점 입점 가능 • 대로변에 전자제품양판점 입점 가능 • 대로변에 자동차대리점 입점 가능 • 다수의 중소형급 학습학원의 입점 가능 • 큰 횟집, 커피숍, 카페, 레스토랑의 입점 가능 • 다수의 개인병원 입점 가능 • 다수의 전문음식점 입점 가능 • 다수의 중형급 호프집 입점 가능 • 다수의 편의점 입점 가능 • 다수의 유명 베이커리 입점 가능 • 입점을 결심했을 경우 가장 요충지 상가에 입점 • 2만 세대 단지와 그 옆 2만 세대 단지가 합쳐 3~5만 세대의 초대형 단지를 이루면 대기업의 대형마트가 한두 개 이식됨 • 매우 좋은 상권이지만 대형마트와 직접 경쟁하는 업종의 창업은 피할 것

읍·면 소재지 규모의 작은 도시에서는 1,000세대수 아파트 주변이 오히려 매출이 높을 수 있습니다.

심야영업 상권: 체크 요소

낮에도 장사가 잘되고 밤에도 장사가 잘된다면 당연히 심야영업 상권이 형성됩니다. 대개 심야에도 장사가 되는 지역은 유흥가 상권이지만 초대형 역세권이라면 유흥가가 없음에도 심야영업이 활발한 경우가 있습니다.

심여영업이 활발한 상권에서의 조사 방법에는 낮에 하는 조사와 밤에 하는 조사가 있습니다. 그런 뒤 어느 쪽에 치중해서 장사할 것인지 결정해야 합니다.

1 : 심야영업 지역 찾기

서울의 경우 노원역 같은 대형 역세권, 신촌 같은 유명 대학권, 명동 같은 번화가 상권, 동대문시장이나 남대문시장 같은 유명 전통시장 상권, 나이트클럽을 중심으로 한 유흥가 상권 등이 있습니다. 중소도시에서는 심야영업 지역을 찾는 것이 어렵기 때문에 보통 그 도시의 유명 먹자골목을 찾는 것이 좋습니다. 경기가 불황의 괴곡선을 타고 있기 때문에 심야영업을 중단한 매장들이 대폭 늘었지만 심야에도 유동인구의 유입이 끊이지 않는 지역은 지금도 의외로 많습니다.

2 : 심야영업 지역의 유동인구는 낮과 밤 개별적으로 조사

일차적으로 택시기사에게 물어서 심야영업이 활발한 지역을 찾아간 뒤 심야영업을 하는 음식점 개수나 매장 개수를 파악합니다. 그런 뒤 주 통로의 유동인구 유입량을 계산하고 인기 있는 매장이나 업소에 있는 손님 수 등을 파악합니다. 이 작업을 이번에는 낮에도 똑같은 방법으로 해서 별도의 조사자료에 추가합니다. 낮 영업 시의 매출과 밤 영업 시의 매출을 각각 임의적으로 추정하여 계산한 뒤 한 달 월매출을 추정하고 심야영업 상권에서의 입점 여부를 결정합니다.

교통량·물류량을 본 상권: 체크 요소

15
SECTION

지방도시의 교통량 많은 도로변에서는 도소매업, 요식업, 숙박업 등이 좋습니다. 의류 할인매장, 등산스포츠용품 할인매장, 가구침대 할인매장, 중대형 전문음식점, 모텔이나 편의점 및 주유소를 포함한 복합상가 형태의 창업도 생각해볼 만합니다.

교통량 또는 물류량이 많은 도로는 대도시, 중소도시, 관광지, 산업지역을 연결하는 요점 도로입니다. 일반적으로 지방도보다는 국도인 경우가 많습니다. 시장조사 결과 자동차전용도로가 건설 예정된 지역이라면 입점을 피하는 것이 좋습니다.

1 : 대도시와 위성도시를 연결하는 도로변

대도시와 외곽 위성도시를 잇는 왕복 4차선 이상의 도로변에서 토지용도변경이 가능한 곳이 창업장소입니다. 또는 복합매장이 이미 들어서 있을 경우 비어 있는 매장을 선점해 창업할 수도 있을 것입니다. 위성도시에서 대도시로 출퇴근하는 사람과 주말에는 놀러다니는 차량들이 북적되므로 다른 도로에 비해 입점 환경이 좋습니다. 편의점, 음식점, 해물중화요리전문점, 돈가스전문점, 카센터, 주유소, 가구전문점, 의류 할인매장, 스포츠용품 할인매장, 타이어 할인매장, 정육 할인매장 등이 창업대상입니다.

2 : 산업도시와 중소도시를 연결하는 도로변

근간이 되는 산업도시와 주변 중소도시를 연결하는 왕복 4차선 이상의 도로입니다. 물류차량의 유동량이 많으므로 편의점, 음식점, 해물중화요리전문점, 돈가스전문점, 자동차부품전문점, 카센터, 주유소, 사무가구전문점, 타이어할인점, 창고업 등이 창업대상입니다.

3 : 관광지와 중소대도시를 연결하는 도로변

관광지와 중소대도시를 잇는 왕복 4차선 이상의 도로입니다. 주말이면 놀러다니는 차량과 드라이브를 즐기는 차량들이 교통량을 채웁니다. 음식점, 카페, 레스토랑, 지역토산물판매점, 정육판매전문점 등이 알맞은 창업 업종입니다.

점포조사와 임대차계약

점포 정면 도로변의 유동인구량, 점포 위치, 외형, 면적, 압류 관계 등을 조사하는 것이 점포조사입니다. 고객 유입에 좋은 점포인지 육안으로 판별하고 면적 등을 실측할 뿐 아니라 재산권의 문제 유무를 조사하는 작업입니다.

▮ 점포조사

점포조사를 할 때는 다음 사항을 중심으로 조사합니다.

유동인구량	• 점포의 정면부 도로변 유동인구량 조사 • 오전, 오후 각각 조사 • 유동인구 연령층 조사. 예를 들면 일반인, 직장인, 학생 • 유동인구의 남녀성별 조사
위치	• 점포의 위치가 자택에서 가까운 위치인지 확인 • 출퇴근 시간을 아끼려면 가까울수록 좋음
보증금 및 권리금	• 점포의 보증금, 월세, 권리금 사항 조사
방향	• 점포의 정면이 동서남북 어느 방향인지 조사
면적	• 점포의 전용면적 실측 조사
길이	• 점포의 정면부, 측면부 길이 및 높이 조사
외형, 방해물	• 점포의 외형 조사. 계단 등이 영업을 방해하는지 조사
노후도	• 노후되어 보수를 해야 하는 점포인지 조사
층간소음	• 위아래 층을 임차한 다른 업종의 점포에 층간소음이 들리는지 확인함(학원으로 사용할 점포 임차 시 반드시 확인해야 함)
층고	• 점포의 내부의 천장 높이 조사
기둥	• 점포 내부에 기둥이 있을 경우 기둥 위치 등 조사
전기용량, 수도, 가스	• 사용 가능 전기용량, 증설 가능 여부 조사 • 수도, 가스 공급 상태 조사
환기시설	• 환기시설 조사 또는 설치 가능한 환기구 구조 조사
주차장	• 주차장 사용 여부 조사
화장실	• 화장실 위치, 청소 당번, 월 청소횟수 조사
정화조 용량	• 요식업 창업자의 경우 정화조 용량 확인
인허가 사항	• 창업 인허가를 받을 때 문제가 되지 않는 점포인지 조사

입점업체 조사	• 같은 건물에 입점한 업체와 업종 종사. 동반 상승하는 업종인지 조사
경쟁업체 조사	• 인근 경쟁업체 조사 • 경쟁업체의 경영상태 조사 • 경쟁업체의 면적, 임차비용, 권리금 조사
도면 입수	• 가계약 시 점포 설계도 사본 입수
사진촬영	• 점포 외부, 내부 사진촬영
등기부등본	• 점포의 담보, 권리관계 확인하기 위해 등기부등본 열람
건축물대장	• 점포가 무허가건물에 속하는지 확인 가능
도시계획확인서	• 점포 위치가 특정 개발계획에 속한 지역인지 확인 가능
건물주조사	• 건물주의 신용도 조사

▌점포 계약 방법 ///

점포계약서는 보통 다음 내용을 주의하여 작성합니다.

건물주와 직접 계약	• 계약서는 등기부등본상 건물주와 직접 대면하여 작성 • 계약서상의 건물주 명의도 등기부등본상의 건물주 명의와 같아야 함
작성 입회인	• 계약서 작성 시 입회인 필요 (법률적 문제 발생 시 증인이 필요함) • 부동산사무실에서 부동산업자의 입회 하에 작성 권장함
점포 호수	• 등기부등본상의 점포 호수를 정확히 기재
점포 면적	• 등기부등본상의 면적 정확히 기재
임대기간	• 임대기간은 보통 1~2년에서 선택 (건물주가 만기 1~6개월 전 통보 안 하면 1년씩 자동연장)
임대보증금	• 첫 1년 동안은 법적으로 인상할 수 없음 (두 번째 해부터 법적으로 연간 9%까지 인상 가능함)
월세	• 법적으로 연간 9% 이상 인상할 수 없음
월세 지불일	• 임대료를 지불할 기준일 정함
권리금 인정 항목	• 기존 임차인에게 권리금(인테리어비, 시설비, 영업권)을 주고 점포를 구한 경우 이 사실을 건물주에게 확인시킴 • 계약서에 권리금을 주고 임차했음을 기입하거나 별도의 서류에 권리금을 인정받았음을 명기해 계약서에 첨부함

수리비	• 점포 수리비용이 발생할 때 건물주가 책임질 범위 • 점포의 누수, 습기 상태 조사 (통상 건물주에게 수리의무가 있으나 금액이 클 경우 반반으로 하는 경우도 있음)

계약 연장·해약	• 계약 연장 방식 및 해약 방식 합의. 아래 내용 삽입
	  "계약기간 종료 후 자동연장이 되었을 때 부득이하게 해약을 요구할 경우, 임대인은 6개월 전 해약 통고를 하고, 임차인은 1개월 전에 해약통고를 해야 한다."
	  (계약연장은 건물주 통보가 없으면 자동으로 1년씩 연장됨)

계약 만기 시 변제 방법	• 계약만기로 사업자가 나갈 경우 건물주가 변제할 방법 작성

계약 종료 시
시설처리 방법
	• 계약 종료 시 시설물이 있을 경우 시설물 처리 방법 합의
	• 예를 들면 아래 내용 삽입
	  "계약 종료 시 건물주가 점포 내 인테리어 및 시설물의 철거를 요구하면 임차인은 철거할 의무가 있다."
	  또는 "계약 종료 시 임차인은 인테리어 및 시설물의 철거 등 원상복구 의무가 없다."

점포 양도	• 점포를 새 임차인에서 넘길 때 허용범위 합의 • 예를 들면 아래 내용 삽입 "임차인이 새 임차인을 구하여 나갈 때 새 임차인에게 권리금을 받는 것을 건물주는 관여하지 않는다."

＊관련 법: 상가건물임대차 보호법

계약서를 작성하다가 어떤 이유인지 계약기간을 깜박하고 적지 못했어요.
이 경우 어떻게 봐야 하나요?

계약서상에 계약기간이 명기되지 않은 경우 관례적으로 1년
계약한 것으로 봅니다.

점포 앞 통행량의 조사 방법

점포조사를 할 때는 점포 정면 앞의 유동인구인 통행량을 조사해야 합니다. 주변과 비교하여 번듯한 점포라고 해도 통행량이 없으면 말짱 헛것이기 때문입니다. 예컨대 점포 뒤의 지름길로 사람들이 다 빠져나가는 경우가 있을 것입니다. 아래 방법으로 통행량을 조사하면 장사가 잘될 점포인지, 아니면 안 될 점포인지 확인할 수 있습니다.

1. 점포 앞 통행량의 조사

- 점포 정면 앞 통행량을 조사합니다.
- 점포 안으로 유입되는 사람의 수를 조사합니다.
- 빈 점포일 경우 그 점포가 입점한 상가로 유입되는 통행을 조사합니다.

2. 통행량 조사시간

통행량 조사를 하다 보면 언제까지 조사해야 할지 모를 것입니다.

- 1시간 단위로 나누어 통행량 또는 유입량을 조사합니다.
- 오전, 오후, 저녁, 밤 시간대로 나누어 통행량 또는 유입량을 조사합니다.
- 술집의 경우 직장인의 퇴근 시간대에 맞춰 조사한 뒤 8시 전후, 10시 전후 그리고 장사가 가장 잘되는 시간대에도 조사합니다.
- 요일별로 조사합니다.
- 업종의 특징에 맞게 장사가 시작되는 시간에서 장사가 종료되는 시간까지 특정 시간을 정해 조사합니다.

3. 주위 조건과 주위 통행량 조사

- 점포 건너편의 통행량을 조사합니다.
- 횡단보도, 육교 등에서 쏟아져 나오는 사람들이 주력으로 움직이는 방향을 조사하고 그것에 어떤 점포가 있는지 조사합니다.
- 경쟁업체가 있을 경우 경쟁업체 앞의 통행량과 유입량을 조사하고, 자신이 점찍어둔 점포의 통행량, 유입량 조사와 비교 검토합니다.

17

SECTION

점포창업 입지장소 최종 결정

앞에서 여러 가지 방식으로 시장조사를 하는 방법을 공부했습니다. 이제 점포 계약 며칠 전이라고 가정하고 최종적으로 확인할 문제를 알아봅니다.

▌사람의 유동인구가 많은 장소

점포는 무조건 그 지역에서 유동인구가 많은 지역이 좋습니다. 물론 업종에 따라 유동인구가 없어도 장사가 되는 업종이 있지만 소매업이라면 그 지역에서 사람의 왕래가 잦은 장소가 좋은 입지조건입니다. 왕래하는 사람이 없으면 아무리 좋은 상품을 전시해도 매출이 발생하지 않습니다. 음식점을 하건 구두점을 하건 그 지역의 최요충지가 좋고 차선책으로는 유동인구가 많은 점포의 옆 점포 또는 그 옆 점포가 좋습니다.

▌유사 경쟁업소 피하기

어떠한 업종이건 비슷한 상품을 판매하는 경쟁업체가 근처에 있다면 창업 뒤 매출이 쉽게 오르지 않습니다. 예컨대 고깃집 앞에서 다른 고깃집을 차리는 것은 무모한 발상일 것입니다. 점포를 계약하기 전 근처에 라이벌 업종이 있는지 확인하는 것이 좋으며, 라이벌 업종이 있다면 그 라이벌 업종을 잡아먹을 각오 하에 창업해야 합니다. 이를테면 라이벌 점포보다 더 면적이 크거나 더 깨끗한 집 또는 유명 프랜차이즈 이름으로 창업하는 것이 하나의 방법일 것입니다.

▌교통 접근성의 확인

점포의 위치가 자동차로 접근이 용이한 장소 혹은 대중교통으로 접근이 용이한 장소인지 확인합니다. 교통이 편리한 점포라면 그만큼 더 많은 고객이 찾을 것입니다. 또한 같은 상가에 입점한 업종들이 서로 매출상승에 도움되는 업종들인지 확인하기 바랍니다. 결혼식장을 장례식장이나 수의전문점 옆에 세울 수는 없을 것입니다. 이와 달리 유명 결혼식장 옆에 여행사를 차리면 매출 상승 효과가 있습니다.

사무실·공장 최종 입지장소의 선정

18
SECTION

사무실 입지는 점포 입지처럼 유동인구가 많은 장소가 아닌 지역을 보고 입지장소를 찾습니다. 사무실 업종은 명함이나 홈페이지로 영업하기 때문에 점포의 위치가 종로나 강남 같은 사무실 밀집지역이라면 업종 신뢰도가 높아질 것입니다.

▌ 지역의 확인

무역업이라면 종로, 강남, 양재가 사무실 위치로 좋을 것입니다. 명함을 팔 때 사무실 주소지가 신뢰도를 높이기 때문입니다. 특허 관련 사무실이라면 대전 유성 같은 곳도 추천할 만합니다. 중고자동차 매매업은 각 지역의 중고차매매단지가 좋은 입지입니다. 수산물 가공업체라면 서울보다는 부산, 목포, 주문진에 사무실이 있는 것이 신뢰도를 높이는 방법입니다.

▌ 임대보증금의 확인

사무실을 임대할 때는 확실한 대안(자금)이 없는 한 초기 투자비용을 줄일 수 있는 건물을 찾는 것이 좋습니다. 보증금도 저렴할 뿐 아니라 이사를 간 사람이 내놓고 간 시설을 그대로 사용할 수 있는 사무실이라면 최적의 입지조건이 될 것입니다.

▌ 공장의 입점 위치

유통망이 눈부시게 발전했지만 매번 인상되는 유류비는 누구도 감당할 수 없습니다. 공장은 파주에 있고 원자재는 포항에서 실어와야 한다면 제조생산비가 늘어난다는 것을 누구나 알 수 있습니다. 따라서 공장의 입지장소를 찾을 때는 원자재 수급과 완제품 공급이 원활한 위치를 찾아야 합니다. 출판업의 경우 파주출판단지에 인쇄소, 종이공장 등이 모여 있으므로 파주출판단지를 선호하는 경우가 많습니다. 즉 수급망과 공급망이 원활하면서 땅값이 싼 지역이 입지조건으로 좋다는 뜻입니다. 농공단지에 입점하는 경우도 있는데 이 경우 땅값이나 세금감면 등의 이득요소가 원자재 수급의 불리한 점을 상쇄하기 때문입니다.

CHAPTER 8

개업 시작하기

상품 구매처(거래처) 만들기

01
SECTION

소매업 창업 시 가장 유념해야 할 점은 신뢰할 수 있는 공급업체를 수배하는 일입니다. 공급가격이 저렴한 동시에 유통기한이나 원산지를 속이지 않는 공급업체와 연결할 수 있다면 경쟁자보다 사업을 유리하게 전개할 수 있기 때문입니다.

▌ 도매상에서 공급자 물색하기 ///

거래 초반부터 도매상과 원활한 관계를 맺는 것은 사실상 불가능합니다. 따라서 지인이나 동일 업종 사업 선배의 소개로 도매상과 연결하는 것이 가장 좋은 방법입니다. 가장 고전적인 이 방법은 도매상과 처음부터 신뢰감이나 유대감을 쌓을 수 있다는 점에서 유리합니다. 또한 현찰거래를 우선으로 하여 신뢰감을 쌓아가야 합니다. 상호 간 신뢰감이 쌓이면 그 후부터 어음 같은 외상 거래가 가능할 것입니다.

▌ 원산지에서 공급자 물색하기 ///

과채류, 수산물류, 지역토산물은 원산지에서 공급업체를 선별하는 것이 가장 좋은 방법입니다. 예를 들어 건오징어나 건미역 종류를 판매할 계획이라면 주문진 시장의 도매업체나 완도 시장의 도매업체에서 직접 공급받는 것이 가격 면에서 유리할 것입니다.

▌ 제조공장에서 공급자 물색하기 //

제조공장이 가까운 곳에 있다면 바로 제조공장과 직거래를 트는 것도 좋은 방법입니다. 보통 양판점 형태의 소매업을 창업할 경우 제조공장과 직거래하는 것이 도입가격 면에서 유리합니다.

상품 공급자나 거래처를 물색할 때 무엇보다 중요한 것은 해당 사업의 경험자나 지인을 통해 거래처를 만들어야 한다는 것입니다. 그것이 공급가격을 낮출 수 있는 동시에 거래도 원활히 할 수 있는 조건일 것입니다.

▌ 해외 도매상에서 공급자 물색하기 ///

요즘은 해외 직구로 도매품을 매입해 소량씩 판매하기도 합니다. 중국산 공산품을 소량씩 구매하는데 10개 혹은 100개 단위의 B2B 직구는 중국 알리바바(www.alibaba.com)에서, 1~2개 혹은 10개 단위의 B2C 직구는 중국 알리(www.aliexpress.com)에서 할 수 있습니다. 요즘은 국내의 땡처리 업체들도 인터넷 도매점이라는 이름으로 영업합니다.

수신자명 : 전동그룹 판매부
담당자명 : 김전동 대리
납기일   : 2014.07.22
납품장소 : 홍화무역
지불조건 : 어음
담당자   : 박휘영

홍화무역
우편번호 : 007-001
주소 : 서울 가리봉동 12212번지
Tel : 02-□□□□-1234
Fax : 02-□□□□-1235

주문서

품명	적요	수량	단가	합계
전동치솔(F-103)		20	12,000	240,000
전동치솔(적색 모델)	포장 조심	10	13,500	135,000
	소계			375,000₩
	부가가치세			37,500₩
	합계			393,750₩

참고
----
1. 납기일, 지불조건 등은 전화로 자세한 상담을 하고 싶습니다.
----
2. 포장 좀 잘해주세요.

점포의 상호, 간판

요즘의 점포는 내부 인테리어는 물론 외관도 중요시합니다. 소비자의 눈높이가 10년 전과 달리 한층 높아졌기 때문입니다. 또한 간판은 법이 허용하는 한도 내에서 만들되 고급스러운 디자인의 간판을 만드는 것이 사업상 유리합니다.

▌ 상호

상호는 무턱대고 만드는 것이 아닙니다. 중대형 소매업일 경우 사업자 등록을 할 때 이 상호로 사업자등록을 할 수도 있으며, 이름을 작명하듯 세심한 관심이 필요합니다. 상호는 짧고 간결할수록 좋으며, 그와 동시에 어떤 의미를 내포하거나 인상적인 상호일 경우 고객들에게 점수를 딸 수 있습니다. 상호를 작명할 때는 다음과 같이 세 가지 요소를 유념하기 바랍니다.

1 : 사업내용을 알 수 있는 상호

상호를 보고 바로 사업내용을 알 수 있다면 그보다 좋은 상호는 없을 것입니다. 이것은 일반점포는 물론 사무실 형태의 사업일 때도 마찬가지입니다. 사무실 형태의 사업이라면 전화를 이용한 업무가 적지 않을 텐데 이때 상호를 말하면 바로 상대방이 사업내용을 눈치채게 만들어야 합니다.

상호는 작명할 때는 보통 '이름'과 '사업내용'을 조합해 만드는 것이 가장 좋습니다. 간혹가다 점포 외관에 세로 간판을 세우는 경우도 있으므로 세로로 간판을 만들 때를 염두에 두고 상호를 작성해야 합니다. 선미헤어숍(선미+사업내용), 브람스커피숍(브람스+사업내용), 로빈무역(로빈+사업내용) 등이 예라 하겠습니다.

2 : 인상적인 상호

인상적인 상호는 고객들의 뇌리에 쉽게 다가갑니다. 두서너 개의 단어 조합으로 인상적인 상호를 만들 수 있다면 그보다 좋을 수는 없을 것입니다. '아이들세상'이라면 고객은 바로 그 회사가 아이들과 관련된 회사임을 알아차릴 것입니다.

3 : 기억하기 쉬운 상호

고객은 짧은 상호일수록 더 빨리 기억합니다. '바나나 우유'는 기억할 수 있어도 '알맹이가 노란 바나나 우유'는 기억하기 어렵습니다. 예를 들어 '지리산에서 캐온 산채 나물 전문점'이란 상호보다는 "지리산 산채 전문점"이 더 기억하기 쉽습니다. 물론 관광지역 음식점처럼 경쟁업체가 주변에 많은 음식단지라면 다소 긴 상호가 유용할 수도 있습니다. 경쟁업체가 없는 장소에서 음식점을 개업하면서 '지리산에서 캐온 산채 나물 전문점'이라고 상호를 지으면 아무래도 오버하는 것이라고 할 수 있습니다.

4 : 오버하지 않는 상호

요즘은 흔하게 사업장 주인의 유머 감각을 보여주고 싶은 듯 개그적인 요소가 있는 오버 경향의 상호가 많습니다. 음식점에서 요리솜씨가 좋으면 오버 경향의 상호가 통하겠지만 평범한 요리솜씨는 상호와 함께 바보 취급을 당할 것입니다. 따라서 상호를 작명할 때는 오버 경향의 상호, 강한 인상의 상호, 극단적인 상호는 피하는 것이 좋습니다.

■ 상호를 지을 때 피해야 할 점 ///

상호를 지을 때 피해야 할 점은 여러 가지가 있습니다.

1 : 유명회사 이름 도용

상호를 지을 때 소비자들에게 이미 알려진 유명 회사나 브랜드 이름은 피해야 합니다. '삼성'이나 'LG' 같은 상호는 나중에 사업이 본궤도에 올라 제법 유명해졌을 때 법적 문제를 야기할 수 있는데, 법적인 면에서 상표권을 도용한 것이므로 상호를 교체하게 되는 불상사가 벌어집니다.

2 : 옆 동네의 상호 사용하기

소매업은 옆 동네의 장사 잘되는 집 상호를 빌려 와서(훔쳐 와서) 사용하기도 합니다. 워낙 작은 사업이다 보니 법적으로 크게 문젯거리는 없으나 전화 영업 시 문제가 발생합니다.

만일 '월곡동'이란 마을에 '감나무집'이라는 식당이 2군데라면 전화 영업 시 큰 곤란을 겪을 것입니다. 따라서 경상도 지방에서 전라도 지방의 장사 잘되는 집 상호를 흉내 내거나, 강원도 지방에서 경기도의 장사 잘되는 집 상호를 흉내 낼 수는 있어도 같은 '월곡동' 구역에서 같은 상호를 사용하는 것은 가급적 피해야 합니다. 만일 상대가 사업자등록이 되어 있다면 나중에 문제를 야기할 수도 있습니다.

3 : 은행, 증권, 보험사 명칭

법적으로 하등의 관련 없는 회사는 은행, 보험, 증권 등의 금융권 이름을 상호에 넣을 수 없습니다. 특히 요즘은 유사금융업체가 활개치고 있으므로 유사금융업으로 오인하지 않도록 자제하는 것이 좋을 것입니다.

▍점포 옥외 간판 포인트

점포의 간판은 '전면 간판'과 '세로 간판' 등 기본 2개의 간판이 필요합니다. 또한 점포의 외형에 맞게 '지주대형 간판'이나 '모형 간판'을 설치하기도 합니다. 카페나 레스토랑이라면 '포스터 스탠드'를 점포 앞에 세워놓기도 합니다.

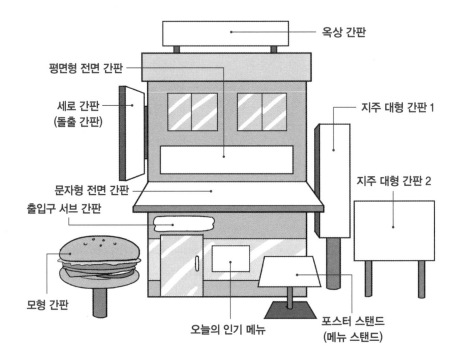

간판 발주 전 전면 간판, 세로 간판, 출입구 서브 간판 등은 건물주와 상의하면 어느 크기로 제작할지 알 수 있습니다. 간판 길이가 10m 이상이면 허가사항일 수 있으므로 발주 전 확인하기 바랍니다. 세로 간판 역시 법적으로 80cm 이상 돌출할 수 없습니다.

지주대형 간판과 모형 간판은 법에 저촉되어 철거당하는 경우가 많습니다. 자기 건물에 지주대형 간판을 세운다 해도 법이 강력히 규제하므로 발주 전 관할 민원실과 '옥외광고물 등 관리법'을 확인하기 바랍니다.

판매가의 설정

03 SECTION

상품 매입이 끝나면 판매가를 결정합니다. 판매가 결정은 업주의 생각에 따라 고가정책, 박리다 매 등에서 선택합니다. 자존심이 강한 업주는 자신의 제품을 좋다고 생각하고 판매가를 높게 결 정하는데 이성적으로 판단하는 것이 최우선입니다.

▌기본적인 원가 산출

원가는 상품 구매원가가 있고 매장임대료, 인건비, 판매비 등의 영업비용을 합친 금액을 원가 로 보기도 합니다. 상품 판매가격은 판매 시 발생할 부가가치세까지 다 합산하여 판매가격으로 보기도 하는데 소매업은 판매 시 발생할 부가가치세까지 다 합산하여 판매가격으로 보는 것이 좋 습니다. 단, 사업자 등록자는 상품 구매 시 부가가치세를 낸 경우 판매 후 공제받을 수 있으므로 크게 신경 쓰지 않아도 됩니다.

판매가 결정은 다음과 같이 가산이익률로 계산합니다. 가산이익률이란 상품 단위당 생산비용 혹은 구매비용을 산출한 뒤 해당 상품의 판매에 필요한 제반 영업비용을 합산한 뒤 가산으로 얻 는 적정 수준의 이익률을 말합니다.

판매가격 = 단위비용 / (1−가산이익률)

1 : 상품 구매원가 10,000원, 구매부가세 10% 상품일 경우

10,000원짜리 상품의 구매부가세 10%인 1,000원이 붙지만 구매원가를 산정할 때는 부가세 10%를 포함하지 않은 10,000원을 구매원가로 계산합니다. 판매할 때 판매부가세 10%를 받으면 되기 때문입니다.

2 : 판매가에 영업비용 포함하기(매장임대료, 인건비, 재고 관리비 등)

위의 10,000원짜리 제품을 판매하려면 영업비용을 포함시켜야 합니다. 월간 매장임대료, 인건 비, 재고관리비 등을 영업비용이라고 할 수 있습니다. 월간 총영업비용을 판매할 상품 단위당 나 누어서 합산합니다.

월 영업비용이 상품 개별당 50%로 산출된 경우 '1,0000 × 1.5 = 15,000'원이 상품 단위당 비용 입니다.

3 : 순이익률(가산이익률)을 5%로 산정한 경우

이익률을 5%로 산정한 경우 다음과 같이 계산하면 판매가가 나옵니다. 15,000 / (1-0.05) = 15,780이 가산이익률을 붙인 판매가입니다.

4 : 부가가치세를 포함한 경우

상품 구매 시 부가세 10%를 지불한 상품을 판매할 때는 고객에게 부가세 10%를 받아야 합니다. 즉 구매부가세를 낸 상품을 판매할 때는 판매부가세 10%를 추가한 것이 최종 판매가입니다.

15,780원 → 제품 판매가격(공급가액)

1,578원 → 부가세(공급가액의 10%)

15,780 + 1,578 = 17,358원 → 최종 판매가

원가 10,000원의 상품을 판매할 때 영업비용(판매관리비 상품 단위당 50%)과 순이익(5%)을 포함시킨 뒤 여기에 부가세(10%)를 포함시켰으므로 원가 10,000원짜리 상품의 최종 판매가는 17,358원입니다.

아래와 같이 더 단순한 방식으로도 계산할 수 있습니다.

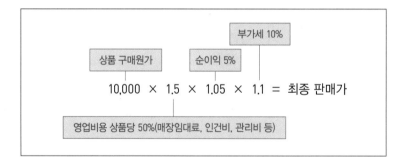

 여기에서의 영업비용은 편의상 상품 구입가의 50%로 산정했지만 판매할 상품의 종류, 점포의 위치에 따라 영업비용이 달라질 것입니다. 따라서 영업비용은 판매할 상품의 특성, 인건비, 월간 판매량을 정확히 예측하고 산출해야 합니다.

04
SECTION

미리 알고 가는 소상공인 평균 영업이익률

판매가를 신속하게 결정하려면 업종별 평균 영업이익률을 참고하는 것이 좋습니다. 업종별 평균 영업이익률을 참고하면 경쟁업체와 비슷한 판매가를 구축할 수 있을 것입니다.

■ 주변 점포들의 평균 이익률 //

주변에서 흔히 보는 점포들의 평균 이익률입니다.

- 슈퍼마켓: 7~11%
- 일반음식점: 20~25%
- 여관·숙박업: 20~25%
- 이발·미용업: 40~50%
- 세탁업: 35~43%
- 목욕탕업: 28~32%
- 노래방: 30~40%
- PC방: 40~50%
- 출판업: 7~12%
- 택배업: 2~10%
- 제조업: 12%

위의 자료는 주변에서 흔히 보는 점포들의 영업이익률입니다. 크고 작은 점포와 소매업, 서비스 업종이므로 세금계산서 발행 없이 영업하는 경우도 있을 것입니다. 즉 통계청 자료와 달리 영업이 익률이 조금 높거나 낮은 업종도 있을 것입니다. 판매이익률을 책정할 때 경쟁업체와 같은 이익률을 책정하고 싶다면 2페이지 뒤의 '전국 제조업·산업체의 영업이익률'을 분석하고 책정하는 것도 좋은 방법일 것입니다.

물론 영업이익률이 높다고 무조건 월수익이 높지 않습니다. 여관·숙박업의 영업이익률은 20~25%이지만 받을 수 있는 손님수가 한정되어 있습니다. 슈퍼마켓의 영업이익률은 7~11%이지만 내방 고객수가 숙박업체보다 더 많으므로 월수입을 비교하면 여관·숙박업 사장님이나 슈퍼마켓 사장님이 비슷한 월수입을 올릴 것입니다.

고객수가 한정된 명품이라면 고가정책으로 팔아 사업체를 유지할 수 있고, 유동인구가 많은 지역에서는 박리다매를 해도 사업체의 유지가 가능한 것입니다.

▌영업비용 책정하기 ///

상품을 판매할 때 필요한 영업비용은 어떤 것이 있을까요? 창업 초보자이므로 어디까지를 영업비용으로 계산할지 모를 수 있습니다. 통계청에서 2005년 조사한 신발소매업 자료를 보면 제품 판매에 필요한 영업비용을 어디까지 염두에 둬야 할지 파악할 수 있습니다. 물론 업종에 따라 다소 차이는 있을 수 있겠지만 큰 틀에서 이해는 가능할 것입니다.

전국 신발소매업 현황(각 항목은 전국 신발소매업 합산)

신발소매업	항목	금액
	사업체수(개)	9,819
	종사자수 (명)	18,708
	매출액(백만 원)	1,442,050
	영업비용(백만 원)	1,174,241
신발 매입에 들어간 비용 (제조업의 경우 제조원가)	매출원가(백만 원)	803,483
	연중상품매입액(백만 원)	799,607
	연말상품재고액(백만 원)	228,202
	판매비와 관리비(백만 원)	370,758
	인건비(백만 원)	120,679
신발소매업으로 들어간 연간 영업비용	임차료(백만 원)	117,682
	세금과 공과(백만 원)	8,753
	감가·대손상각비(백만 원)	8,468
	기타 경비(백만 원)	115,176
신발소매업으로 얻은 연간 이득 금액	영업이익(백만 원)	267,809

자료: 통계청(2005년)

기업회계와 달리 소매업은 '판매비와 관리비' '인건비' '임차료' '세금과 공과' '감가·대손상각비' '기타 경비' 등을 영업비용으로 염두에 두고 상품 판매가를 책정하는 것이 좋습니다.

▌전국 제조업·산업체의 영업이익률 //

'영업이익'이란 매출액에서 영업비용과 기타 경비를 뺀 금액입니다. 영업이익과 달리 '순수익'은 영업활동 외적으로 발생한 이자수익이나 사업상 갑자기 벌어진 손실을 합산한 뒤 뽑은 이익을 말합니다. 통계청 조사 2010년 국내 산업체의 평균 영업이익률은 약 8.3%입니다. 이 자료를 토대로 영업이익률을 책정하는 것도 좋은 방법일 것입니다.

업종 분류	항목	2010년도
국내 산업체 총합계	매출액(백만 원)	4,332,292,658
	영업비용	3,971,479,931
	매출원가	616,542,450
	인건비	452,115,801
	급여총액	371,473,728
	임차료	56,194,621
	세금과 공과	18,901,301
	감가·대손상각비	120,423,728
	경상연구개발비	22,944,337
	기타 경비	2,684,357,693
	영업이익(영업이익률)	360,812,727(약 8.3%)
농업, 임업 및 어업	영업이익률	약 3%
광업	영업이익률	약 13%
제조업	영업이익률	약 12%
전기, 가스, 증기 및 수도사업	영업이익률	약 23%
하수·폐기물 처리, 원료재생 및 환경복원업	영업이익률	약 0.5%
건설업	영업이익률	약 4%
도매 및 소매업	영업이익률	약 7.5%
운수업	영업이익률	약 8.5%
숙박 및 음식점업	영업이익률	약 23%
출판, 영상, 방송통신 및 정보서비스업	영업이익률	약 9%
금융 및 보험업	영업이익률	약 6%
부동산업 및 임대업	영업이익률	약 9%
전문, 과학 및 기술 서비스업	영업이익률	약 4%
사업시설관리 및 사업지원 서비스업	영업이익률	약 4.5%
공공행정, 국방 및 사회보장 행정	영업이익률	적자
교육 서비스업	영업이익률	약 5%
보건업 및 사회복지 서비스업	영업이익률	약 16%
예술, 스포츠 및 여가 관련 서비스업	영업이익률	약 12%
협회 및 단체, 수리 및 기타 개인 서비스업	영업이익률	약 15%

자료: 통계청(2010년)

업체의 특허나 상표권 등록

05
SECTION

사업을 하다 보면 물품을 선제 발명하거나 개발합니다. 이때 발명자의 독점적 권리를 부여받으려면 특허 등록을 해야 합니다.

특허란 말 그대로 발명자의 지적재산권을 지키는 행위로서 여러 분야로 나누어 신청할 수 있습니다. 국내에서는 특허청을 통해 특허, 실용신안, 상표, 디자인 특허를 할 수 있습니다. 특허의 심사 기간은 일반적으로 1~2년이므로 만반의 준비를 갖춘 뒤 출원신청을 해야 합니다.

▌특허 출원

특허란 말 그대로 발명특허라고 생각하면 쉽게 이해할 수 있습니다. 특허권을 받기 위해 갖추어야 할 요건으로는 산업상 이용 가능성이 있어야 하고, 출원하기 전 이미 알려진 선행기술이 아니어야 하며, 선행기술과 다른 것일 경우 선행기술로부터 쉽게 생각해 낼 수 없는 것이어야 합니다.

아래 섹션별로 선행기술이 없는 진보된 기술이자 상업적으로 이용가치가 있는 발명일 경우 특허 등록을 신청할 수 있습니다. 등록된 특허는 이후 20년간 권리를 보호받을 수 있습니다.

A섹션: 생활필수품
B섹션: 처리조작, 운수
C섹션: 화학, 야금
D섹션: 섬유, 종이
E섹션: 고정구조물
F섹션: 기계공학, 조명, 가열, 무기, 폭파
G섹션: 물리학
H섹션: 전기

각 섹션별로 발명 성질이 강한 물품이나 기술을 개발한 경우 특허 출원하세요.

▋실용신안 출원

특허가 '발명'에 가까운 권리를 보호할 목적이라면 실용신안은 실용적 기술의 선행개발 권리를 보호받기 위한 비책입니다. 기존 상품의 모양, 구조, 결합을 실용적 각도에서 선행 변경한 경우 출원할 수 있습니다. 특허와 달리 소규모 개발이라고 할 수 있으므로 권리 보호기간은 10년입니다.

두 상품을 합쳐 하나의 상품으로 만들었는데 실용신안으로
등록할 수 있나요?

두 제품을 결합시킨 개량기법이 상대적으로 우수하면
실용신안 등록이 가능하고 권리도 인정받을 수 있어요.

▋상표권 출원

상표란 상품을 식별하기 위하여 상품에 부착하는 표장이나 로고 등을 말하며 문자, 기호, 도형 형태를 등록할 수 있거나 이들의 결합 또는 색채 결합 상태를 등록할 수 있습니다. 보통 상표명(또는 로고)과 해당 상표명을 사용하는 물품을 결정한 뒤 특허청 홈페이지에서 선행 유사 상표의 등록이나 출원 여부를 조사합니다. 선행 유사 상표가 없을 경우 출원 신청을 할 수 있습니다. 등록에 성공하면 10년간 상표법 권리를 보호받을 수 있고 그 기간 내에 계속 갱신할 수 있습니다. 심사 처리기간은 약 1년입니다.

영문 단어나 지명도 상표권 등록이 가능한가요?

이미 저명한 것과 동일 또는 유사한 상표, 기존 상표와
혼동을 일으키면 등록할 수 없어요.

█ 디자인 등록 출원

상품의 고유 디자인 권리를 보호받기 위해 출원할 수 있습니다. 디자인의 선행 등록에 성공하면 15년간 디자인 권리를 보호받을 수 있습니다.

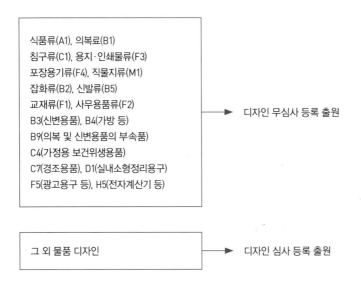

식품류(A1), 의복료(B1)
침구류(C1), 용지·인쇄물류(F3)
포장용기류(F4), 직물지류(M1)
잡화류(B2), 신발류(B5)
교재류(F1), 사무용품류(F2)
B3(신변용품), B4(가방 등)
B9(의복 및 신변용품의 부속품)
C4(가정용 보건위생용품)
C7(경조용품), D1(실내소형정리용구)
F5(광고용구 등), H5(전자계산기 등)

→ 디자인 무심사 등록 출원

그 외 물품 디자인

→ 디자인 심사 등록 출원

█ 권리의 보호와 출원 방법

특허, 실용·실안, 상표, 디자인 등의 선행 등록에 성공하면 이후 권리 보장기간 동안 법적으로 보호받을 수 있습니다. 타인이 자신의 권리를 도용하면 법적 책임을 물을 수 있을 뿐 아니라 자신의 권리가 필요한 타인에게 기술임대를 하여 수익을 올릴 수 있습니다. 따라서 사업을 하다가 선행 개발된 발명이나 디자인이 있다면 특허청에 출원신청을 하는 것이 사업상 유리합니다. 만일 출원신청을 잘 모른다면 변리사 사무실을 통해 출원신청을 하기 바랍니다.

만일 변리사 없이 특허 출원을 하려면 특허청 홈페이지(www.kipo.go.kr)에서 구비서류와 출원 방법을 참고하기 바랍니다.

상표권 침해 통지서 작성 양식

업체의 특허나 상표권 등이 침해당하면 통지서를 보내야 합니다. 그 후 상호 협의 하에 금전적 이득을 취하거나 법적인 조치를 취해야 합니다. 다음과 같은 양식으로 통지서를 보낼 수 있습니다.

　　상표권 침해 통지서는 다음과 같은 양식으로 작성한 뒤 등기우편으로 보내야 하며, 지정한 기한 내에 답신이 없으면 법적인 조치에 들어갑니다.

통지서

○○○ 의류 貴中

　　귀하는 당사의 보유 등록상표인 '가마니' 상표를 글꼴을 달리한 뒤 귀사의 케주얼복, 아동복, 운동화 제품에 부착해 판매하고 있습니다.

　　상표법 ○○항 ○○조에 의거해 당사 상표권을 침해하는 귀사의 상표 사용을 중지하도록 청구합니다.

　　귀사의 제품을 지속적으로 판매하려면 해당 상표가 사용된 제품, 간판, 포장, 브로셔, 광고, 홈페이지 등에서 모든 상표를 제거하기 바라며 상표의 제거가 불가능하면 해당 상품의 광고·판매 중단을 요구합니다.

　　본 서면의 회신일은 ○○○○년 ○○월 ○○일까지이며 그 이전에 회답이 없을 경우 법적인 조치를 취할 수밖에 없음을 양해 바랍니다.

등록상표 : 가마니
관련제품 : 여성복, 남성복, 케주얼복, 아동복, 운동화 등

CHAPTER 9

회계관리의 이해

점포 포스 시스템 이해

01
SECTION

포스(POS) 혹은 포스 시스템(POS System)은 업체의 판매, 정산, 매출, 재고, 세무관리를 자동 기록하는 시스템입니다. 입고된 물건을 입력한 뒤 판매할 때마다 판매 개수를 입력하므로 점포의 영업 및 장부관리를 정확하게 파악할 수 있습니다.

▌ 포스 시스템

포스 시스템은 편의점이나 패스트푸드점에서 돈 계산할 때 볼 수 있는 작은 모니터가 달린 단말기를 말합니다. 포스 시스템은 업종에 따라 그 업종의 판매 및 영업관리에 맞게 조금씩 다르지만 하는 역할은 똑같습니다. 예를 들어 외식업을 운영한다면 외식업에 맞춤 제작된 터치스크린 방식의 포스 시스템을 설치하면 됩니다. 매장용 포스 시스템은 대개 카드 리더기와 영수증 출력기가 장착되어 있으므로 카드단말기 기능을 함께 합니다.

20평 규모의 점포인데 포스 시스템을 꼭 설치해야 할까요?

판매, 재고 관리는 물론 옵션을 추가하면 회계관리와 인사 관리도 할 수 있으므로 가능하면 설치하는 것이 좋아요.

포스 시스템은 크게 두 가지 방식으로 설치할 수 있습니다. 편의점이나 백화점에서 볼 수 있는 포스 시스템은 포스용으로 개발된 전용 포스 시스템입니다. 이와 달리 동네 작은 슈퍼에서 볼 수 있는 PC형 포스 시스템은 기존 PC에 포스 시스템 프로그램과 카드 단말기, 영수증 발매기를 연결한 방식입니다.

포스 전용 단말기의 가격은 200만 원 내외, PC에 설치 사용하는 포스 프로그램의 가격은 몇십만 원 안쪽입니다. 요즘은 현금영수증을 의무적으로 발행해야 하므로 포스 시스템을 설치할 때는 인터넷 선도 필수로 설치해야 합니다. 기본적으로 판매, 재고 관리를 할 수 있지만 옵션을 추가하면 회계장부 작성도 해줍니다.

포스 시스템의 구성

포스 시스템은 보통 외식업용과 유통업용 포스 시스템으로 나눌 수 있습니다.

▌외식업 포스 시스템

한식집, 레스토랑, 카페, 패스트푸드점 등의 요식업소에서 사용합니다. 다음 장치로 구성되어 있습니다.

> 본체(터치스크린 모니터 포함)
> 영수증 프린터(현금영수증 발매기능 포함)
> 신용카드리더기
> 사인패드(신용카드 사인 서명용 패드)
> 금전통(열쇠 포함)
> 외식업용 포스 프로그램
> CID(발신자 표시기, 배달음식 주문한 사람의 전화번호가 찍히는 장치)
> 키보드·마우스

▌유통업 포스 시스템

슈퍼, 의류점, 잡화점 등의 일반 소매업체에서 사용합니다. 다음 장치로 구성되어 있습니다.

> 본체(터치스크린 모니터 포함)
> 영수증 프린터(현금영수증 발매기능 포함)
> 신용카드리더기
> 사인패드(신용카드 사인 서명용 패드)
> 금전통(열쇠 포함)
> 유통업용 포스 프로그램
> 바코드스캐너(상품의 바코드 인식용)
> 키보드·마우스

이외에 상품에 붙이는 가격표 택을 출력하는 택 프린터, 가격표 출력에 사용하는 택 리본(인쇄용지), 영수증 출력용 용지(감열지) 등이 필요합니다. 때에 따라 메인 장비가 고장 났을 때 긴급히 사용할 수 있는 백업 단말기가 필요한 경우도 있습니다.

포스 시스템의 설치와 구매 요령

포스 시스템은 150~300만 원대의 고가 장비이므로 구입 후 사용을 못 하면 큰 손실입니다. 제품을 구매할 때는 사용 방법을 용이하게 숙지할 수 있는지 파악하는 것이 좋습니다. 또한 관리 업체의 위치와 AS 비용도 확인하는 것이 좋습니다.

▌신품의 설치

말 그대로 신품을 구입해 설치하는 것을 말합니다. 용도에 맞는 제품을 구매하면 됩니다. 싱글 또는 듀얼코어 CPU 제품이 있으므로 가격 대비 고성능 제품의 구매를 권장합니다. 또한 금전통의 크기가 다르므로 금전통의 분리 및 별도 구매가 가능한 제품을 구입할 것을 추천합니다. 신품을 설치할 때는 카드가맹점 개설도 함께 처리하므로 여러모로 유리합니다.

▌중고 설치

중고 포스 시스템은 보통 20~90만 원대에 구매할 수 있습니다. 사용자 매뉴얼을 잃어버린 경우가 많으므로 판매자나 AS센터를 통해 사용법을 충분히 숙지할 수 있는지 확인하고 구매하기 바랍니다. 기존 카드 단말기를 사용할 경우 중고 포스 시스템과 연동이 어려울 수 있으므로 이를 확인하고 구입하기 바랍니다.

▌임대 설치

포스 시스템을 임대 설치하려면 월매출 건수(기본 600건수) 약정, 리스 약정, 할부 구입 등의 방법이 있습니다. 가장 추천하는 방법은 월 3~4만 원씩 지불하는 리스 약정입니다. 건수 약정의 경우 사용료 없이 임대할 수 있지만 월매출이 약정 건수에 모자라면 모자란 만큼 채워 넣어야 하므로 불리합니다. 예를 들어 월 600건수 약정인데 실제로는 300건의 매출이 발생할 경우 약정 건수에서 부족한 300건을 사용료 3만 원으로 채워 넣는 방식입니다. 주변에 임대 설치를 제공하는 업체가 많으므로 여러 군데 업체에서 프로그램의 성능과 약정 내용 등을 문의한 뒤 설치하기 바랍니다.

카드단말기 설치

소형 점포나 소형 음식점이라면 포스 시스템을 설치하지 않는 경우가 많습니다. 그러나 신용카드 거래는 해야 하므로 이 경우 포스 시스템 대신 카드단말기를 설치합니다.

▌카드단말기 설치 시기: 점포 오픈 1주일 전

카드단말기는 신용카드나 후불카드로 물건값을 지불할 때 사용합니다. 보통 카드가맹점에 가맹되는 기간은 1주일 정도 소요되므로 점포를 오픈하기 최소 1주일 전에 카드단말기 설치를 신청해야 점포 오픈과 함께 카드단말기를 사용할 수 있습니다. 포스 시스템과 카드단말기 관리업체가 다를 경우 연동에 문제가 발생하므로 포스 시스템을 설치할 때 카드가맹점 가입도 같은 회사에서 함께 처리하는 것이 좋습니다.

▌카드단말기의 기능

신용카드를 읽고 영수증을 발행하는 기능이 있고 때에 따라 바코드스캐너가 장착된 경우도 있습니다. 음식점의 경우 신용카드를 읽고 영수증을 발행하는 기능만 있으면 사용할 수 있습니다. 소매잡화점이라면 상품 포장지의 가격표(바코드)를 읽어야 하므로 바코드스캐너가 필요합니다.

▌카드단말기의 설치

카드단말기 설치에는 유료와 무료가 있습니다. 요즘 대개 무료라고 홍보하지만 업체 사장의 신용카드 등에서 소액대출 등의 생각 못한 방식으로 월 이용료를 빼 가는 경우가 많습니다. 정상적으로 구입할 때 보통 월 1만 원 내외의 관리비를 내므로 그 정도 금액의 월 이용료가 나간다고 보면 됩니다. 무료 설치 시 반드시 약정기간을 정확히 확인하기 바라며, 약정기간 이후 돈이 나가지 않도록 주의해야 합니다. 보통 개업 10일 전 카드단말기 영업사원에게 유료 혹은 무료 설치의 약정 내용과 월 이용료를 확인하고 가입하면 됩니다. 카드단말기를 설치할 때 자동으로 단말기 회사와 관련된 카드가맹점에도 가입됩니다.

세금 폭탄을 피하는 개인사업의 회계

05
SECTION

고급 포스 시스템은 회계과정이 전산 처리되어 사업의 손익을 매일 확인할 수 있습니다. 그러나 포스 시스템이 없으면 수작업으로 회계 작업을 진행해야 합니다. 그러나 요즘은 무료 회계 프로그램이 많으므로 회계 작성이 한층 쉬워졌습니다.

▌회계 장부를 작성하는 이유

작은 규모의 소매 사업자는 저가의 포스 시스템을 사용하거나 회계 프로그램을 사용하지 않으므로 손으로 회계 작업을 진행해야 하는데 이것은 사실 가계부 작성처럼 며칠 지나면 까먹게 됩니다. 혹은 귀찮기 때문에 안 하고 주먹구구식으로 계산하기도 합니다.

회계는 다음과 같은 목적으로 하는 것이 좋습니다.

1 : 진행 중인 사업의 손익 파악

회계의 작성은 세금 납부 때문이 아니라 진행 중인 사업의 손익을 매일 면밀히 파악할 목적으로 작성해야 합니다. 매입매출 장부가 없으면 손실이 있을 때 대처할 방법이 없습니다. 따라서 사업의 손익을 매일 면밀히 파악할 목적으로 작성해야 함을 주지하기 바랍니다.

2 : 납부할 세금의 축소

회계에 신경 쓰지 않으면 세금 폭탄을 두들겨 맞기도 하는데 이 경우 회계상 증빙자료가 없으면 소명할 방법이 없습니다. 저 역시 사업을 벌인 적 있는데 사업 초반 회계를 주먹구구식으로 하다가 2배 이상의 세금 폭탄을 맞은 적이 있습니다. 회계를 주먹구구식으로 했으므로 소명할 증빙자료가 없었고 이 때문에 세무서의 처분에 맡겨야 했습니다. 저와 달리 세금 폭탄을 맞기도 하는데 이 경우 사업이 휘청거릴 수 있습니다. 세금 폭탄이라는 어이없는 상황을 피하려면 회계에 각종 매입 영수증을 증빙 작성하여 혹 잘못 결정되는 세금이 있다면 방어할 준비를 해야 합니다.

▌사업운영자금과 개인 생활비의 구분

이제 회계 작성을 결심했다면 지금부터는 공금과 개인 돈을 구별할 줄 알아야 합니다. 사업 초창기의 개인사업자들은 대부분 사업자금과 생활비를 구분하지 않고 돈을 쓰기 때문입니다. 가정의 생활비가 약간 부족하면 사업자금을 돌려 사용하기도 하는데 이렇게 하면 사업이 쪼들리게 됩니다.

회계를 철저히 하면 사업자금은 공금이라는 인식이 생기고 사업운영에만 사용할 것입니다. 사실 사업을 하다 보면 개인 돈을 오히려 사업자금으로 투입하는 경우가 더 많습니다.

1 : 통장계좌는 사업용과 개인용으로 나눌 것

사업자금은 아무리 개인회사라고 해도 공금입니다. 공금을 개인용으로 전용하면 사업의 해법을 풀 수 없으므로 업체명의 사업용 통장을 개설하고 개인용 통장과 구분해 관리하기 바랍니다.

2 : 사업용으로 현금을 결제할 때는 3만 원 단위의 영수증 수령

사업용으로 지출할 때는 반드시 영수증을 수령해야 하는 것은 누구나 아는 일입니다. 이때 현금 결제를 하는 때도 있는데 이 경우 영수증을 수령하는 방법이 있습니다.

예를 들어 사무용품 등은 부가세를 내지 않고 흔히 현금으로 구입합니다. 현금으로 결제할 경우 3만 원 이하 영수증만 세금 계산 시 인정받으므로 10만 원 금액의 물품을 부가세 없이 현금 매입한 경우 영수증을 3만 원 이하 단위로 쪼개어 4장으로 받아야 합니다. 즉 총 10만 원 금액의 사업용 물품을 현금 매입한 경우 영수증을 3만 원+3만 원+3만 원+1만 원으로 쪼개어 수령해야 나중에 세금 계산 시 업무용 사무용품 구입비로 인정받을 수 있습니다.

▌초보자가 업체명으로 사업용 통장 개설하기 //

사업 관련 은행거래 내역은 사업운용 및 세금 납부 시 필요한 자료이므로 반드시 사업용 은행계좌를 개설해야 합니다. 계좌개설 방법은 매우 간단한데 먼저 사업자등록증, 대표자 인감, 인감증명서, 신분증을 가지고 은행을 방문해 "사업용 계좌를 개설하러 왔다"고 하면 곧바로 개설할 수 있습니다. 참고로 사업용 은행계좌를 개설한 뒤에는 사업자등록증 교부일로부터 3개월 이내에 관할 세무서에 개설된 사업용 은행계좌를 신고해야 합니다.

회계장부에 입력하는 계정과목

06
SECTION

사업 초기에는 자신이 쓴 돈을 어느 부분이 사업자금이고 어느 부분이 개인자금인지 구분하지 못합니다. 이 때문에 간편장부 같은 단식부기는 물론 복식부기 같은 회계장부를 작성할 때 누락시키는 경우가 많습니다.

보통 다음 계정들을 사업운영에 필요한 자금으로 인지하고 간편장부 혹은 복식장부에 입력합니다.

계정과목	내용
매출(판매)	상품이나 서비스를 판매한 금액입니다.
판매수수료	상품판매 등에 수수료가 발생했을 때 입력합니다.
판매부대비	상품촉진을 위해 사은품, 경품권 등을 넣었을 때 구매한 비용을 입력합니다.
공급업체(매입)	판매하기 위해 구입한 상품이나 제조를 하기 위해 구입한 원재료, 부품 등의 매입 대금을 입력합니다. 서비스업처럼 특정 업종의 경우 공급업체가 없을 수 있습니다.
소모품비	업무에 필요한 사무용품 구입비, 명함 제작비 등이 발생했을 때 입력합니다. 수납장, 선풍기, 컴퓨터 구입비를 영업 외 소모품비로 처리하기도 합니다. 소모품비로 처리하면 그해 지출이 발생한 것으로 회계에 잡히므로 세금을 조금 줄일 수 있습니다.
수리비	업무에 사용하는 장비(자동차, 컴퓨터, 생산장비)의 수리가 발생했을 때 금액을 입력합니다.
외주가공비	업무의 일부를 외주나 하청업자에게 위탁했을 때 지불한 비용입니다.
통신비	전화요금, 인터넷 이용료 등을 지불했을 때 금액을 입력합니다.
수도광열비	사업장에서 사용한 수도요금, 전기요금, 가스요금 등을 입력합니다. 가정집이 사무실일 경우 개인용은 포함하지 않습니다.
교통비	버스비를 포함한 일반교통비 등입니다.
출장비	직원 출장 시 발생한 교통비, 숙박비, 출장수당을 지불했을 때 입력합니다. 직원이 영수증을 챙겨 와야 합니다.

계정과목	내용
접대교제비	거래처를 접대할 때 들어간 밥값, 연말 선물값을 입력합니다. 단, 사업주나 직원 개인이 해결할 수 있는 접대비는 인정받지 못합니다. 또한 사업과 관련 없는 사람에게 접대한 비용은 기부금이므로 접대비로 설정할 수 없습니다. 접대비는 통상적인 한도 내라면 법인카드로 결제할 수 있습니다(법인의 경우 100억 원 이하 중소기업은 연매출의 0.2%만 접대비로 인정).
급여	직원에게 지불한 월급여입니다.
퇴직급여	퇴직금 또는 퇴직연금을 지불했을 때 입력합니다.
복리후생비	직원의 4대 사회보험료의 사업주 분담금을 입력합니다. 또한 직원의 복리를 위한 직원야유회, 직원송년회 비용, 복리후생을 위해 전 직원들에게 지급된 소소한 현금 등이 발생했을 때 입력합니다.
임대료	사업장의 임대료를 지불했을 때 입력합니다. 사무실, 점포, 공장, 창고 등의 임대료가 포함됩니다.
광고선전비	TV광고, 신문광고, 홈페이지 제작 유지비 등이 발생했을 때 입력합니다.
차입금	금융기관이나 지인 등에게 돈을 빌렸을 때 입력합니다.
보험료	사무실이나 공장의 화재보험, 직원을 피보험자로 하는 생명보험 등에 입금한 비용입니다. (사업주 개인과 관련된 보험료는 해당사항이 아닙니다.)
세금과 공과	개인사업자의 소득세, 주민세를 제외한 사업장과 관련된 세금 납부금액을 입력합니다. 재산세(사업장이 자가일 경우), 부동산(대지)취득세, 인지대, 면허세, 자동차세 등
사업주 대여	사업주(자신)에게 빌려준 생활비, 세금, 보험료 등을 대납했을 때 입력합니다.
차량유지비	자동차 수리비용, 유류대, 타이어 구입비, 자동차 세금(세금과 공과 계정과목으로 잡기도 합니다.)
잡비	사업 유지에 들어간 그 외 비용이 발생했을 때 입력합니다. 회의할 때의 다과비 등을 회의비로 입력할 수 있습니다.
경상개발비	제품개발 등에 사용한 비용입니다.
고정자산과 비품	공장, 건물, 토지, 설비, 장비, 자동차, 냉장고, 책걸상 등 사업 영위를 위해 1년 이상 사용하는 고정자산을 감가상각으로 처리하려면 구입한 날짜에 고정자산이나 비품구입비 등으로 처리합니다.

절세의 비법: 필요경비의 합리적인 계상

세무서에서 세금을 결정하기 전 사업자는 소득세 신고를 스스로 하는데 이를 종합소득세 확정 신고라고 합니다.

07 SECTION

종합소득세의 경우 신고기간은 5월 1일부터 5월 31일까지이므로 가급적 5월 10일 전후 관련 서류를 준비하여 세무사의 대리 하에 신고하는 것이 좋습니다. 그 이유는 사업 시에 들어간 각종 필요경비를 자신과 세무사가 함께 계상하여 제출하는 것이 세무서에서 결정하는 것보다 더 유리하기 때문입니다.

흔히 말하는 사업소득은 수입금액에서 필요경비를 공제한 이익을 말합니다. 사업주가 필요경비를 제대로 계산하지 않으면 세무서에서 임의대로 책정한 뒤 세금을 확정하게 됩니다. 필요경비를 제대로 인정받으면서 과세금액을 줄이려면 아무래도 사업주가 스스로 필요경비를 산출해 소득세 신고를 하는 것이 좋을 것입니다. 이때 필요경비를 과대 계산하면 오히려 역효과가 나므로 사업과 관련된 필요경비만 정확히 산출해 신고해야 합니다. 각종 영수증은 물론 출금 전표 등은 확실히 챙겨놓아야 필요경비 증빙이 가능합니다.

거주하고 있는 가정집에 사무실을 차린 경우 업무용과
개인용 비용을 어떻게 나누어야 하나요?

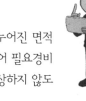

사무실 면적과 주거 면적을 정확히 나누어 나누어진 면적 비율로 전기·가스·수도요금, 재산세 등을 나누어 필요경비로 계상하면 됩니다. 이때 업무용으로 과대 계상하지 않도록 주의하기 바랍니다.

▌회계 작성 시 개인사업자가 필요경비에서 빼먹기 쉬운 항목 ///////////////////////////

앞의 계정목록 모두가 필요경비입니다. 그러나 보통 다음 요소들은 종종 까먹고 필요경비로 계상하지 않는 경우가 많습니다. 소소한 것들이지만 영수증을 취하고 장부에 기장하면 종합소득세 계산 시 인정받을 수 있습니다.

개인사업자가 빼먹기 쉬운 항목들	계정과목
사무실이 사용하는 주차장의 주차요금	임대료
장비, 기계, 설비 리스료	장비임차료
사업장 내 음료, 차, 커피, 주방세제 구입비	복리후생비
직원 경조사비, 직원야유회, 직원송년회, 직원신년회, 특별사원 보너스 여행비	복리후생비
소소한 우표요금, 택배 요금 등	통신비
제품 보관비, 창고비용	보관료
사업에 관계 있는 사람에 대한 음식비, 명절 선물 구입비, 소정의 사례비, 수금을 위해 사용한 접대비 등	접대비
직원의 명절 상여금이나 소소한 상여금	상여금
직원 수당(작은 기업은 급여로 처리)	제수당
입금을 잘못해 돈을 더 지불했거나 하는 등의 손실금액	잡손실
법이 정한 연수에 따라 그해에 비용으로 계상하는 건물, 기계, 비품 등의 감가상각 비용	감가상각비
구인광고, 홍보전단지 제작비, 전단지 돌리는 비용 등	광고선전비
사내 행사, 직원 단체 등산 비용 등	행사비
은행대출금 이자 지급	이자비용
원재료, 상품 운송비	운반비
제품 포장지·끈·상자 구입비	포장비
하자보수에 들어간 비용	하자보수비
일반기부금, 정치자금 기부를 했을 때 영수증을 수취하고 입력해야 인정받음	기부금
직원의 교육훈련, 강사초빙비, 학원위탁교육비, 연수비, 수련회비 등	교육훈련비
어음할인료, 각종 보증비용	이자할인료
직원 4대보험 분담용으로 지출한 비용	사회보장분담금
직원의 명예퇴직, 자발퇴직 등 해고 시 들어간 비용	해고급여비용

감가상각과 즉시상각

'감각상각'은 생산기계, 자동차, 프린터 같은 고정자산을 구입할 때 지출한 비용을 몇 년에 나누어 지출한 것으로 처리하는 회계의 한 방법입니다.

고정자산은 오래될수록 가치가 감소하므로 최초 구입했을 때 지출로 잡으면 매년 그 가치가 떨어지므로 몇 년에 걸쳐 분할 지출이 발생하도록 하는 것이 감가상각입니다. 감가상각의 반대말인 '즉시상각'은 아무리 큰돈을 지출하고 구입했어도 그 비용을 올해 즉시 지출한 것으로 처리하는 것을 말합니다.

▌감가상각과 즉시상각의 차이

예를 들어 1대에 5,000만 원인 생산설비를 구입한 뒤 그 구입비를 올해에 다 사용한 것으로 처리하면 연말결산 때의 올해 영업이득이 줄어들 것입니다.

따라서 한 번에 큰 지출이 발생했을 때는 회계장부상 감가상각과 즉시상각 중 어느 것으로 처리해야 회사에 이득인지 판단해야 합니다. 예컨대 생산설비는 고가장비이기 때문에 감가상각으로 처리하지만 100만 원짜리 프린터 구입비는 즉시상각이나 감가상각 중 하나를 선택할 수 있습니다. 만일 프린터 구입비를 즉시상각하려면 장부상 '소모품구입비'로 처리합니다. 만일 5년에 걸쳐 20만씩 지출이 발생하도록 하려면 '비품구입비' 등으로 처리합니다.

세법상 100만 원이 넘는 사무용품 구입비는 비품구입비로 처리하여 감각상각하게 할 수 있습니다. 이와 달리 100만 원 이하 사무용품은 소모품비로 처리하도록 되어 있습니다. 그 대상이 되는 품목으로는 PC, 프린터, 컴퓨터 부품, 복사기, 냉장고, 랜카드, 책걸상, 볼펜, 복사기, 스캐너, 프린터 등이 있습니다. 예컨대 100만 원이 넘는 PC의 구입비는 계정과목을 변경하는 방법으로 감각상각이나 즉시상각으로 돌릴 수 있습니다.

▌ 비품구입비 (지출비를 감가상각으로 처리) //

1,000만 원으로 PC 10대 구입한 경우 비품구입비로 처리하면 감가상각을 하여 그해 발생한 구입비 1,000만 원을 5년에 나누어 비용이 발생하도록 장부상 분계 처리하므로 그해에는 1억의 지출이 아닌 2,000만 원의 지출이 발생한 것으로 처리할 수 있습니다. 일반적으로 영업이득이 낮을 때는 몇몇 장비의 구입비를 감가상각으로 처리하여 영업이득을 높이는 것이 좋습니다.

▌ 소모품구입비 (지출비를 즉시상각으로 처리) //

PC 10대 구입비를 부서별로 나누어 배치한 뒤 각각의 부서별로 소모품구입비로 처리하면 회계상 구입비 1,000만 원을 그해 지출한 것으로 잡게 됩니다.

사무용품이나 고정자산을 구입하다 보면 비품이나 소모품 양쪽으로 처리 가능한 물품이 있는데 이 경우 회계와 세무적으로 유리한 방향으로 처리하는 것이 좋습니다.

1억 원짜리 생산장비를 구입한 뒤 감각상각하려면 어떻게 해야 하나요?

장비, 설비에 따라 법이 정한 법정내용년수(감각상각기간)가 있습니다. 혹시 그 생산 장비의 법정내용연수가 몇 년인지 아세요?

법정내용연수는 5년이라는 것 같던데요?

5년이라면 이번에 발생한 1억 원의 지출을 장부상에 향후 5년 동안 각각 2,000만 원씩 지출이 발생한 것으로 분계하는 것이 감각상각입니다.

간편장부(단식부기)

간편장부란 상품의 매입·매출, 채권·채무, 현금출납 등의 자산, 자본, 부채의 변동을 기장하는 것을 말합니다. 과거에는 부기용 장부를 구입해 필기로 기입했으나 요즘은 엑셀이나 회계 프로그램을 많이 사용합니다.

▌ 간편장부(단식부기)

간편장부는 사업자가 거래가 발생할 때마다 바로 그 내용을 기입하는 방식의 장부입니다. 보통 매입·매출 등의 거래를 기록하지만 채권·채무 등을 기입하기도 합니다. 국세청은 이를 위해 간편장부라는 양식을 개발, 회계에 자신이 없는 간편장부대상자에게 사용하도록 하고 있습니다. 다음은 국세청 권장 간편장부의 양식입니다.

▌ 간편장부(단식부기)의 장점과 간편장부대상자

간편장부대상자가 간편장부를 기장하고 소득세 확정신고를 하면 산출세액의 10%에 해당하는 금액(연간 한도 100만 원)을 기장세액공제를 받을 수 있습니다. 반면 소규모 사업자를 제외한 사업자가 장부를 비치·기장하지 않은 경우에는 산출세액의 10%에 해당하는 무기장가산세가 부과됩니다.

바빠서 장부를 작성할 시간이 없어요. 간편장부를
작성하면 어떤 이득이 있나요?

그해 납부할 세금의 10%를 공제받고 세금을
낼 수 있습니다.

직전년도 수입금액이 다음과 같을 때 간편장부대상자가 됩니다. 올해 신규 사업자등록을 한 사람은 전년도 수입과 상관없이 간편장부대상자입니다. 올해 매출이 높으면 아래 기준에 따라 다음해 복식부기의무자로 전환될 수 있습니다.

장부신고자: 직전년도 수입(매출)금액 기준

업종	간편장부대상자	복식부기의무자
도매업, 소매업, 광업, 임업, 어업, 축산업, 부동산매매업, 산림소득	3억 원 미만	3억 원 이상
제조업, 건설업, 음식숙박업, 전기가스 및 수도사업, 운수통신업, 창고업, 금융보험업	1억 5,000만 원 미만	1억 5,000만 원 이상
부동산임대업, 각종 서비스업	7,500만 원 미만	7,500만 원 이상
신규 사업자등록자	직전년도 소득금액에 상관없이 간편장부대상자입니다.	

▌추계신고자

장부 작성을 하지 않았거나 증빙자료가 미비하여 소득금액을 정확히 계산할 수 없을 때 자신의 전년도 총소득을 표준소득금액 이상에서 대략적으로 신고하는 것이 추계신고입니다. 이때 세무서는 사업자가 신고한 총소득 금액에 업종별 기준경비율이나 단순경비율 등의 표준소득률을 곱하여 세액을 결정합니다. 추계신고자는 장부신고자와 달리 10% 공제 효력이 없어집니다.

업종	기준경비율 적용대상자	단순경비율 적용대상자
도매업, 소매업, 광업, 임업, 어업, 축산업, 부동산매매업, 산림소득	6,000만 원 이상자	6,000만 원 미만자
제조업, 건설업, 음식숙박업, 전기가스 및 수도사업, 운수통신업, 창고업, 금융보험업	3,600만 원 이상자	3,600만 원 미만자
부동산임대업, 각종 서비스업	2,400만 원 이상자	2,400만 원 미만자

문구점에서 구입한 간편장부에 기장하거나 엑셀에서 표를 제작한 뒤 기장합니다. 또는 전용 부기 프로그램에서 입력할 수 있습니다.

거래날짜 순으로 외상 포함 거래내용 모두 기재

① 날짜	② 거래내용	③ 거래처	④ 수입 (매출)		⑤ 비용 (원가 관련 매입 포함)		⑥ 고정자산 증감(매매)		⑦ 비고
			금액	부가세	금액	부가세	금액	부가세	
07.15	○○판매 2개 (현금)	A상사	70,000	7,000					카드
07.15	XX판매 1개 (외상)	B업체	50,000	5,000					영
07.15	○○구입 3개 (외상)	C업체			150,000	15,000			세계
07.16	거래처 접대 (현금)	D음식점			25,000				계
소 계		120,000							

거래유형(현금, 외상, 어음) 표기

부과세 면세자는 상품 가격에 부가세 10%를 더한 뒤 금액란에 기재

일반과세자는 상품가와 부가세 10%를 구분하여 기재

세금계산서 수취분 매입가액과 부가가치세를 구분하여 기재(구분 기재해야 부가가치세 신고 시 공제받을 매입세액의 계산 가능)

세금계산서(세계), 계산서(계), 신용 카드(카드), 영수증(영)의 발행분과 수취분은 거래내용란 하단 또는 비고란에 표기. 괄호의 약칭으로 표기 가능

1일 평균 매출건수가 50건 이상일 때 1일 동안의 총 매출금액을 합계하여 기재 가능(계산서·영수증 발행원본 첨부 보관)

█ 간편장부 항목별 기재내용 //

국세청 권장 간편장부의 기재할 내용입니다.

1 : 날짜 항목

외상 거래를 포함하여 매출 또는 매입 거래가 발생한 날짜를 기재합니다.

2 : 거래내용 항목

매출품 또는 매입품의 품명과 규격, 수량, 단가를 알기 쉽도록 기재합니다. 또한 및 참고사항 등이 있을 경우 요약하여 기재합니다.

3 : 거래처 항목

거래 상대방의 상호, 성명, 전화번호 등을 기재합니다.

4 : 수입(매출) 항목

매출대금의 금액을 입력합니다. 물품 거래, 용역의 공급에 위한 매출, 영업외수입 등을 기재합니다.

- 부가가치세 일반과세자는 세금계산서를 발행한 거래의 공급가액과 부가가치세를 구분하여 기재합니다.
- 간이과세자, 과세특례자, 부가가치세 면세사업자는 부가가치세가 포함된 매출금을 금액란에만 기재하고, 부가세란에는 기재하지 않습니다.

5 : 비용(매입) 항목

상품·원재료·부재료의 매입금액 등의 지출금액을 기재합니다. 제조(공사)원가, 일반관리비(임대료 등), 판매비(영업활동비), 인건비 등 사업에 관련된 모든 비용을 기재합니다.

- 세금계산서 영수증을 수취한 매입분에대하여는매입가액과부가가치세를구분하여 기재하고 비고란 등에 세금계산서 거래분임을 표기합니다.
- 일반계산서, 신용카드, 현금영수증, 간이영수증 매입분에 대하여는 금액란에만 기재합니다.

6 : 고정자산 증감(매매) 항목

고정자산의 매입(설치, 제작, 건설 등 포함)에 소요된 금액 및 그 부대비용과 자본적 지출 해당액을 기재합니다. 고정자산의 매각분에 대하여는 매각금액을 붉은색으로 기재하거나 금액 앞에 '△' 표시를 합니다.

- 예컨대 생산설비, 책걸상 같은 사무용품, PC 등을 고정자산이라고 하므로 해당 거래금액을 입력합니다.
- 세금계산서가 포함된 거래분에 대하여는 공급가액과 부가가치세를 구분하여 기재하고 비고란에 세금계산서 거래분임을 표시합니다.
- 일반계산서, 신용카드, 영수증 매입분에 대하여는 금액란에만 기재합니다.

7 : 비고 항목

해당 거래의 요점이나 기억해두어야 할 점을 기재합니다.

- 세금계산서, 일반계산서, 신용카드, 간이영수증 등에 의한거래임을표시할 수 있습니다.
- 기초 및 기말 현재의 상품·제품·원재료의 재고액을 기재할 수 있습니다.
- 상품·제품·원재료의 재고액은 과세기간 개시일 및 종료일에 실지 재고량을 기준으로 기재해야 합니다.
- 만일 재고액 표기가 없으면 과세기간 개시일 및 종료일 재고액이 동일한 것으로 간주합니다.

8 : 감가상각비, 대손충당금, 퇴직급여충당금 등의 기재

감가상각비, 대손충당금, 퇴직급여충당금 등을 간편장부에 필요경비로 계상할 수 있습니다.

- 감가상각비, 대손충당금, 퇴직급여충당금 등이 발생했을 때 그 해당액을 비용 항목에 기재하고 명세서는 별도 작성하여 비치합니다.
- 종합소득세 신고 시 해당 명세서 1부를 제출해야만 필요공비로 인정받고 공제받을 수 있습니다.

현금출납장

소규모 자영업자는 국세청이 제시한 간편장부로 회계를 처리할 수 있지만 업체 내부적으로 현금 입출입 관계를 파악하기 위해 현금출납장을 작성해야 합니다.

현금출납장은 업체의 현급출납 상태를 일목요연하게 파악할 목적으로 작성하며 문구점에서 구입한 현금출납장부로 작성할 수 있습니다. PC 사용자는 엑셀에서 작성하거나 회계 프로그램으로 작성합니다.

다음은 현금출납장의 기본 양식입니다. 적당히 모양을 변경하여 사용합니다.

현금출납장

月	日	과목	적요	수입	지출	잔고
5	1	전월이월금		1,100,000		1,100,000
5	1	판매대금(1)	본사 매장	500,000		1,600,000
5	1	판매대금(1-1)	직영 1호	300,000		1,900,000
5	4	직원야유회	중도유원지		500,000	1,400,000
5	6	커피믹스	2통		4,000	1,396,000
5	6	판매대금(1-1)	직영1호	1,200,000		
5	7	외근비(김대리)	양주 외근		50,000	2,546,000
5	7	차입금(이동혁)	이율 4%	3,000,000		6,546,000
5	8	홍보전단지 인쇄	A4, 600매		800,000	5,746,000
5	9	판매대금(1-2)	직영2호	3,200,000		7,946,000
5	10	상품대금지급(A-12)	종로상사		300,000	7,646,000
5	10	상품대금지급(B-7)	태극당도매		450,000	7,196,000
5	10	상품대금지급(A-3)	광희무역		2,000,000	5,196,000
5	10	송금(사장님)	국빈 1-4000-1000-01		300,000	4,896,000
		월계		9,300,000	4,404,000	4,896,000

11
SECTION

예금출납장(단식부기)

예금출납장은 업체 이름으로 된 은행계좌의 예금 입출입을 관리하는 용도입니다. 처음 사업자의 경우 마음에 드는 은행을 선택해 입출금 거래를 많이 하여 주거래은행으로 만드는 것이 좋습니다. 후에 대출이율 등에서 유리할 것입니다.

때로는 현금출납장과 예금출납장을 합쳐 현금예금출납장 형태로 관리하거나 정기적금과 자유예금을 각기 분리해 입출입 관계를 관리할 수도 있습니다. 편리한 대로 계정과목을 설정한 후 작성하기 바랍니다.

예금출납장

月	日	용처	은행명	예금주	전일잔액	입금	출금	잔액
5	15	적금	산협	우단상사	5,000,000	1,000,000		6,000,000
5	16	예금	산협	우단상사	5,200,000	2,200,000		7,400,000
5	16	예금	국빈	우단상사	2,000,000	500,000		2,500,000
5	30	봉급지불(김희정)	산협	우단상사	7,400,000		1,300,000	6,100,000
5	30	봉급지불(박희순)	산협	우단상사	6,100,000		1,500,000	4,600,000
5	30	봉급지불(손영자)	산협	우단상사	4,600,000		2,000,000	2,600,000
5	30	봉급지불(김대리)	산협	우단상사	2,600,000		1,500,000	1,100,000
5	30	세금정산목적출금	국빈	우단상사	2,500,000		1,000,000	1,500,000

어느 하나의 은행을 주거래은행으로 선택한 뒤 잔고를 쌓고 입출금을 빈번히 발생시키면서 자신의 신용도를 쌓아줍니다. 물론 주거래은행 외 서브 거래은행도 하나 정도 있는 것이 좋습니다.

단식부기와 복식부기의 차이

단식부기대상자가 국세청이 정한 기준치 이상의 연매출을 발생시키면 다음 해부터 복식부기의 무자로 전환됩니다. 복식부기 작성은 간편장부와 달리 어려우므로 경리직원을 고용하거나 세무사의 도움을 받아 작성해야 합니다.

▌단식부기와 복식부기의 차이점

단식부기와 복식부기는 다음과 같은 차이점이 있습니다. 회계 프로그램에서 복식부기를 작성하면 아래 내용 외에도 일계표, 주계표, 월계표, 재무재표, 부가세 관리까지 일목요연하게 확인할 수 있습니다. 개인사업자도 매출이 정해진 한도를 초과하면 세무서가 복식부기의무자로 전환시킵니다.

	단식부기	복식부기
기장 방식	현금 입출입을 발생순서로 입력	차변, 대변으로 나누어 입력
장부 형태	간편장부 현금출납장 예금출납장 미수금·외상매입장 고정자산대장 등	분개장, 계정별 원장 거래처 원장, 총계정 원장 현금출납장, 예금출납장 등 고정자산대장 등
결산서	손익계산서	손익계산서 대차대조표
기장 시 세금공제액	결정세액에서 10% 공제 (최대 100만 원 한도)	결정세액의 최대 20% 공제 (성실신고사업자 과세특례)
무기장 시 주의사항	결정세액이 예측보다 10~20% 높아질 수 있음	결정세액이 예측보다 10~40% 높아질 수 있음

기장의무자가 기장을 하지 않으면 어떻게 되나요?

지출기록이 불명확하므로 세무서는 수입이 많다고 판단합니다. 그러므로 예상 세액보다 10~40% 높은 세금을 추징당할 수도 있습니다.

복식부기

13

SECTION

복식부기란 하나의 거래를 상호 대응하는 차변과 대변에 이중으로 기입하는 회계장부입니다. 사업과 관련된 모든 입출금을 이중기록하므로 단식부기와 달리 훨씬 고급의 회계가 가능하고 재무제표 작성 등 일반 기업이 하는 일을 할 수 있습니다.

▌ 복식부기 //

복식부기는 하나의 거래를 한 번만 기록하는 단식부기와 달리 차변과 대변이라는 상호 대응하는 양쪽에 각각 기록함으로써 이중기록을 합니다. 차변과 대변의 합계가 일치하면서 어느 한쪽을 까먹고 입력하지 않았을 때 그 부분을 기억하게 하는 힘이 있습니다. 어느 한 항목을 까먹고 입력하지 않으면 영영 까먹게 되는 단식부기와 달리 복식부기는 한 항목을 까먹어도 금액만 입력하면 나중에 기억을 떠올리게 하기 때문에 자기검증기능을 가진 회계작성법입니다. 고급 회계 작성법이므로 작성 방법이 까다롭지만 요즘은 회계 프로그램을 사용해 누구나 손쉽게 작성할 수 있습니다.

복식부기의 장점은 돈의 흐름을 빠짐없이 기록하여 재고관리, 일일매출, 재무제표, 부가세 정산까지 자동으로 처리할 수 있다는 점에 있습니다. 손으로 기장했던 옛날과 달리 사업 초보자들도 손쉽게 매출, 재고, 세금 관계를 매일 정확하게 파악할 수 있습니다.

복식부기를 입력할 때는 다음과 같이 차변의 금액과 대변의 금액이 같도록 입력합니다. 즉 차변에 어떤 계정과목과 금액을 입력한 뒤에는 대변에도 그에 상응하는 계정과목과 금액을 입력합니다. 예를 들어 직원 식대로 6만 원의 비용이 발생했다면 차변에 '복리후생비: 6만 원', 대변에 '현금: 6만 원'이라고 입력하여 차변의 합계와 대변의 합계가 항상 같은 금액을 유지하도록 작성합니다.

차변(자산·비용) = 대변(부채·자본·수익)

회계용어가 많고 입력 방법 또한 복잡하므로 경리실무 책을 미리 숙지해 입력해야 합니다. 또는 경리직원을 고용해 작성할 수 있을 것입니다.

분개장

14 SECTION

분개장은 복식부기의 기본이라 할 수 있는 장부입니다. 간편장부와 비슷한 형태이지만 발생한 거래를 중심으로 차변과 대변에 각각 작성합니다. 경리부에서 작성해야 하므로 처음 사업자는 회계 프로그램이나 세무사를 통해 작성하기 바랍니다.

분개장은 모든 거래 순서를 발생 순서로 입력합니다. 이때 같은 항목을 차변과 대변 양쪽으로 입력해야 하므로 입력할 계정과목이 차변인지 대변인지 파악해야 합니다. 회계 프로그램 사용자는 프로그램의 계정과목 메뉴를 보면 어떤 계정과목이 있는지 확인할 수 있습니다. 분개장은 업종별로 양식이 조금 다른데, 아래는 기본 양식의 분개장입니다.

분개장

담당	주임	과장	부장

날짜	전표 번호	계정	거래처	적요	차변 금액	차변 부가세	대변 금액
5.04	0001	여비교통비	외근비	김대리	50,000		
		현금	외근비	김대리			50,000
5.05	0002	매출	한동상사	공구 10EA	120,000	12,000	
		현금	한동상사	공구 10EA			132,000
5.06	0003	복리후생비	추동회관	직원식대	60,000	6,000	
		현금	추동회관	직원식대			66,000
5.07	0004	외상매입금	강영실업	외상매입금 지급	5,300,000	530,000	
		현금	강영실업	외상매입금 지급			5,830,000
5.07	0005	외상매출금	달인상사	외상매출금 회수		200,000	2,200,000
		보통예금	달인상사	외상매출금 회수	2,000,000		
합계					5,530,000	748,000	8,278,000
					8,278,000		

계정과목을 반대로 알고 기입하지 않도록 합니다.

차변과 대변을 반대로 입력하지 않도록 주의합니다.

 분개장은 회계나 경리실무를 숙지하고 작성합니다. 회계 프로그램을 사용하면 초보자들도 작성할 수 있지만 먼저 기본 용어를 경리실무 책으로 배우는 것이 좋습니다.

비품관리대장

공작기계, 공구, PC, 프린터 같은 물품을 구입한 경우 지출을 비품으로 잡으면 감가상각으로 분개하기 때문에 그해 구입비를 매년 나누어 지출한 것으로 잡힙니다.

세무상 그해 지출로 잡는 것보다 매해 나누어 분개할 수 있는 비품류는 목록을 뽑아 감가상각 시작일과 종료일을 정확히 관리하는 것이 좋습니다. 이때 사용하는 장부가 비품관리대장입니다. 비품을 관리할 때 사용하며 비품의 감가상각 시작일과 종료일을 파악할 목적으로 쓰입니다.

예를 들어 노트북의 상각년수는 통상 5년이므로 구입비를 올해 지출로 잡지 않고 비품구입비로 처리하면 상각년수인 5년 동안 나누어 지출한 것으로 잡히게 됩니다. 결국 업체의 재무제표와 손익계산을 할 때 유리하게 됩니다.

ID	품명	구입가	구입선	TEL	사용처	담당자	상각년수	상각개시	상각종료
1	노트북	1,500,000	용산상사		영업부	김동렬	5년	2014.5	2019.5
2	산업기계	9,000,000	전동산업		제1공장	이만호	8년	2014.5	2022.5
5	3D프린터	8,000,000	용산상사		디자인부	김희정			

비품의 상각년수는 가격, 물품에 따라 정해져 있습니다. 흔하지 않은 물품은 세무사 혹은 세무서와 상담하기 바랍니다.

비품을 구입한 뒤 소모품구입비 등으로 즉시상각하면 올해의 지출로 잡히므로 재무제표와 손익계산에 악영향을 미칩니다. 이를 피하기 위해 감가상각으로 분개하는 것입니다.

16
SECTION

외상매입대금원장

외상으로 매입한 물품이 있을 경우 별도의 장부에서 관리해야 합니다. 이때 외상 거래를 하는 거래처별로 관리하는 것이 더 좋습니다.

외상매입대금원장을 만들려면 외상매입 날짜, 제품명, 개수, 개당 가격, 구입총액, 지불금액, 차감잔액의 과목으로 표를 만듭니다. 차감잔액은 현재 시점에서 외상매입의 잔액을 말합니다. 원칙은 거래처별로 원장을 만드는 것이 좋지만 월말에 모든 거래처를 함께 묶은 원장을 만들기도 합니다.

다음은 거래처별로 외상매입대금원장을 만든 모습입니다. 장부 제목에다가 외상 거래를 하는 업체의 이름을 기입하면 됩니다.

날짜	품명	수량	단가	외상매입	지불액	차감잔액
3.01	이월액					100,000
3.04	HQ-31	10	20,000	200,000		300,000
3.12	H-20	20	5,000	100,000		400,000
3.20	대금지불				200,000	200,000

이번에는 거래처를 통합해 외상매입대금원장을 만든 모습입니다.

날짜	거래처	품명	수량	단가	당월매입금	당월지불액	차감잔액 (전월이월합)
3.30	한동상사	H-12	10	50,000	500,000	200,000	600,000
3.30	강동잡화	TV-1	20	200,000	4,000,000	3,500,000	5,000,000
3.30	철원공업	R-12	100	2000	200,000	1000,000	1,500,000

17
SECTION

미수금원장

외상으로 판매한 매출 채권이 있을 경우 이를 명확하게 관리해야 합니다. 지급을 안 받으면 매출이 발생하지 않기 때문입니다. 따라서 미수금이 있을 경우 장부로 관리하여 회수율을 높이는 것이 좋습니다.

미수금원장은 단골거래처가 생기면 흔히 만들게 됩니다. 단골거래처와는 외상 거래가 발생하기 때문입니다. 부주의하게 기록하면 손실이 발생하므로 외상 거래가 발생하면 정확히 관리해야 합니다. 또한 미수금원장은 거래처별 신용도를 확인할 때도 유용합니다. 관리의 편의성을 위해 외상 판매한 증거물을 미수금원장에 첨부하기 바랍니다.

			미수금원장		담당	주임	과장	부장

업체명	전월잔액	당월매상고	당월회수액	미수잔액	비고
하루방무역	200,000	250,000	50,000	400,000	
김영상사	250,000	300,000	250,000	300,000	
돌가방	450,000	280,000	350,000	380,000	
		전월잔액 대비 현 미수잔액을 확인한 결과 김영상사의 신용도가 가장 높습니다.			
합계	900,000	830,000 1,730,000원	650,000	1,080,000	

미수금 잔액확인서 팩스 양식

외상매출금이 있다면 결산일이 다가오기 전 미수금을 회수해야 합니다. 외상을 받으러 다니는 일이므로 여의치 않으면 법적으로 해결하기도 하지만 상대가 금전이 없다면 별 효과가 없습니다. 외상매출금의 미수금을 재촉하는 양식을 알아봅니다.

보통 아래와 비슷한 양식으로 작성한 뒤 팩스나 우편으로 보냅니다.

거래대금 잔액확인서

팔봉상사 貴中
(주소) 서울 강남구 미장동 1992번지
(대표자명) 김팔봉

(주소) 서울 마포구 동덕동 6060번지
(Tel)
(Fax)
(대표자명) 대한무역 오득환

귀사의 무궁한 발전을 기원합니다.
바쁜 사업 와중에도 아래와 같이 잔액 확인을 양해해주셔서 감사합니다.
당사 결산일(2014월 9월 30일)의 20일 이전까지 회신 부탁드립니다.

대한무역 貴中
    년   월   일 현재 미지급금이 아래와 같음을 확실하게 확인하였습니다.

(회사명) 팔봉상사
(대표자명)
(주소)
(전화)

기간	내역	금액
2014.1.5~2014.7.9	강판재 100EA 미지급금	6,500,000
2014.1.19~2014.7.9	건축자재 100EA 미지급금	3,200,000
	미지급금 합계	9,700,000원

19
SECTION

입금전표 양식

전문적인 회계 시스템이 구축되면 회사로 들어오고 나가는 돈을 일일이 기록합니다. 입금전표는 회사로 들어오는 돈을 일일이 표시하기 위해 사용합니다. 은행에서 예금을 찾아 회사로 가져오면 이 역시 입금전표로 기록해야 합니다.

문구점에서 입금전표를 구입해 작성하거나 회계 프로그램으로 작성합니다. 입금전표에는 입금 날짜, 계정과목, 적요, 입금액 등이 표시되어 있습니다.

입금전표				
2014년 ○○월 ○○일	담당	주임	과장	부장

계정과목	적요	금액
상품매출액	제2매장 익일 판매대금	532,000
외상매출금	한라상사에서 은행계좌로 입금	2,000,000
합계		2,532,000

> 회계 계정과목 리스트를 숙지하고 해당 계정과목으로 입력해야 합니다.

대한무역상사(주)

입금전표				
2014년 ○○월 ○○일	담당	주임	과장	부장

계정과목	적요	금액
보통예금	보통예금에서 인출해 입금	1,500,000
공사수입금	호원 레스토랑 전기공사	3,300,000
합계		4,800,000

> 적요 항목에는 해당 과목의 상세 내역을 기록합니다.

대한무역상사(주)

출금전표

20
SECTION

출금전표는 회사에서 나가는 돈을 일일이 기록하는 전표입니다. 직원들의 식대를 지출할 때도 낱낱이 작성합니다.

문구점에서 출금전표를 구입해 작성하거나 회계 프로그램으로 작성합니다. 출금전표 역시 출금날짜, 계정과목, 적요, 출금액 등이 표시되어 있습니다.

출금전표

2014년 ○○월 ○○일

담당	주임	과장	부장

계정과목	적요	금액
사무용품비	프린터 구입비	200,000
수도광열비	수도, 전기, 가스비 지출	220,000
복리후생비	직원 6명 야근 식대	3,3000
	합계	453,000

대한무역상사(주)

출금전표

2014년 ○○월 ○○일

담당	주임	과장	부장

계정과목	적요	금액
급여	김대리 ○월분 급여 지급	2,200,000
접대비	한라상사 영업부와 식사	60,000
회의비	회의실 다과비용	12,000
임차료	제2매장 임차료 지불	1,500,000
	합계	3,772,000

대한무역상사(주)

 회계 프로그램을 설치하면 입출금 전표를 바로 작성하여 프린팅할 수 있습니다.

대체전표(회계식 전표)

회계식 전표이므로 현금 거래뿐 아니라 현금 거래 없이 거래가 발생할 때도 입출금으로 작성하는 전표입니다. 외상 거래가 발생했거나 일부는 현금, 일부는 외상일 때 거래가 발생한 것으로 작성할 수 있습니다.

대체전표에는 출금·입금전표와 달리 차변 항목과 대변 항목이 있습니다. 차변은 일반적인 입금전표와 비슷하고 대변 항목은 출금전표와 비슷합니다. 기입 방식은 일반 방식의 '보통분개법'과 외상을 현금으로 간주하는 '현금식 분개법'이 있습니다. 회계 프로그램을 사용할 때 차변·대변 과목을 숙지하면 입력할 수 있습니다.

> 제품을 외상으로 판매했을 때는 차변에 부가세를 포함한 외상매출금으로 입력하고, 대변에는 매출가격과 부가세예수금을 구분해 입력합니다.

대체전표

2014년 ○○월 ○○일

담당	주임	과장	부장	사장

차변			대변		
과목	적요	금액	과목	적요	금액
외상매출금	한라상사	550,000	제품매출액	한라상사	500,000
			부가세예수금		50,000
카드미수금	(카드번호)	300,000	상품매출액	일반고객	300,000
복리후생비	직원야유회	500,000	현금	직원야유회	500,000
합계		1,350,000	합계		1,350,000

> 직원야유회는 복리후생비 계정과목이므로 차변에는 복리후생비로, 야유회에 사용한 돈은 출금된 것이므로 대변엔 현금이란 과목으로 입력합니다.

예금출납장(복식부기)

예금출납장은 예금의 입출금을 기업의 입장에서 관리하는 장부입니다. 다시 말해 보통예금, 정기적금, 당좌예금 등에서 발생한 입출금 내역을 일일이 기록하는 장부입니다.

예금출납장은 문구점에서 구입한 예금출납장으로 작성하거나 회계 프로그램을 사용합니다. 통장에서 거래가 발생할 때마다 그 내역을 그대로 기입하면 됩니다. 아래는 당좌예금 입출금도 같이 관리하는 예금출납장입니다.

담당	주임	과장	부장	사장

예금출납장(당좌겸용)

년   월   일 현재

과목	항목		입금액	인출액	잔액	적요
당좌성예금	보통예금	은행				
		은행				
		은행				
		소계				
	당좌예금	은행				
		은행				
		은행				
		소계				
	현금					
	합계					
고정성예금	정기예금	은행				
		은행				
		은행				
		소계				
	정기적금	은행				
		은행				
		은행				
		소계				
	보통예금	국민은행	200,000	3,200,000		임대료
		은행				
		은행				
		소계				
	합계		200,000	3,200,000		
총계			200,000	3,200,000		

> 당좌예금 계좌에서 발생한 입출금의 내역을 입력합니다.

> 일반 통장에서 발생한 입출금의 내역을 입력합니다.

합법적 외상 거래: 당좌예금(어음발행 계좌)

운영자금이 부족하면 물건값을 현금 대신 당좌수표(어음)나 가계수표로 지불하기도 합니다. 어음은 개인과 개인 사이에도 발행할 수 있지만 보통은 은행의 중계 하에 발행하는데 이때 필요한 은행계좌가 당좌예금 계좌입니다.

■ 당좌예금과 당좌수표

당좌예금은 당좌수표(은행이 중계하는 약속어음, 어음)를 발행할 때 필요한 전용계좌입니다. 잔고 없이도 당좌수표를 발행하여 물품대금을 지불할 수 있습니다. 어음은 명기된 만기일에 현금을 지불하겠다는 뜻이므로 만기일까지 어음으로 발행한 금액만큼 당좌예금 계좌에 돈을 채우면 됩니다. 어음이 거래처에서 은행으로 접수되면 은행은 당좌예금 계좌에 들어온 돈으로 지불하게 됩니다. 만일 만기일까지 당좌예금 계좌에 돈을 채우지 못하면 회사는 부도 처리됩니다. 당좌예금 계좌는 법인이나 개인사업자가 개설할 수 있습니다. 당좌예금 계좌를 개설한 뒤 당좌차월 약정을 하면 당좌수표(어음)를 발행하여 사용할 수 있습니다.

당좌예금 계좌가 있다면 잔고가 없어도 어음 발행이 가능한가요?

아닙니다. 은행과 협의 하에 근저당 등을 설정한 뒤 당좌예금의 당자차월 약정을 하면 지정한 한도 내에서 어음을 발행할 수 있습니다.

아하! 그런 뒤 어음만기일에 당좌예금 계좌에 현금을 채워 넣으면 부도가 안 나는군요.

세금계산서

24
SECTION

매입·매출 시 부가가치세 10%를 포함한 거래일 때 발행하거나 수취해야 할 정부 공식 양식입니다. 발행·수취한 세금계산서는 날짜별로 장부에 정리한 뒤 별도로 보관해야 합니다.

세금계산서 양식은 문구점에서 구입하여 사용하기도 하지만 요즘은 회계 프로그램에서 거래내역을 입력한 뒤 프린터로 인쇄하는 경우가 많습니다.

등록번호는 사업자번호 입력란입니다.

[별지 제11호 서식]   (청색)

				책 번 호		권		호
세 금 계 산 서 (공급받는자보관용)				일련번호			–	

공급자	등록번호						공급받는자	등록번호				
	상 호 (법인명)		성명		(인)			상 호 (법인명)		성명		(인)
	사 업 장 주 소							사 업 장 주 소				
	업 태		종목					업 태		종목		

작 성			공 급 가 액										세 액										비 고	
년	월	일	공란수	백	십	억	천	백	십	만	천	백	십	일	십	억	천	백	십	만	천	백	십	일
2014		4					1	1	0	0	0	0	0					1	0	0	0	0	0

월	일	품 목	규격	수량	단가	공급가액	세 액	비고
5	1	컬러레이저프린터		1	600000	660000	60000	
5	1	32인치 모니터	영솔	1	400000	440000	40000	

합계금액	현금	수표	어음	외상미수	이 금액을	☐영수 ☑청구 함.

공급가액은 해당 물품의 가격(단가)과 부가가치세를 합산한 금액입니다.

세액은 해당 물품의 부가가치세 금액입니다.

간이영수증

영수증에는 세금계산서, 간이영수증 등이 있습니다. '세금계산서'는 정식으로 매입·매출 부가세가 포함된 적격 영수증입니다. 보통 PC로 인쇄 발행합니다. 간이영수증은 PC가 없는 소점포에서 영수증 기능을 합니다.

　　간이영수증은 부가가치세 포함가격인 '공급대가' 항목이 있지만 부가세 신고 시 인정받지 않고 '필요경비'로만 인정받습니다. 따라서 부가세 신고 및 환급 시 매입·매출 부가세를 인정받으려면 영수증을 '세금계산서'로 받아야 합니다. 다음은 일반적으로 흔히 보는 간이영수증 양식입니다. '세금계산서'와 모양은 다르지만 몇만 원 단위의 물품을 팔고 살 때 흔히 사용합니다.

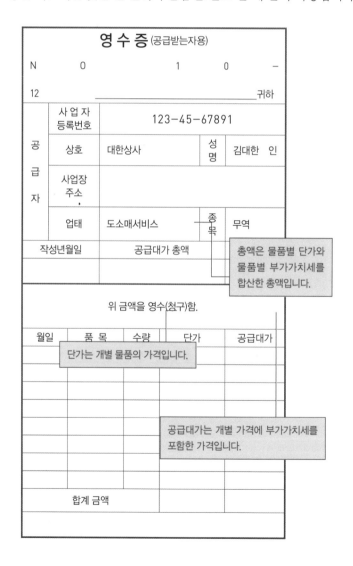

대차대조표(간이형)

일정한 시점이나 결산일에 기업의 자산, 부채, 자본의 상태를 주주, 채권자 등에게 명확히 보여주기 위해 작성하는 재무제표입니다. 보통 복식부기 사업자들이 회계를 할 때 손익계산서 등을 만들면서 결산일에 맞추어 대자대조표를 만듭니다.

이 대차대조표는 간편장부 사용자들이 이해하기 쉽도록 만든 간이양식입니다. 복식부기자나 법인사업자는 11장의 '재무상태표' 양식을 사용하기 바랍니다.

자산			부채		
	당좌자산			매입채무	
유동자산	현금		유동부채	미지급비용	
	예금			단기차입금	
	보험			기타부채	
	매출채권				
	기타자산				
	재고자산				
	재품				
	원재료	차변 항목에는 자산 관련 내역을 입력합니다.		장기차입금	
	반가공품			전환사채	대변 항목에는 부채 관련 내역을 입력합니다.
	유형자산·투자자산		비유동부채		
고정자산	토지			기타부채	
	투자부동산				
	건물				
	자동차				
	설비자산			부채총계	₩
	감가상각 누계액(−)		자본	자본금	
	무형자산			자본잉여금	
	산업재산권			이익잉여금	부채 항목 하단에 자본 관련 내역을 입력합니다.
	영업권				
	기타자산				
				자본총계	
자산총계		₩	부채 및 자본총계		₩

대차대조표 작성 계정과목

27 SECTION

일반적으로 작성하는 계정과목입니다. 더 세분화한 계정과목은 11장의 '재무상태표' 양식과 각종 회계 관련 서적을 참고하기 바랍니다. 일반 간이장부 작성자는 필요 없는 내용이며 복식부기자와 법인창업을 한 경우 필요한 내용입니다.

▮ 자산 항목

유동자산	고정자산
당좌자산(현금이나 1년 안에 현금화가 가능한 자산) 　현금(예금), 받을어음, 미수금, 현금성자산(단기채권, 상환 　우선주), 선급금, 가불금 外 재고자산(재고로 남아있는 제품이나 원료) 　제품, 재고품, 원재료 外 임시투자세액공제 이연법인세자산 外	유형자산 　토지, 건물·구축물, 기계·장비, 차량, 공구·비품·의료비 　품, 건설 공사중인 자산 外 무형자산 　소프트웨어, 영업권, 특허권(실용신안 外), 상표권, 어업권, 　투자유가증권, 관계회사 주식, 장기대출, 파산회생 채권, 장 　기 선급비용, 이연법인세 자산 外

▮ 부채 항목

유동부채	고정부채
외상매입금 지급 어음(당좌차월) 단기차입금(1년 안에 현금이 나가야 하는 차입금) 미지급금 선수금(계약금 등) 예수금(급여소득세 예수금, 건보료예수금, 부가세예수금 등) 미지급법인세(당해 납부해야 할 법인세 등) 단기충당금 外	장기차입금(1년이 넘는 장기 부채들) 사채 퇴직급여 충당금 이연법인세 부채 外

▮ 자본(순자산, 자기자본) 항목

자기자본
자본금(개인 기업의 경우 사업의 밑천이었던 자금, 법인은 발행주식의 액면총액) 자본잉여금(유상증자 등의 원천에서 발생하는 잉여금): 자본준비금 外 이익잉여금(영업활동 등에서 발생한 잉여금) 법정준비금(영업활동에서 얻은 이익금의 일부를 적립한 것): 이익준비금, 자본준비금 임의준비금(손실보상 준비로 사용) 이월이익잉여금 外 자기 주식 신주 예약권 평가·환율 차액: 유가증권 평가차액, 환율조정 계정 外

대차대조표와 사업 경영지표의 파악

대차대조표를 읽으면 자신의 사업능력을 파악할 수 있습니다. 수시로 대차대조표를 보면서 자신의 사업능력이 어느 정도인지 파악하기 바랍니다.

- **사업체의 단기지급능력: (유동자산÷유동부채)×100**
  흔히 유동비율이라고 말하며 200% 이상이면 매우 단기지급능력이 좋은 신용도 높은 사업체입니다.

- **사업체의 즉시지불능력: (당좌자산÷유동부채)×100**
  흔히 당좌비율이라고 말합니다. 받아야 할 돈이 부채보다 많으면 좋으므로 100% 이상이면 좋습니다.

- **자기자본에 대한 고정자산비율: (고정자산÷자기자본)×100**
  업종에 따라 높을수록 재무안정성이 좋은 경우도 있지만 보통은 100% 미만이 좋습니다.

- **자기자본의 고정화 비율: (자기자본÷고정자산)×100**
  100% 이상이 좋습니다.

- **부채비율: (부채총액÷자기자본)×100**
  기업의 건전성을 따지는 것으로서 100% 미만이 좋습니다. 수치가 높을수록 지불능력이 떨어집니다.

- **자기자본이익률: (연간순이익÷자기자본)×100**
  자기자본에 대한 기간이익률을 말하며 높을수록 수익성이 좋습니다.

CHAPTER 10

업무용 서류양식 예시

대금회수용 청구서 양식

물품을 보낸 뒤에는 대금을 받기 위해 청구서를 발행해야 합니다. 거래처마다 지불 마감일이 있으므로 그 날짜에 맞춰 청구서를 보냅니다. 민법상 각종 대금의 청구시효는 3년이고 3년 뒤에는 대금채권이 소멸하므로 주의하기 바랍니다.

문구점에서 청구서 용지를 구입하여 작성하거나 아래 양식을 적절히 수정하여 작성합니다. 청구서는 지불을 청구할 때 사용하지만 간혹 어떤 내용을 청구할 때도 사용합니다.

청구서

모민영카센터

모민영 사장님 귀하

납품한 물품대금을 요청 부탁드립니다.

청구금액(부가세 합계)				2,400,000₩	
날짜	품명	수량	단가	소계	적요
10.02	엔진 부품 A-14	10	120,000	1,200,000	
10.02	백미러 TH-10	10	80,000	800,000	
10.03	00 부품	10	20,000	200,000	부가세 면세
비고 :		합 계		2,200,000₩	
		부가가치세		200,000₩	

이락차량부품사

주소 : 서울 마포구 공덕동 10201호
우편번호 :
전화 : 02-1234-5678
담당자 : 경리부 강기원 대리

입금전용계좌 : 국빈은행 119-3456-78-9 (예금주) 대한무역상사

02
SECTION

수령증과 납품서(영수증 겸용) 양식

거래처에 물품을 납품한 경우에는 수령증(혹은 납품서)과 함께 영수증을 받아야 합니다.

다음은 수령증과 영수증을 겸한 양식이므로 원하는 모양으로 수정하여 사용하기 바랍니다.

수령증
(영수증 겸용)

회사명:

주소: 날짜 : 2014.7.15

담당자: 담당자 印

다음 물품이 정식으로 접수되었음을 확인합니다.

합계금액				6,000,000₩
NO	품명	수량	단가	금액
1	탄노이 스피커 A-10	10	300,000	3,000,000
2	마란츠 엠프 K-102	10	200,000	2,500,000
3				
4				
5				
6				
7				
8				
적요		소계		5,500,000
		할인액		
		부가가치세		5,00,000
		합계		6,000,000

출장신청서 양식

사업의 규모가 커지면 직원 출장 시 출장신청서 등이 필요할 것입니다. 아래와 비슷한 양식으로 만들어 사용하기 바랍니다.

출장신청서를 작성할 때 가장 중요한 것은 출장의 목적과 예상경비입니다. 출장 후에는 경비 증명이 필요한 경우도 있으므로 사용한 경비 영수증은 꼭 챙겨둡니다.

작성일 : 2013.12.07

	담당	주임	과장	부장

출장신청서

출장 출발일	2013.07.06		
출장자	성명	직함	부서
	최진식		
출장지		출장 중 연락처	
목적 용건	파리 패션쇼 부스 관리와 수출상담 업무		
출장 예정일	출장 시작일자~출장 종료일자		출장기간
	2014.07.06~2013.07.12		7일
귀사 예정일	2014.07.13		
예상경비	항목	금액	내역
	교통비	1,800,000원	왕복 비행기 요금
	숙박비		
	식대		
	잡비		

회의록 · 회의보고서 양식

회의록은 회의 안건과 경과 및 회의 결과 등을 기록하는 양식입니다. 아래와 비슷한 양식으로 만들어 사용하기 바랍니다.

회의록은 기본적으로 시간, 장소, 참석자, 의제, 진행, 결과, 보류사항, 관련 자료를 일목요연하게 볼 수 있도록 꾸밉니다.

회의록(본사 확장건)

회의시간	2014년 ○○월 ○○일 14~17시
장소	본사 회의실
참석자	오달수 사장님, 박항서 이사님 김인호 영업부장, 최진법 생산과장, 강기원 경리부장, 이철호 사원, 강은지 사원 외
회의 의제	1. 본사 확장이전 2. 확장이전 비용 3. 자금 현황
경과	1. 2. 3.
결과	1. 2.
보류사항	1. 2.
관련 자료	1. 2.
참고 및 주의사항	1. 2.

작성일 : 2014년 ○○월 ○○일
작성자 : 함오연 대리

05

SECTION

수출 및 수입 신고자료 양식

수출입 통관에 필요한 정부 공식 서류양식입니다. 국세청 홈페이지(www.nts.go.kr)에 접속한 뒤 '국세정보' → '국세청프로그램' 메뉴에서 다운로드해 사용하기 바랍니다.

수 출 및 수 입 신 고 자 료

수출신고자료		수입신고자료	
수출신고번호		수입신고번호	
관세사		세관	
무역업자		무역대리점부호	
수출자구분		납세자번호	
수출/위탁자		면허일(신고일)	
		거래구분	
수출신고일		거래종류	
		HS Code(품목w분류번호)	
거래구분		결 제 방 법	
		과세가격(원화)	
결제 방법		결재금액(원화)	
		수입가격(CIF$)	
HS Code(품목분류번호)		환율	
선(기)적일		중량	
		중량단위	
가격(인도)조건		수량	
통화코드		수량단위	
결제금액(외화금액)		원산지국	
신고가격(FOB)		관세	
순중량		특별소비세	
중량단위		주세	
수량		농어촌특별세	
수량단위		교육세	
목적국		부가가치세	
구매자		공급자상호(원산지정보)	

폐업·휴업·양수·양도 신고서 양식

사업의 폐업·휴업·양수·양도할 때 필요한 정부 공식 양식입니다. 폐업·휴업·양수·양도 신고서는 인터넷 홈텍스에서도 할 수 있습니다. 모두 같은 서류양식을 사용하고 체크 항목만 다릅니다.

▌ 폐업과 휴업, 사업체의 양수·양도 //

모두 같은 서류양식을 사용합니다. 체크 항목에 따라 폐업·휴업·양수·양도의 효력이 발생합니다.

1 : 폐업

사업체를 폐업하는 행위입니다. 관할 세무서를 방문 폐업신고서를 작성하고 사업자등록증과 함께 제출하면 폐업이 완료됩니다. 요식업 등의 일부 업종은 때때로 요식업등록필증의 제출을 요구하기도 하므로 폐업에 필요한 서류는 세무서에 사전 문의하기 바랍니다. 이때 부가가치세 확정신고를 25일 내 같이 하면 폐업 후 가산세가 붙지 않습니다. 가급적 소득세 신고도 같이 하여 세금에 가산세가 붙지 않도록 주의합니다.

2 : 휴업

사업체를 가지고 있으나 매출이 없어 잠시 휴업하는 상태입니다. 휴업신고를 하더라도 부가세 신고는 반드시 해야 합니다. 직원을 모두 내보내고 휴업신고를 한 경우에는 4대보험 관련해서도 관할 공단에 휴업신고를 해야 합니다. 휴업신고 없이 휴업을 하면 4대보험 등이 계속 나올 수 있습니다. 예컨대 불법행위를 하여 영업정지를 먹었을 경우 세금이 더 나오지 않도록 휴업신고서를 작성해야 합니다.

3 : 양수

개인사업자가 다른 사업자의 사업을 양수할 경우 계약서 사본과 함께 신고서를 작성합니다.

4 : 양도

개인사업자가 다른 사업자에게 사업체를 양도했을 경우 계약서 사본과 함께 양도신고서를 작성합니다.

▌폐업·휴업·양수·양도 신고서 ///

정부 공식 양식이며 국세청 홈페이지에서 다운로드할 수 있습니다.

[별지 제5호서식] <개정 2010.3.31>

□휴업	신고서	처리기간	즉 시
□폐업			

사업자	상 호 (법인명)		사업자등록번호	
	성 명 (대표자)	폐업·휴업 사유를 작성합니다.	호	
	사업장소재지			

	신 고 내 용				
휴 업 기 간	년 월 일부터 년 월 일까지(일간)				
폐 업 일 자	년 월 일				
휴업·폐업 사 유	사업부진	행정처분	계절사업	법인전환	면세포기
	1	2	3	4	5
	면세적용	제 적	해산(합병)	양도·양수	기타
	6	7	8	9	10

사 업 양 도 내 용
(※ 포괄양도·양수의 경우만 적음)   양수인 사업자등록번호(또는 주민등록번호)

사업체의 양수·양도일 경우 작성합니다.

신청인의 위임을 받아 대리인이 휴업·폐업 [ ] 주시기 바랍니다.

대리인 인적사항	성 명	주민등록번호	전화번호	신청인과의 관계

「부가가치세법」제5조제5항 및 같은 법 시행령 제10조제1항에 따라 위와 같이(□휴업, □폐업) 하였음을 신고합니다.

년 월 일

신고인 (서명 또는 인)

세무서장 귀하

첨부서류 : 1. 사업자등록증 2. 사업양도·양수계약서 사본(포괄 양도·양수한 경우)

구비 서류	신청인(대표자) 제출서류	담당 공무원 확인사항 (담당공무원의 확인에 동의하지 않는 경우 신청인이 직접 제출하여야 하는 서류)	수수료
	사업양도·양수계약서 사본(포괄 양도·양수한 경우)	사업자등록증	없 음

본인은 이 건 업무처리와 관련하여 담당 공무 [ ] 동이용을 통하여 위의 **'담당 공무원 확인사항'**을 확인하 [ ]

사업체의 양수·양도일 경우 쌍방 간의 계약한 계약서 사본을 같이 제출해야 합니다.

※ 참고사항
1. 폐업하는 사업자는 과세기간 개시일부터 폐업일까지의 사업실적에 대하여 폐업일부터 25일 이내에 부가가치세 확정신고·납부를 하셔야 합니다.

2. 관련법령에 따라 허가·등록·신고 등이 필요한 사업으로서 주무관청에 제출하여야 하는 해당 법령상의 신고서(예: 폐업신고서)를 함께 제출할 수 있습니다. 이 경우 세무서장이 해당 신고서를 주무관청에 송부하여 줍니다.

210㎜×297㎜[일반용지 60g/㎡(재활용품)]

CHAPTER 11

세금의 신고납부와
4대보험

개인사업자의 세금

사업 첫해에 개인사업자가 내는 세금은 사업 준비로 인한 매입액이 판매액보다 많기 때문에 적은 경우가 많습니다. 이 때문에 세금이 적다고 생각하는데 사업 두 번째 해부터 곤란을 겪을 수 있으므로 주의해야 합니다.

개인사업자가 내야 할 세금에는 종합소득세, 부가가치세, 원천세가 있습니다. 절세 측면에서는 간이장부보다는 복식부기장부가 유리하므로 사업이 일정 궤도에 오르면 복식부기장부로 작성할 것을 권장합니다.

▌종합소득세

1년에 1회, 5월에 납부하는 세금입니다. 사업주의 전년도 1년간 소득에서 필요경비와 각종 공제액을 제하면 순이익이 나옵니다. 기준경비율 등이 필요경비와 각종 공제액을 제하는 작업인 셈입니다.

이후 순이익의 일정액을 세금으로 납부하는 것이 종합소득세입니다. 종합소득세는 누진세이므로 소득이 높을수록 납부액도 많아집니다. 간이사업자와 일반사업자 양쪽 모두 동등한 세율이 적용됩니다.

종합소득세율

종합소득세(과세표준)	세율	공제액	납부할 세금
1,200만 원 이하	6%	없음	(전년도 소득금액×0.06)
1,200~4,600만 원	15%	108만 원	(전년도 소득금액×0.15)−108만 원
4,600~8,800만 원	24%	522만 원	(전년도 소득금액×0.24)−522만 원
8,800만 원~1억 5,000만 원	35%	1,490만 원	(전년도 소득금액×0.35)−1,490만 원
1억 5,000만 원~3억 원	38%	1,940만 원	(전년도 소득금액×0.37)1,940만 원
3억~5억 원	40%	2,540만 원	(전년도 소득금액×0.40)2,540만 원
5억 원 초과	42%	3,540만 원	(전년도 소득금액×0.42)3,540만 원

* 매년 5월 1일~31일이 종합소득세 신고 및 납부기간입니다.
* 사업장이 종합소득세를 신고하지 않으면 10%가량의 세액공제를 받을 수 없고 오히려 가산세를 물게 됩니다.
* 세금계산을 세무사무실에 의뢰하려면 5월 초에 매출자료와 각종 구매 영수증을 넘기는 것이 세무사들도 일하기 편리합니다.

▌ 부가가치세 //

부가가치세(VAT)란 물품의 생산, 거래, 판매에서 발생하는 부가가치에 조세하는 간접세이자 국세입니다. 통상 물건값의 10% 혹은 서비스용역의 10%가 부가가치세입니다. 모든 판매물품에는 10%의 부가가치세가 붙어 있지만 면세제품과 면세사업장은 부가가치세를 내지 않습니다.

부가가치세는 6개월 단위로 '부가세신고서'를 작성한 뒤 납부해야 합니다. 통상 7월은 올해 상반기에 판매한 물품의 1기 부가세 신고 및 납부기간입니다. 올해 하반기에 판매한 물품의 부가세 납부는 다음 해 1월 2기 부가세 신고 및 납부기간에 합니다.

부가세는 매입부가세를 지불한 경우 매출부가세에서 매입부가세를 환급받고 납부하므로 그리 큰 금액은 아닙니다. 단, 증빙자료가 있어야 하므로 매입 시 받은 세금계산서와 매출 시 발행한 세금계산서를 차곡차곡 챙겨놓아야 합니다. 부가세 환급 시에는 간이계산서를 증빙자료로 인정하지 않으므로 반드시 정식 세금계산서로 거래해야 합니다.

	부가세금액	비고
간이사업자	판매가의 약 10%	업종에 따라 부가세 비율이 다름
일반사업자	판매가의 10%	물품마다 매입부가세를 지불한 경우 매입부가세 총액을 제한 금액을 매출부가세로 납부
면세물품 판매 혹은 면세사업자	부가세 납무의무 없음	

납부할 부가세 금액은 다음과 같이 매입부가세를 환급한 뒤 계산합니다. 단, 정식 세금계산서가 증빙자료로 있어야만 부과세 환급이 가능합니다.

반 분기 동안 매출부가세로 받은 총액	−	반 분기 동안 매입부가세로 지불한 총액	=	부가세 납부액

개인사업자의 전년도 한 해 소득이 9,000만 원이면 소득세로 얼마를 납부해야 하나요?

 속산법으로 계산하면 (90,000,000×0.35)−14,900,000이므로 16,600,000원을 납부해야 합니다.

 와우! 그러면 한 해 소득이 9,000만 원이면 세금으로 1,660만 원을 납부해야 하나요?

 그렇습니다. 그러나 부양가족 등이 있으면 더 공제할 수 있으므로 챙길 건 챙기고 계산하는 것이 좋습니다. 만일 부양가족 없이 혼자 살고 있다면 세금 면에서 매우 불리합니다.

참고로 다음과 같이 부가세가 없는 면세물품을 거래한 경우에는 부가세를 산출할 때 함께 계산하지 않습니다. 의료나 핸드폰 등의 소매물품을 판매하는 소매점이라면 포스 시스템에 가격을 입력할 때 면세제품과 부가세제품을 구분하여 입력합니다.

따라서 판매 시 발생한 매출부가세 금액의 합산이 자동 전산 처리되므로 1일 혹은 1개월 등의 원하는 기간으로 매출부가세와 매입부가세 금액을 합산하여 확인할 수 있습니다. 포스 시스템으로 물품의 입출고를 관리한다면 아무래도 세금 산출에도 쉬울 수밖에 없는 것입니다.

	부가세가 없는 면세물품 목록
1	농축산물, 수산물, 임산물, 가공하지 않은 식료품 등
2	서적류
3	연탄류
4	주택, 토지 매매
5	의료, 보건, 교육, 금융, 보험용역 등
6	담배류
7	저술가, 작곡가의 창작 용역 지불비용, 예술창작품, 문화행사 등
8	도서관, 미술관, 동물원 입장료 등
9	여객운송 용역 (비행기, 고속버스, 택시 등 제외)
10	우표, 인지, 복권 판매대금 등
11	자선, 학술, 공익단체가 판매하는 물품 등
12	국가, 지방자치단체가 판매하는 물품 등
13	자선, 국가 단체에 무상 공급하는 물품 등
14	학술, 교육기관의 물품 등
15	그 외

그렇다면 면세 물품인 농산물을 구입 가공한 뒤 판매할 때 부가세가 붙은 제품이라면 부가세 신고를 어떻게 해야 할까요?

농산물은 부가세가 없으므로 매입 시 세금계산서가 아닌 '일반계산서'를 받아도 상관없습니다. 그 원재료를 가공한 뒤 판매할 때 부가세를 받았다면 매출부가세 총액을 부가세신고서에 작성하고 그 총액을 부가세로 납부하면 됩니다.

 올 상반기에 원가 1만 원짜리 제품 1,000개를 구입해 부가세 10%와 판매비를 붙여서 1만 5,000원에 팔았어요. 상반기에 1,000개를 모두 팔았으면 7월에 납부해야 할 부가세는 얼마인가요?

 6개월간 매출총액은 15,000원×1000개=1,500만 원입니다. 개당 1,500원의 부가세를 받고 팔았으므로 매출부가세 총액은 150만 원입니다. 원가 1만 원짜리 제품 1,000개를 구입할 때 매입부가세를 개당 1,000원씩 냈다면 총 100만 원을 매입부가세로 지불했다고 볼 수 있습니다.

 아하! 6개월 동안 매출부가세 총액 150만 원에서 매입부가세 100만 원을 제하고 납부하면 되겠군요?

 그렇습니다. 7월에 납부할 부가세는 50만 원입니다. 그 거래내역을 '부가세신고서'에 작성한 뒤 거래 시 발생한 세금계산서를 증빙하면 말씀하신 금액이 부가세납부액으로 결정됩니다.

▌ 원천세 //

원천세란 원천징수한 세금이란 뜻으로서 사업주가 봉급이나 퇴직금 등을 지급할 때 붙는 직원들의 근로소득세입니다. 직원들이 봉급을 받을 때마다 근로소득세를 납부하려면 번거롭기 때문에 사업주가 정부 대신 징수하여 국가에 납부합니다. 따라서 사업주는 봉급이나 퇴직금을 줄 때 원천세 금액을 공제하고 봉급을 지불한 뒤 공제한 원천세를 다음 달 10일까지 세무서에 납부합니다.

원천세는 1인 기업에는 해당하지 않고 직원을 고용한 개인사업주와 법인사업주에게만 해당하는 세금입니다. 원천세는 직원의 급여뿐 아니라 사업주가 배당금이나 이자를 지불할 때, 프리랜서 작가나 디자이너에게 작업비용을 지불할 때도 공제해야 합니다.

정부 대신 징수한 원천세는 원천세가 발생한 익월 10일까지 세무서에 납부합니다. 예를 들어 5월에 직원의 급여를 지불할 때 원천세를 공제한 뒤 지불하고, 익월 6월 10일까지 공제해둔 원천세를 세무서에 대납하는 것입니다. 원천세 역시 다른 세금처럼 국세청 홈텍스에서 서류를 작성한 뒤 온라인상에서 납부할 수 있습니다. 영세사업자를 위해 직원수가 20인 이하 사업체는 월납 대신 반기납을 선택할 수 있는데 이 경우 세무서의 심사 후 허용됩니다. 사업주의 원천세 반기별 납부신청이 접수되면 세무서는 관련 자료를 검토한 뒤 부적격 사유가 없을 시 반기별 납부를 허용합니다.

직원 급여 지급 시 공제하는 것들

앞에서 언급했듯이 사업주가 직원의 급여를 지급할 때는 세무서 대신 원천세를 징수해야 합니다. 그런데 원천세 외에도 직원의 급여에서 공제할 것들이 있습니다. 예컨대 그달치 납부해야 할 직원의 4대보험료도 공제해야 합니다.

▌직원 급여에서 공제해야 할 원천세(근로소득세+지방소득세)

직원 1명당 지불해야 할 급여액에서 '근로소득공제'를 적용한 뒤 부양가족수만큼 다시 공제하고, 종합소득과세표준을 적용하면 급여에서 공제해야 할 근로소득세가 결정됩니다. 이 근로소득세를 세무서가 쫓아다니면서 받기에는 인력이 부족하므로 사업주가 근로소득세를 공제하고 대신 대납해준다는 뜻에서 원천세라고 부릅니다. 근로소득세는 국세이므로 관할 세무서의 국세 항목으로 납부합니다. 또한 결정된 근로소득세의 10% 금액만큼 급여에서 공제한 뒤 지방소득세 명목으로 관할 지역 세무서의 지방세 항목으로 납부합니다.

원천세의 납부는 직원이 많거나 직원에 따라 월급이 오르는 경우도 있으므로 납부할 금액의 계산 방법이 복잡하고 유동적입니다. 따라서 월별 원천세를 개략적으로 징수 납부하고, 이듬해경 납부한 원천세가 부족할 경우 추가 납부하거나 환급받을 수 있는데 이를 '근로소득(연말정산)'이라고 말합니다.

사업주는 직원의 급여를 지급할 때 원천세를 공제한 뒤 급여를 지급해야 하며, 공제한 원천세를 세무서에 대납할 의무가 있습니다.

✛ 직원 급여에서 공제해야 할 4대보험료 분담액

4대보험에 가입한 사업장이라면 국가가 정한 법에 따라 근로자의 4대보험료 중 3대보험료의 월 납액을 급여에서 공제한 뒤 급여를 지급해야 합니다. 그 뒤 사업주는 회사 분담금을 합산하여 보험공단에 그달치 보험료를 납부해야 합니다.

▮ 직원의 급여 지급 시 공제하고 대납하는 원천세와 3대보험료 비중 /////////////////

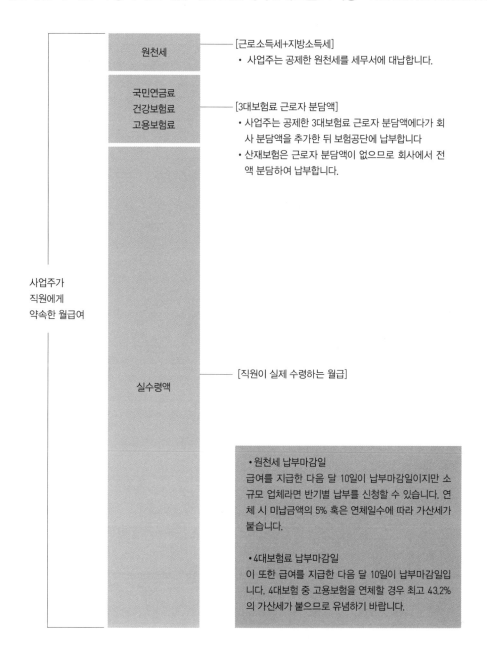

원천세 — [근로소득세+지방소득세]
• 사업주는 공제한 원천세를 세무서에 대납합니다.

국민연금료
건강보험료
고용보험료 — [3대보험료 근로자 분담액]
• 사업주는 공제한 3대보험료 근로자 분담액에다가 회
 사 분담액을 추가한 뒤 보험공단에 납부합니다
• 산재보험은 근로자 분담액이 없으므로 회사에서 전
 액 분담하여 납부합니다.

사업주가
직원에게
약속한 월급여

실수령액 — [직원이 실제 수령하는 월급]

• 원천세 납부마감일
급여를 지급한 다음 달 10일이 납부마감일이지만 소
규모 업체라면 반기별 납부를 신청할 수 있습니다. 연
체 시 미납금액의 5% 혹은 연체일수에 따라 가산세가
붙습니다.

• 4대보험료 납부마감일
이 또한 급여를 지급한 다음 달 10일이 납부마감일입
니다. 4대보험 중 고용보험을 연체할 경우 최고 43.2%
의 가산세가 붙으므로 유념하기 바랍니다.

원천세의 징수대상과 세율

원천세는 직원의 근로소득세와 그 외의 원천세가 있습니다. 전체적인 세율은 종합소득세율에 비해 조금 낮은 편입니다.

03 SECTION

▌원천세 징수대상

사업주가 각종 비용을 지불할 때의 원천징수대상자 목록입니다. 급여나 이자 등을 지급할 때 원천세를 공제함을 알 수 있습니다.

사업장의 지출에서 원천징수대상과 세율 (납부마감일: 지불한 달의 익월 10일까지)			
원천징수대상		세율	비고
근로	직원의 매월 근로소득	기본 세율	세율은 근로소득세 간이세액표 참고
	일용근로자 근로소득	6%	
	근로소득(연말정산용)	기본 세율	세율은 근로소득세 간이세액표 참고
사업	원천징수대상 사업에 지출할 때	3%	
퇴직	퇴직급 지불 시	기본세율	연분연승법 적용
이자	분리과세 신청한 장기채권의 이자와 할인액	30%	
	비영업대금의 이익	25%	
	직장공제회 초과반환분	기본세율	연분연승법 적용
	명의가 확인되지 않은 소득	38%	
	금융실거래 및 비밀보장에 관한 법률 제5조에 속할 경우	90%	특정채권 15%
	그 밖의 이자소득	14%	
배당	출자동공사업자 배당소득	25%	
	금융실거래 및 비밀보장에 관한 법률 제5조에 속할 경우	90%	
	그 외의 배당소득	14%	
연금	국민연금, 직역연금	기본세율	
	퇴직연금, 사적연금	3~5%	

▌직원 급여에서의 원천세 징수 세율 적용 방법 //

직원에게 급여를 지급할 때 공제(징수)해야 할 원천세는 세율대로 딱 끊어서 공제하는 것이 아니라 직원의 가족수에 따라 공제 방법이 달라집니다.

아래 '근로소득 간이세액표'를 참고하여 산출할 수 있습니다.

근로소득 간이세액표(직원의 원천세 산출용 자료)	
구분	계산 방법
연간 총급여액	월급여액(비과세소득 제외) 평균값 × 12개월

근로소득 공제		
	총급여액	공제액
	500만 원 이하	총급여액의 100분의 70
	1,500만 원 이하	350만 원+500만 원을 초과하는 금액의 100분의 40
	4,500만 원 이하	750만 원+1,500만 원을 초과하는 금액의 100분의 15
	1억 원 이하	1,200만 원+4,500만 원을 초과하는 금액의 100분의 5
	1억 원 초과	1,475만 원+1억 원을 초과하는 금액의 100분의 2

근로소득금액	= 연간 총급여액 − 근로소득공제
인적공제	•기본공제: 공제대상 가족 1명당 150만 원 •기본공제대상의 자녀가 2명 이상인 경우 공제대상 가족의 수 = 실제 공제대상 가족의 수 + (20세 이하 자녀의 수 − 1)
연금보험료 공제	[월급여액(비과세소득 제외)이 속한 구간의 중간 값(1,000원 미만 절사)×4.5%]*×12개월 다만, 월급여액(비과세소득 제외)이 국민연금 기준소득월액 하한(290,000원) 이하이거나 상한(4,490,000원) 이상인 경우 다음의 공제금액을 적용 •(연금보험료 공제금액 하한) 290,000×4.5%×12개월=156,600원 •(연금보험료 공제금액 상한) 4,490,000원×4.5%×12개월 ＊ 원 단위 이하 절사
특별공제	•공제대상 가족의 수가 2명 이하인 경우: 360만 원 + 연간 총급여액의 1~4% •공제대상 가족의 수가 3명 이상인 경우: 350만 원 + 연간 총급여액의 3~7% + 연간 총급여액 중 4,000만 원을 초과하는 금액의 4%
과세표준	= 근로소득금액 − 인적공제 − 연금보험료공제 − 특별공제

산출세액		
	종합소득과세표준	기본 세율
	1,200만 원 이하	과세표준의 100분의 6
	1,200만 원 초과 4,600만 원 이하	72만 원+1,200만 원 초과금액의 100분의 15
	4,600만 원 초과 8,800만 원 이하	582만 원+4,600만 원 초과금액의 100분의 24
	8,800만 원 초과 1억 5,000만 원 이하	1,590만 원+8,800만 원 초과금액의 100분의 35
	1억 5,000만 원 초과 3억 원 이하	3,760만 원+1억 5,000만 원 초과금액의 100분의 38
	3억 원 초과 5억 원 이하	9,460만 원+3억 원 초과금액의 100분의 40
	5억 원 초과	17,460만 원+5억 원 초과금액의 100분의 42

	산출세액	공제액
근로소득 세액공제	50만 원 이하	산출세액의 100분의 55
	50만 원 초과	27만 5,000원 + 50만 원을 초과하는 금액의 100분의 30
	※ 근로소득세액공제는 50만 원을 초과할 수 없음	
결정세액 (1년 기준 세액)	= 산출세액 − 근로소득세액공제	
간이세액 (월간 징수하는 원천세 금액)	= 결정세액÷12개월(원 단위 이하 절사)	

자료: 국세청(2013년)

▌**직원 급여에서의 원천세 징수 세율 적용 방법** //

월급여액이 400만 원인 근로자의 공제대상 가족의 수가 4명(20세 이하 자녀 2명 포함)인 경우에는 다음과 같이 계산합니다(비과세소득과 과세되는 학자금 제외).

월급여액 평균값은 '400만~402만 원'이고, 공제대상 가족수는 본인을 포함 5명이라 할 수 있습니다. 사업주는 급여 400만 원을 직원에게 지불할 때 원천세 7만 5,920원을 공제한 금액을 지불하고, 공제한 7만 5,920원을 다음 달 10일까지 세무서에 납부하는 것입니다.

직원 1인에게 연간 48,120,000원을 연봉으로 지불할 경우
원천세는 얼마를 빼야 하나요?

각종 공제액과 세금을 합산한 결정세액 911,120원을 뺀 금액이 해당 직원에게 실제 지급된 금액이고 이 원천세는 사업주가 세무서에 대납해야 합니다.

구분	금액
월급여액(비과세소득 제외) 　4,000,000원~4,020,000원 소득구간의 중간값	4,010,000
연간 총급여액 　4,010,000원×12개월	48,120,000
근로소득공제 　12,000,000원+[(48,120,000원45,000,000원)×5%]	△12,156,000
근로소득금액 　48,120,000원-12,156,000원	35,214,000
인적공제 　6명×1,500,000원	△9,000,000
연금보험료공제 　4,010,000원에 대한 국민연금부담금 180,450원*×12개월 　＊국민연금 기준소득월액 4,010,000원×각출료율 4.5%=180,450원	△2,165,400
특별공제 등 　5,000,000원+(48,120,000원×5%)+[(48,120,000원40,000,000원)×4%]	△7,730,800
과세표준	17,067,800
산출세액 　72만 원+[(17,067,800원12,000,000원)×15%]	1,480,170
근로소득세액공제(한도 660,000원) 　275,000원+[(1,480,170원500,000원)×30%]	△569,050
결정세액	911,120
간이세액 　(=결정세액÷12, 원단위 이하 금액 절사)	75,920

자료: 국세청(2018년)

종합소득세 확정신고서

종합소득세 확정신고란 개인사업자, 근로자, 이자수입 생활자가 자신의 연간소득과 그에 대한 산출세금을 스스로 작성, 제출하는 것을 말합니다.

04
SECTION

세무서는 사업주가 제출한 종합소득세 확정신고서와 부대서류를 같이 수취한 뒤 그것을 검토하고 조절과정을 거쳐 개인사업자의 납세액을 최종 결정하여 알려주는데 이를 '종합소득세 결정세액'이라고 합니다.

신고유형별 신고서식

사업자별로 작성해야 할 서류양식이 조금 다르지만 보통 일반사업자들은 '제40호 서식(1)' 양식을 국세청 홈텍스에서 다운로드해 작성합니다. 단일사업소득자인 경우 '제40호 서식(4)' 양식으로 작성합니다. 아래 양식은 관할 세무서에도 비치되어 있습니다.

홈텍스에서 바로 소득세 확정신고를 작성할 때는 종합소득세 신고서 창에서 바로 작성할 수 있으므로 아래 양식이 필요하지 않지만 미리 다운로드해 각 항목을 공부해두면 홈텍스에서 신고할 때 헤매지 않습니다.

소득세 신고대상자	신고서 양식
성실신고 확인대상자	제40호 서식(1), 성실신고확인서
복식부기 신고자 (자기조정, 외부조정)	제40호 서식(1)
간편장부 신고자	제40호 서식(1)
기준경비율 신고자	제40호 서식(1)
단순경비율 신고자	•사업장이 2개 이상인 복수사업자인 경우 　제40호 서식(1) •단일사업소득자 　제40호 서식(4) 단일소득–단순경비율적용대상자용
비사업자(근로자, 금융소득자, 기타소득자)	제40호 서식(1)

 국세청 홈페이지 종합소득세 관련 서류에서 다운로드할 수 있습니다. 이 서류양식은 세무서에도 비치되어 있습니다.

종합소득세·지방소득세 과세표준확정신고 및 납부계산서 ///////////////////////////

복식부기 신고자, 간편장부 신고자, 기준경비율 신고자, 단순경비율 신고자가 과세표준 확정신고를 할 때 사용하는 '제40호서식(1)' 양식입니다.

종합소득세 확정신고서는 비사업자인 금융소득자, 일반근로자 겸용이므로 약 29페이지로 구성되어 있습니다. 개인사업자(일반과세자/간이과세자)는 아래 9쪽으로 이동한 뒤 '사업소득명세서'를 먼저 작성합니다.

종합소득세 확정신고서는 말 그대로 개인 사업주의 이득에 대한 세금을 계산하여 제출하는 용도입니다. 따라서 사업 시 지출된 금액을 증명할 부대서류도 추가 작성해야 합니다.

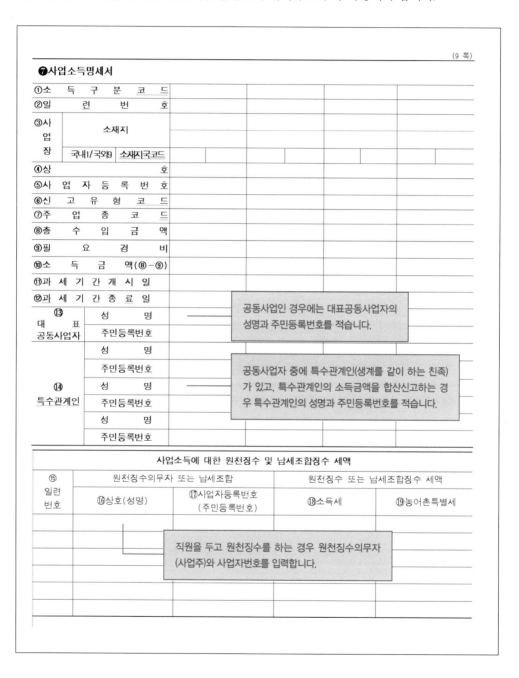

종합소득세 확정신고 시 부대서류

확정신고서를 작성, 제출하려면 부대서류와 각종 증빙자료를 같이 제출하지만 사실 홈택스에서 작성할 때는 이 부대서류를 제출할 확률은 거의 없습니다. 홈택스에서 작성할 때는 이 부대서류의 결과 숫자를 입력하기 때문입니다.

▌확정신고 시 세무서를 속일 수 있을까? ////////////////////////////////////

종합소득세 확정신고는 사업자 스스로 연간 매출, 매입, 필요경비, 공제액 등을 계산하여 나온 자신의 연간 순소득에 대한 세금을 신고하겠다고 작성하는 서류입니다. 따라서 사업자 임의로 필요경비 등을 추가하여 세액을 낮추어 신고할 수도 있습니다. 이것은 위험한 방법이므로 영수증을 기초로 하여 확정신고서를 작성하는 것이 좋습니다.

세무서에는 개인사업자의 세금자료가 수십 년간 보관되어 있어 그것의 통계가 잡혀 있습니다. 예를 들어 A라는 음식점은 확정신고로 300만 원의 종합소득세를 확정신고했는데 그 옆집의 B라는 음식점은 100만 원을 소득세로 신고하는 경우가 있을 것입니다. 세무서는 자신이 예측한 것과 다르게 세액을 낮추어 신고하면 확인전화를 걸어 사업자에게 문의합니다.

"이 필요경비가 연간 600만 원 나왔다니 이해가 안 되는데요? 증빙할 자료 가지고 있습니까?"

이러한 전화문의가 왔다는 것은 관련 부대서류와 관련 매입영수증의 제출을 요구할 수 있다는 뜻입니다. 이 경우를 대비하려면 다음 부대서류를 빠짐없이 작성해놓아야 합니다.

참고로 홈택스에서 종합소득세 확정신고서를 작성할 때는 미리 작성해놓은 부대서류의 결과 숫자를 입력하여 신고하게 됩니다. 따라서 홈택스에서 확정신고를 하는 사업자도 다음 부대서류를 미리 작성해놓지 않으면 홈택스에서 확정신고를 할 때 어려움을 겪을 수 있습니다.

자신의 세금을 줄이려면 사업 영위 시 지출한 필요경비를 모두 증빙해야 하나요?

그렇습니다. 그러므로 사업을 운영할 때 지출한 필요경비의 세금계산서 같은 영수증을 빼먹지 않고 모아놓아야 합니다.

▌ 일반사업자·간이과세자의 종합소득세 확정신고 부대서류 ////////////////////////////////

앞의 종합소득세 확정신고서는 바로 작성하기에는 어려운 점이 많습니다. 보통 다음의 첨부서류를 먼저 작성해야만 종합소득세 확정신고서 작성이 용이합니다. 즉 아래 부대서류 작성이 매우 중요하며, 확정신고서는 아래 부대서류의 요점을 보여주기 위해 작성하는 것입니다.

1 : 소득공제신고서

- 인적공제 및 특별공제 대상을 기록하여 총매출에서 공제시킬 금액을 뽑는 용도입니다.
- 인적공제 및 특별공제 대상 사항이 있을 경우 빠짐없이 작성하여 소득공제금액을 미리 뽑아 보는 것이 좋습니다.
- 서면으로 작성할 경우에는 소득공제 대상을 입력한 뒤 공제될 금액을 전자계산서로 두들겨 산출해야 합니다.
- 홈텍스에서 작성할 경우에는 소득공제 대상을 입력하면 바로 공제될 금액이 자동으로 산출 됩니다.

2 : 소득금액계산명세서

- 확정신고서에 작성한 종합소득금액 계산의 기초가 된 총수입금액과 필요경비의 계산에 필요 한 서류입니다.
- 농어촌의 경우 비과세되는 농가부업소득이 있을 때 비과세 사업소득(농가부업소득)계산명세 서를 작성합니다.
- 소득세를 감면받는 때는 '소득구분계산서'를 추가 작성합니다.
- 충당금·준비금 등을 필요경비 또는 총수입금액에 산입한 경우 그 명세서를 작성합니다.
- 공동사업자가 있을 경우 공동사업에 대한 소득금액을 '공동사업자별 소득금액분배명세서'를 작성합니다.

3 : 장부와 증명서류에 의해 계산한 경우

- 복식부기 신고자는 '재무상태표' '손익계산서'와 그 부속서류, '합계잔액시산표' '조정계산서'를 작성해 함께 제출해야 합니다.
- 간편장부 신고자는 '간편장부 소득금액계산서' '총수입금액 및 필요경비 명세서'를 작성해 함께 제출해야 합니다.

4 : 필요경비명세서

- 소득세법 제28~32조까지의 규정에 따라 필요경비를 일목요연하게 알 수 있도록 '필요경비명세서'를 작성합니다.
- 필요경비명세서에 '감가상각비' '대손충당금' '퇴직급여충당금' 등을 계상한 경우 그 명세서를 함께 작성합니다.

5 : 영수증수취명세서

- 사업자가 다른 사업자로부터 상품구입 또는 용역을 공급받고 적격증빙 영수증(계산서, 세금계산서, 신용카드, 현금영수증) 외의 간이영수증 등을 수취한 경우 3만 원 이상 거래를 증빙할 목적으로 사용하며, 간이영수증에 따라 증빙이 인정되면 인정된 거래금액의 2%에 해당하는 '증빙불비가산세'를 추가 납부해야 합니다. 즉 3만 원 이상의 거래를 한 뒤 실수로 간이계산서를 수취하면 세무서에서 지출로 인정을 안 하는데 이를 인정받고자 작성합니다.
- 3만 원 이하 지출은 간이 영수증으로도 증빙할 수 있으므로 별도 작성하지 않고 간이영수증을 모아놓습니다.
- 접대비는 1만 원 이하만 간이영수증이 인정받습니다.
- 소규모사업자 제외

6 : 추계소득금액 계산서(장부가 없는 경우)

기준경비율 신고자가 장부기록이 없는 경우 '주요경비지출명세서'를 작성해 함께 제출합니다.

■ 소득금액계산명세서 ///

여러 사업장을 가진 사업자일 경우 사업장별로 구분하여 작성합니다. 한 사업장 내 사업소득과 부동산임대소득이 같이 있는 경우에는 소득별로 구분하여 작성합니다. 부동산임대소득 또는 사업소득이 사업장별로 2개 이상의 복수인 경우에는 부동산임대소득과 그 합계를 먼저 기재하고 그다음 칸부터 사업소득과 그 합계를 기재합니다.

■ 소득세법 시행규칙 [별지 제82호서식]

(앞 쪽)

간편장부소득금액계산서(　　귀속)

①주소지				②전화번호		
③성　명				④주민등록번호		
사업장	⑤ 소 재 지					
	⑥ 업　　종					
	⑦ 주 업 종 코 드					
	⑧ 사업자등록번호					
	⑨ 과 세 기 간	. . .부터	. . .부터	. . .부터	. . .부터	
		. . .까지	. . .까지	. . .까지	. . .까지	
	⑩ 소 득 종 류	(30, 40)	(30, 40)	(30, 40)	(30, 40)	
총수입금액	⑪장 부 상 수 입 금 액					
	⑫수입금액에서 제외할 금액					
	⑬수입금액에 가산할 금액					
	⑭세무조정 후 수 입 금 액 (⑪-⑫+⑬)					
필요경비	⑮장 부 상 필 요 경 비 (부표 ㉝의 금액)					
	⑯필요경비에서 제외할 금액					
	⑰필요경비에 가산할 금액					
	⑱세무조정 후 필요경비 (⑮-⑯+⑰)					
⑲차가감 소득금액(⑭-⑱)						
⑳기부금 한도초과액						
㉑기부금이월액 중 필요경비 산입액						
㉒해 당 연 도 소 득 금 액 (⑲+⑳-㉑)						

> 여러 사업장을 가지고 있는 경우 사업장별로 기재합니다.

> 주업종코드는 한 사업장에 해당되는 업종코드가 2개 이상인 경우 주된 업종코드를 기재합니다.

「소득세법」 제70조제4항제3호 단서 및 같은 법 시행령 제132조에 따라 간편장부소득금액계산서를 제출합니다.

년　　월　　일

제 출 인　　　　　　　　　(서명 또는 인)

세무대리인　　　　　　　　(서명 또는 인)

세 무 서 장 귀하

첨부서류	총수입금액 및 필요경비명세서(별지 제82호서식 부표) 1부	수수료 없 음

210mm×297mm[일반용지 70g/㎡(재활용품)]

▌소득공제신고서 ///

　종합소득세신고 시 인적공제(부양가족 등)와 특별공제(보험료 납부 등) 항목을 작성할 때 사용합니다. 공제된 비율만큼 세금이 줄어들 수 있습니다. 인적공제는 부양가족의 연수입 총합계가 100만 원을 넘으면 작성할 수 없습니다. 따라서 특별공제 항목에 신경 쓰는 것이 좋습니다. 특별공제 항목은 의료비 공제, 교육비 공제, 주택자금 상환 및 임대비 공제, 기부금 공제, 신용카드 공제 등이 있으므로 해당 사항이 있을 경우 작성합니다. 국세청 홈택스를 이용하면 소득공제신고서를 온라인상에서 바로 작성할 수 있습니다. 아래는 서류로 작성할 때의 양식으로 홈택스 자료실에서 다운로드할 수 있습니다.

■ 소득세법 시행규칙 [별지 제37호서식] 〈개정 2013.2.23〉

(1 쪽)

소득공제신고서/근로소득자공제신고서(　년 소득에 대한 연말정산용)

※ 근로소득자는 신고서에 소득공제증빙서류를 첨부하여 원천징수의무자(소속 회사 등)에게 제출하며, 원천징수의무자는 신고서 및 첨부서류를 확인하여 근로소득 세액계산을 하고 근로소득자에게 즉시 근로소득원천징수영수증을 발급하여야 합니다. 연말정산 시 근로소득자에게 환급이 발생하는 경우 원천징수의무자는 근로소득자에게 환급세액을 지급하여야 합니다.

소득자 성명		주민등록번호	－
근무처 명칭		사업자등록번호	－　　－
세대주 여부	[ ]세대주 [ ]세대원	국 적	(국적 코드 :)
근무기간	～	감면기간	～
거주구분	[ ]거주자 [ ]비거주자	거주지국	(거주지국 코드 :)
인적공제 항목 변동 여부	[ ]전년과 동일 [ ]변동	※ 인적공제 항목이 전년과 동일한 경우에는 주민등록표등본을 제출하지 않습니다.	

I.인적공제 및 소득공제 명세	관계코드	성 명	기본공제		경로우대	출산입양	각종 소득공제 항목									
	내·외국인	주민등록번호	부녀자	한부모	장애인	6세이하	자료구분	보험료(건강보험료 등 포함)	의료비	교육비	신용카드 등 사용액공제					기부금
											신용카드(전통시장·대중교통비 제외)	직불카드 등(전통시장·대중교통비 제외)	현금영수증(전통시장·대중교통비 제외)	전통시장 사용액	대중교통 이용액	
	인적공제 항목에 해당하는 인원수를 기재 (다자녀 : 명)						국세청									
							기타									
	0	(근로자 본인)	O				국세청									
							기타									
		－					국세청									
							기타									
		－					국세청									
							기타									
		－					국세청									
							기타									
							국세청									
							기타									

유의사항

1. 관계코드

구 분	관계코드	구 분	관계코드	구 분	관계코드
소득자 본인 (소법 §50 ① 1)	0	소득자의 직계존속 (소법 §50 ③ 가)	1	배우자의 직계존속 (소법 §50 ③ 가)	2
배우자 (소법 §50 ① 2)	3	직계비속(자녀·입양자) (소법 §50 ③ 나)	4	직계비속(코드 4 제외) (소법 §50 ③ 나)	5*
형제자매 (소법 §50 ③ 다)	6	수급자(코드1~6제외) (소법 §50 ③ 라)	7	위탁아동 (소법 §50 ③ 마)	8

■ 필요경비명세서

1년간 발생한 총수입(매출)과 그에 사용한 필요경비를 일목요연하게 보여주기 위해 작성합니다. 소득세법 제28~32조까지의 규정에 따라 작성하며, 대손충당금, 퇴직급여충당금, 감가상각비 등을 필요경비에 산입할 수 있습니다. 앞에서 공부한 회계와 관련 있기 때문에 작성이 용이합니다.

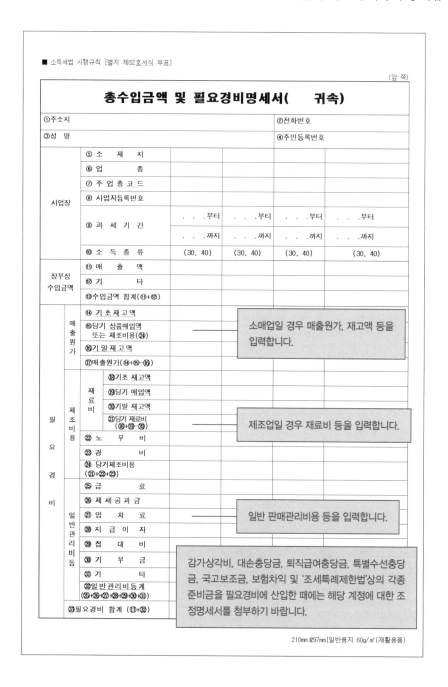

■ 소득세법 시행규칙 [별지 제82호서식 부표]

(앞 쪽)

총수입금액 및 필요경비명세서(귀속)

①주소지			②전화번호			
③성 명			④주민등록번호			
사업장	⑤ 소 재 지					
	⑥ 업 종					
	⑦ 주 업 종 코 드					
	⑧ 사업자등록번호					
	⑨ 과 세 기 간	. . .부터	. . .부터	. . .부터	. . .부터
		. . .까지	. . .까지	. . .까지	. . .까지
	⑩ 소 득 종 류	(30, 40)	(30, 40)	(30, 40)	(30, 40)
장부상 수입금액	⑪ 매 출 액				
	⑫ 기 타				
	⑬수입금액 합계(⑪+⑫)				
필요경비	매출원가	⑭ 기 초 재 고 액		소매업일 경우 매출원가, 재고액 등을 입력합니다.		
		⑮당기 상품매입액 또는 제조비용(㉔)				
		⑯기 말 재 고 액				
		⑰매출원가(⑭+⑮-⑯)				
	제조비용	재료비	⑱기초 재고액			
			⑲당기 매입액			
			⑳기말 재고액			
			㉑당기 재료비 (⑱+⑲-⑳)	제조업일 경우 재료비 등을 입력합니다.		
		㉒노 무 비				
		㉓경 비				
		㉔ 당기제조비용 (㉑+㉒+㉓)				
	일반관리비용등	㉕급 료				
		㉖ 제 세 공 과 금				
		㉗임 차 료		일반 판매관리비용 등을 입력합니다.		
		㉘지 급 이 자				
		㉙접 대 비				
		㉚기 부 금		감가상각비, 대손충당금, 퇴직급여충당금, 특별수선충당금, 국고보조금, 보험차익 및 '조세특례제한법'상의 각종 준비금을 필요경비에 산입한 때에는 해당 계정에 대한 조정명세서를 첨부하기 바랍니다.		
		㉛기 타				
		㉜일반관리비등계 (㉕+㉖+㉗+㉘+㉙+㉚+㉛)				
	㉝필요경비 합계 (⑰+㉜)					

210mm×297mm[일반용지 60g/㎡(재활용품)]

▌영수증수취명세서(1)·(2)

앞에서 말했듯 3만 원 이상의 지출이 있을 때 간이영수증을 수취하고 그것을 증빙할 목적으로 작성합니다. 이 중에서 영수증수취명세서(1)은 간이영수증을 수취하면서 발생한 3만 원 이상 지출의 총합계를 일목요연하게 보여줄 목적으로 작성합니다.

이 서류양식 역시 홈텍스에서 다운로드할 수 있습니다.

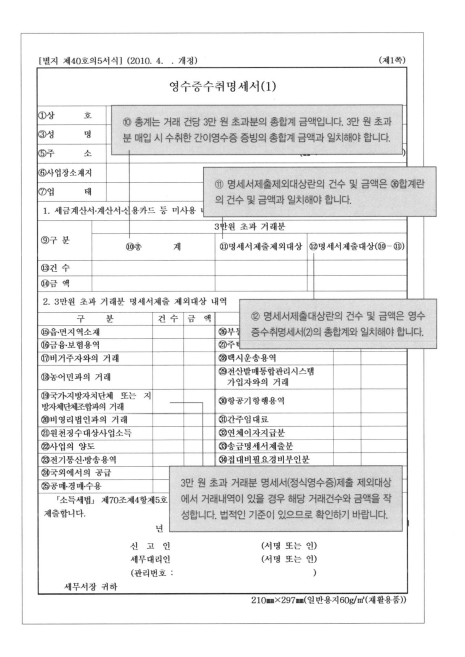

영수증수취명세서(2)는 영수증수취명세 제출대상에서 3만 원 이상 거래하면서 수취한 영수증 일자와 거래금액, 공급자 등을 일일이 작성할 때 사용합니다.

기본적으로 3만 원 이상의 지출을 하면서 간이영수증을 수취하면 온전한 지출로 인정받지 않습니다. 따라서 꼼꼼히 작성하여 사업상의 지출로 인정받도록 합니다. 만일 사업상 지출로 인정받지 못하면 인정받지 못한 지출만큼 순이익이 많아지므로 더 많은 세금이 나오게 됩니다.

[별지 제40호의5서식] (제3쪽)

영수증수취명세서(2)

①상 호		②사업자등록번호			
③성 명		④주민등록번호			

영수증수취명세 제출대상 거래내역

⑤일련번호	⑥거래일자	공 급 자				⑪거래금액	⑫비 고
		⑦상 호	⑧성 명	⑨사 업 장	⑩사업자등록번호		
계							

영수증수취명세 제출대상과 3만 원 이상 지출을 하면서 간이영수증을 수취한 경우 이러한 지출을 인정받기 위해 발생한 수취날짜, 거래금액, 거래업체를 낱낱이 입력합니다.

210㎜×297㎜(일반용지 54g/㎡(재활용품))

■ 추계소득금액 계산서(장부가 없는 경우) ///

장부 작성을 하지 않았거나 증빙 자료가 미비하여 소득금액을 정확히 계산할 수 없을 때 자신의 전년도 총소득을 표준소득금액 이상에서 대략적으로 신고하는 것이 추계신고입니다. 이 서류는 '기준경비율 신고자'가 작성하며 홈텍스에서 '주요경비지출명세서'라는 서류를 다운받아 작성해야 합니다.

■ 소득세법 시행규칙 [별지 제20호의5서식] 〈신설 2013.2.23〉

주요경비지출명세서

※ 뒤쪽의 작성요령을 참고하시기 바랍니다.   (앞쪽)

제출자	상 호		사업자등록번호	
	성 명		주민등록번호	

주요경비지출명세서 제출대상 거래내용

일련번호	거래처(공급자)		매수	거래품목	거래금액
	상호(성명)	사업자등록번호(주민등록번호)			

> 사업연도 동안 발생한 주요 지출을 거래처별로 포괄하여 작성합니다.

210mm×297mm[백상지 80g/㎡ 또는 중질지 80g/㎡]

홈텍스에서의 종합소득세 확정신고 방법

홈텍스에서의 종합소득세 확정신고는 서면신고 방식과 화면이 동일하지만 서면제출용의 부대서류를 홈텍스에서 바로 입력하는 방식입니다. 그러므로 신고할 내용을 장부나 부대서류로 정리해놓아야 홈텍스에서 빠르게 작성할 수 있습니다.

인터넷 홈텍스에서 '개인사업자' 혹은 '법인사업자'로 로그인하거나 공인인증서 등으로 로그인합니다.

❶ 세금신고 시에는 상단 메뉴바의 '개인사업자' 혹은 '법인사업자' 메뉴에서 '전자고지 세금납부' 메뉴를 클릭하면 바로 세금납부 신청서 화면으로 로그인할 수 있습니다.

❷ '종합소득세' 메뉴를 클릭합니다. 종합소득세 외 원천서, 부가가치세도 홈텍스에서 신고할 수 있습니다.

③ 종합소득세 작성 화면이 실행됩니다. 지금 보는 그림은 개인근로소득자용 화면이므로 사업
자번호 입력창이 보이지 않습니다. 개인사업자·법인사업자는 사업자번호 입력창이 보이므
로 사업자번호와 주소 등을 입력합니다.

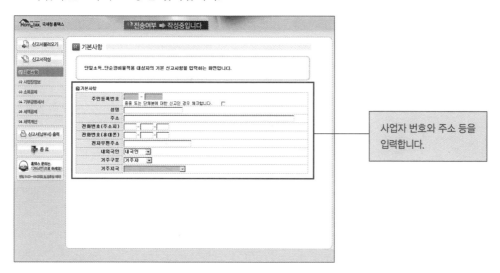

사업자 번호와 주소 등을
입력합니다.

④ 다음 창으로 넘어가면 사업연도의 소득을 나누어 입력할 수 있는 창이 나타납니다. 사업소
득을 입력한 뒤에는 '필요경비 입력하기' 버튼을 클릭해 필요경비를 입력합니다.

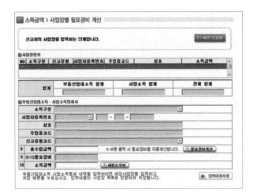

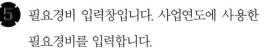

⑤ 필요경비 입력창입니다. 사업연도에 사용한 필요경비를 입력합니다.

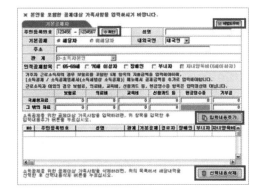

⑥ 소득공제 입력창에서는 소득공제할 내역을 입력합니다.

⑦ 법인의 경우 표준대차표 등을 추가 입력합니다. 회사 규모가 크면 서면신고를 할 때 첨부해야만 하는 부대서류들을 모두 홈텍스에서는 일일이 화면에다 입력하는 것입니다.

따라서 종합소득세 확정신고를 하려면 미리 신고할 내역을 장부상에 정리한 상태여야 합니다. 즉 서면신고할 때 첨부하라는 부대서류까지 모두 정리해놓은 상태에서 그것을 기반으로 홈텍스에서 입력해야 합니다.

홈텍스에서 소득신고를 할 때의 유일한 장점은 세무서를 왕복하는 교통비를 절감하는 효과밖에 없습니다. 따라서 서면으로 모두 준비한 경우에는 차라리 세무서에 가서 신고하는 것이 더 빠를 것입니다.

 홈텍스의 종합소득세 신고창 디자인은 매년 조금씩 모양이 바뀔 수 있습니다.

부가가치세 예정신고 및 확정신고

07
SECTION

부가가치세 신고 방법에는 예정신고와 확정신고가 있습니다. 같은 서류양식을 사용하므로 '예정'에 체크하면 예정신고를, '확정'에 체크하면 확정신고를 하게 됩니다.

■ 부가가치세 신고 종류

신규창업자의 경우 첫해에는 예정신고로 부가가치세를 신고하고, 이듬해부터는 확정신고로 부가가치세를 신고합니다.

1 : 부가가치세 예정신고

부가가치세 예정신고는 일부 개인사업자와 모든 법인사업자가 대상입니다. 개인사업자의 경우 직전 과세기간에 부가세 납부세액이 없는 사업자, 간이과세자에서 일반과세자로 변경된 사업자, 예정신고 기간 중 신규사업을 개시한 사업자, 이번 실적이 작년 하반기 실적의 33% 이하 사업자가 예정신고 대상입니다. 제1기 과세대상기간은 1월 1일~3월 31일이고, 제2기 과세대상기간은 7월 1일~9월 31일입니다. 과세대상기간 종료 후인 제1기는 4월 25일까지, 제2기는 10월 25일까지 예정신고를 해야 합니다.

기본적으로 부가가치세예정신고서, 매입처 세금계산서합계표, 매출처별 세금계산서합계표가 필요하며, 그 외 10여 가지의 첨부서류가 필요할 수 있습니다.

2 : 부가가치세 확정신고

부가가치세 확정신고는 개인사업자 전부(예정신고자 제외)와 법인사업자 전부입니다. 제1기 과세대상기간은 1월 1일~6월 30일이고 신고·납부마감일은 7월 25일입니다. 2기 과세대상기간은 7월 1일~12월 31일이고 다음 해 1월 25일이 신고·납부마감일입니다.

기본적으로 부가가치세확정신고서, 매입처 세금계산서합계표, 매출처별 세금계산서합계표가 필요하며, 그 외 10여 가지의 첨부서류가 필요할 수 있습니다.

▌ 부가가치세 신고 제출서류(증빙서류) //

부가가치세를 서면으로 작성하여 신고할 경우에는 아래와 같은 추가 제출서류가 필요합니다. 추가 서류를 모두 제출하지는 않고 관련 사항이 있는 것에 한해 추가 작성하여 제출합니다.

인터넷 홈택스에서 부가세 확정신고서를 작성할 때는 이 제출서류 중 일부를 바로 입력하므로 이 제출서류는 거의 제출하는 경우가 없습니다.

그러나 홈택스에서 작성할 경우에도 이 자료의 결과 데이터를 가지고 입력해야 하므로 이 자료는 부가세 신고 전에 수시로 작성해놓아야 합니다. 개인이 작성하기에는 어려운 점이 많으므로 보통 세무사사무실에 의뢰하여 작성합니다.

세무사사무실에 의뢰할 때 매입매출세금계산서와 각종 거래자료를 모두 첨부 의뢰하면 며칠 내 부가가치세 신고액이 산출되는데 그 산출금액을 세무서나 홈택스에서 신고합니다.

부가가치세 제출서류	• 매출처별세금계산서합계표 • 매입처별세금계산서합계표 • 매입자발행세금계산서합계표 • 영세율 첨부서류 • 대손세액공제신고서 • 매입세액 불공제분 계산근거 • 매출처별계산서합계표 • 매입처별계산서합계표 • 신용카드매출전표등수령명세서 • 전자화폐결제명세서(전산작성분 첨부가능) • 부동산임대공급가액명세서 • 건물관리명세서(주거용 건물관리의 경우는 제외합니다) • 현금매출명세서 • 주사업장 총괄납부를 하는 경우 사업장별 부가가치세과세표준 및 납부세액(환급세액) 신고명세서 • 사업자단위과세를 적용받는 사업자의 경우에는 사업자단위과세의 사업장별부가가치세과세표준 및 납부세액(환급세액)신고명세서 • 건물등감가상각자산취득명세서 • 의제매입세액공제신고서 • 그 밖의 필요한 증명서류

> 증빙자료(세금계산서, 신용카드영수증, 현금영수증 등)를 모두 모아서 세무사사무실에 의뢰하면 세무사사무실에서 관련 서류를 작성하고 신고할 부가세 금액 등을 산출해 신고 대리를 할 수 있습니다.

■ 부가가치세 예정신고서 양식 ///

부가가치세 신고를 서면양식으로 작성할 경우 아래와 같습니다. 홈텍스에서 바로 작성할 때도 디자인만 다를 뿐 항목은 똑같습니다.

08 SECTION

홈텍스에서의 부가가치세 예정·확정신고

'개인사업자' 혹은 '법인사업자'로 로그인한 뒤 부가가치세 신고 메뉴로 이동합니다. 이때 입력할
내용은 앞의 부가세 신고 시 제출해야 할 각 서류들의 총액 부분이므로 장부상으로 총액을 다
뽑아놓은 상태여야 입력 작업이 용이합니다.

① 인터넷 홈텍스에 접속한 뒤
개인사업자일 경우 '개인사
업자' → '전자고지 세금납
부' 메뉴를 클릭합니다.

② 공인인증서 로그인 절차를
밟은 뒤 '부가가치세' 항목
을 클릭합니다. 그런 뒤 '일
반과세자/간이과세자'에서
자신에게 해당하는 버튼을
클릭합니다.

③ 사업자등록번호 등을 입력하고 부가세 신고 작성을 시작합니다. 각 단계별로 총액 위주로 입력하기 때문에 장부상으로 뽑아놓은 총액을 확인하면서 입력합니다.

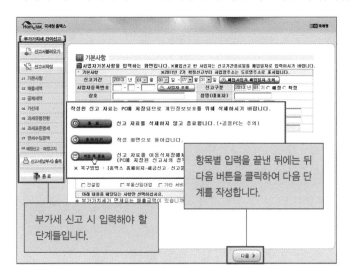

④ 장부나 앞의 첨부서류를 보면서 입력하기 때문에 정리를 제대로 하지 않은 경우 입력을 계속 진행하기가 어렵습니다. 이 경우 '종료' → '저장 및 종료' 버튼을 클릭해 컴퓨터에 백업해놓습니다. 그런 뒤 필요한 장부를 다 만든 후 나중에 이어서 입력하는 것이 좋습니다.

법인사업자가 내는 법인세란?

사업자등록을 법인으로 한 경우 법인세를 납부해야 합니다.

▌법인세 납부 신고기한(납부기한) //

법인세는 개인사업자의 종합소득세와 같은 개념이지만 회사의 사업소득을 대상으로 소득세를 걷는 것입니다. 법인세의 경우 사업소득과 토지 등을 양도하여 발생한 양도소득에도 법인세라는 명목으로 세금을 납부합니다. 기본적으로 본사 주소지가 국내에 있을 경우 국내외에서 발생하는 모든 소득에 대하여 법인세를 납부합니다. 외국에 본점이 있는 외국계 법인 업체는 국내에서 발생하는 소득 중 법이 정한 원천소득 등에 한하여 법인세 의무가 있습니다.

법인세 신고 및 납부기한은 법인의 결산일부터 3개월 이내입니다. 다음은 법인의 결산일에 따른 법인세 신고기한입니다.

구분	신고 및 납부기한	준비서류
3월 결산법인	7월 1일	1. 법인세과세표준 및 세액신고서
6월 결산법인	9월 30일	2. 재무상태표 3. 포괄손익계산서
9월 결산법인	12월 31일	4. 이익잉여금처분계산서(결손금처리계산서) 5. 세무조정계산서
12월 결산법인	4월 1일	6. 세무조정계산서 부속서류 및 현금흐름표

법인세 또한 홈텍스(www.hometax.go.kr)를 이용하여 전자신고할 수 있습니다. 만일 매출액이 없고 세무조정 사항이 없는 법인은 간편전자신고시스템을 통해 간단하게 법인세 신고를 할 수 있습니다.

 신고기한이 공휴일·토요일인 경우 공휴일·토요일의 다음 날로 신고기한이 연장됩니다.

▌법인세 세율 ///

법인세 세율은 아래와 같고 결산일 기준 3개월 이내에 납부하지 않으면 산출법인세에 가산세가 붙습니다. 부당무신고일 경우 산출법인세의 20~40%를 더 추징당할 수 있고, 납부일 불성실일 경우 미납세액의 0.03% × 미납일수를 가산세로 추징합니다. 또한 실적을 과소신고하거나 부당감면 혹은 부당공제했을 경우에도 40%에 해당하는 가산세가 붙으므로 주의하기 바랍니다.

법인세 세율(2012년 사업 시작 기준)						
	각 사업연도 소득			청산소득		
	과세표준	세율	누진공제	과세표준	세율	누진공제
영리법인	2억 이하	10%	–	2억 이하	10%	–
	2억~200억	20%	2,000만 원	2억~200억	20%	2,000만 원
	200억 초과	22%	4억 2,000만 원	200억 초과	22%	4억 2,000만 원
비영리법인	2억 이하	10%	–	* 청산소득이란 합병·분할로 법인이 청산될 때 발생하는 소득입니다.		
	2억~200억	20%	2,000만 원			
	200억 초과	22%	4억 2,000만 원			
조합법인	9%			9%		

 법인세 세율은 사업을 시작한 연도를 기준으로 세율이 조금 다릅니다. 만일 2011년에 사업을 시작했다면 2011년 기준 세율로 법인세를 납부해야 합니다.

토지 등의 양도소득에 대한 세율	
내용	세율
'소득세법' 제104조의 2 제2항에 따른 지정지역 안의 부동산으로서 대통령령이 정하는 주택(부수토지 포함)을 양도한 경우	10%
'소득세법' 제104조의 2 제2항에 따른 지정지역 안의 부동산으로서 대통령령이 정하는 기간 동안 비사업용토지에 해당하는 토지를 양도한 경우	10%
부동산가격이 급등하거나 급등할 우려가 있어 부동산가격의 안정을 위하여 대통령령으로 정하는 부동산을 양도한 경우	10%

 토지 등의 양도소득에 대한 법인세율도 사업을 시작한 연도를 기준으로 세율이 조금 다릅니다. 만일 2011년에 사업을 시작했다면 2011년 기준 세율로 납부해야 합니다.

10
SECTION

법인세 중간예납

중간예납이란 사업연도 상반기의 소득에 대한 법인세를 사업연도 상반기에 미리 예납하는 것을 말합니다. 결산이 끝난 뒤 내야 할 법인세를 상반기와 하반기 2회로 분납하는 것입니다. 원래 적용할 법인세 세율을 1~2% 깎을 수 있습니다.

예를 들어 1년간 발생하는 법인세가 2,000원으로 추정된다면 상반기에 추정법인세의 절반인 1,000원의 법인세를 중간예납합니다. 중간예납을 할 때는 법인세율을 10~20% 공제해 적용하므로 1,000원이 아닌 800~900원을 중간예납하는 것입니다.

중간예납을 할 때는 사업연도 상반기 실적이 잘 파악되지 않으므로 보통 전년도 법인세의 50%를 납부합니다. 중간예납으로 인한 법인세 공제율은 업체마다 다르지만 중소기업의 중간예납 시에는 최고 20%까지 법인세를 절감하여 납부할 수도 있습니다.

▌ 중간예납의 신고기한 //

12월 결산업체는 1월 1일~12월 31일까지가 당년도의 사업연도입니다. 따라서 중간예납을 하려면 1월 1일~6월 30일 사이에 전년도 법인세의 50%에 해당하는 금액을 중간예납하면 됩니다.

실질적인 중간예납기간은 6월 30일에 딱 끝나는 것이 아니고 통상 2개월 연장해주므로 8월 31일까지가 중간예납기한이라고 할 수 있습니다.

▌ 중간예납신고 불성실 사례 //

세부담을 조절할 목적으로 부실 가결산을 통해 중간예납을 과소하게 신고·납부하는 경우, 임시투자세액 공제를 실제보다 과다하게 공제하는 경우, 직전사업연도 기준 납부법인이 직전사업연도의 산출세액을 과소하게 계상하는 경우 또는 직전사업연도의 공제감면세액 또는 원천납부세액을 과다하게 공제하고 납부하는 불성실 사례가 간혹 있습니다. 이 경우 세무서의 검증과정에서 들통이 나면 중간예납 효과는 사라지고 연 10.95%의 가산세가 붙으므로 주의하기 바랍니다.

법인세 신고 시 제출할 서류

11
SECTION

법인세를 신고하려면 세무서에서 지정하는 양식에 따라 최소 네 가지 서류를 작성한 뒤 신고해야 합니다. 신고와 함께 세금을 납부하면 당년도 세금신고가 종료합니다.

법인세 신고에 필요한 서류에는 기본적으로 다음과 같은 것들이 있습니다.

반드시 제출할 서류	재무상태표	흔히 말하는 대차대조표, 재무제표를 말합니다.
	포괄손익계산서	법인의 사업연도 손익과 전년도 손익 등을 하나의 표에서 일목요연하게 보여주는 서류입니다.
	이익잉여금처분(결손금처리)계산서	1년간 발생한 이익잉여금의 처분 혹은 결손금의 처리상태를 보여주는 서류입니다. +이면 이익잉여금처분표에서 작성하고, −이면 결손금처리표에서 작성합니다.
	세무조정계산서(별지3호)	법인 입장에서 자신의 순이익을 기준으로 세금을 산출하여 제출하는 용도입니다.
기타 부속서류들	위의 네 가지 서류와 달리 이들 부속서류는 해당 사항의 증빙이 필요한 경우 제출합니다.	1. 현금흐름표 2. 표시통화재무제표 3. 원화재무제표 4. 피합병 법인 등의 재무상태표 5. 합병·분할로 승계한 자산·부채 명세서 등

▌재무상태표

흔히 말하는 대차대조표입니다. 일반 기업회계 기준을 준용하여 작성하기 바랍니다. 누락하면 법인세 신고가 없던 것으로 되므로 주의하기 바랍니다.

표준대차대조표
(일반법인용)

(단위: 원)

사업자등록번호		법인명		년 월 일 현재
법인등록번호				

■ 자산항목

계 정 과 목	코드	금 액	계 정 과 목	코드	금 액
Ⅰ. 유동자산	01		4. 장기대여금	40	
(1) 당좌자산	02		①관계회사대여금	41	
1. 현금 및 현금성자산	03		②주주·임원·종업원대여금	42	
2. 단기예금	04		③기타	43	
3. 유가증권	05		5. 투자부동산	45	
4. 매출채권	06		6. 기타	49	
5. 단기대여금	07		(2) 유형자산	50	
①주주·임원·관계회사	08		1. 토지	51	
②기타	09		2. 건물	52	
6. 미수금	10	5 0 0 0	3. 구축물	53	
①분양미수금	11		4. 기계장치	54	3 0 0 0
②공사미수금	12		5. 선박·항공기	55	
③기타	13		6. 건설용 장비	56	
7. 선급금	14		7. 차량운반구		
8. 이연법인세자산	73		8. 건설중인자산		
9. 기타	15		9. 기타		
(2) 재고자산			(3) 무형자산		
1. 상품			1. 영업권	61	
2. 제품			2. 산업재산권	62	
3. 반제품	19		3. 광업권	63	
4. 재공품	20		4. 어업권	64	
5. 원재료(원자재)	21		5. 차지권	65	
6. 가설재	22		6. 창업비	66	
7. 저장품	23		7. 개발비	67	
8. 미착상품(미착재료)	24		8. 사용수익기부자산가액	68	
9. 완성주택	25		9. 개업비	69	
10. 미완성주택	26		10. 사채발행비	70	
11. 용지(건설업)	27		11. 기타	71	
12. 미성공사	28		(4) 기타비유동자산	75	
13. 기타	29		1. 장기매출채권	44	
			2. 장기미수금	76	
Ⅱ. 비유동자산	36		3. 장기선급금	77	
(1) 투자자산	37		4. 보증금	46	
1. 장기예금	38		5. 이연법인세자산	47	
2. 장기투자증권	39		6. 기타	78	
3. 지분법적용투자주식	74		자산총계(Ⅰ+Ⅱ)	72	

> 발생 사실이 있는 계정과목에 해당 금액을 입력하기 바랍니다.

> 똑같은 계정항목이 없다면 가급적 유사한 계정과목에 입력해도 무방합니다.

> 재무상태표 1쪽

표준대차대조표

(일반법인용) (단위: 원)

사업자등록번호		법인명		년 월 일 현재
법인등록번호				

■ 부채 및 자본항목

계 정 과 목	코드	금 액	계 정 과 목	코드	금 액
Ⅰ. 유동부채	01		Ⅲ. 자본금	41	
1. 매입채무	02		1. 보통주자본금	42	
2. 단기차입금	03		2. 우선주자본금	43	
3. 미지급법인세	04		Ⅳ. 자본잉여금	44	
4. 미지급배당금	05		1. 주식발행초과금	45	
5. 선수금	06		2. 감자차익	46	
①공사선수금	07		3. 합병차익	47	
②분양선수금	08		4. 재평가적립금	48	
③기타	09		5. 기타자본잉여금	49	
6. 유동성장기부채	10		Ⅴ. 자본조정	57	
7. 공사손실충당부채	11		1. 주식할인발행차금	58	
8. 수선충당부채			2. 배당건설이자	59	
9. 이연법인세부채			3. 자기주식	60	
10. 기타			4. 미교부주식배당금	61	
Ⅱ. 비유동부채			5. 기타	64	
1. 사채			Ⅵ. 기타포괄손익누계액	68	
2. 전환사채등신종사채	67		1. 매도가능증권평가손익	62	
3. 장기차입금	17		2. 해외사업환산손익	63	
① 관계회사	18		3. 지분법자본변동	69	
② 주주·임원·종업원	19		4. 파생상품평가손익	70	
③ 기타	20		5. 기타	71	
4. 장기성매입채무	21		Ⅶ. 이익잉여금	50	
5. 퇴직급여충당부채	22		1. 이익준비금	51	
6. 단체퇴직급여충당부채	23		2. 기업합리화적립금	52	
7. 장기제품보증충당부채	13		3. 재무구조개선적립금	53	
8. 기타충당부채	24		4. '조세특례제한법'상 준비금	54	
9. 제준비금	25		5. 기타임의적립금	55	
10. 이연법인세부채	26		6. 미처분이익잉여금 또는 미처리결손금	56	
11. 장기공사선수금	27		자본총계(Ⅲ+~Ⅶ)	65	재무상태표 2쪽
12. 기타	28				
부채총계(Ⅰ+Ⅱ)	29		부채와 자본총계	66	

> 이 대차대조표는 표준양식이므로 금융·보험·증권, 기타 금융서비스업, 보험 및 연금 관련 서비스업자는 다른 양식으로 작성해야 합니다.

 이 표준 대차대조표 양식은 국세청 홈페이지 → 신고납부 → 법인세 → 신고서식 및 첨부서류 메뉴에서 다운로드할 수 있습니다.

▌포괄손익계산서 //

   법인의 사업연도 손익과 전년도 손익 등을 함께 보여주는 계산서입니다. 쉽게 말해 사업연도에 해당하는 1년 동안의 매출액, 비용, 이익을 표시하는 보고서입니다. 또는 분기별 손익을 비교해 보여주는 경우도 있습니다. 이는 해당 기업의 전년도 혹은 전분기 실적과 금년도 혹은 이번 분기 실적을 일목요연하게 비교 및 경영성과를 확인하기 위해 작성하는 서류입니다.

   이 서류 역시 누락하면 세무서에서 법인세 신고를 하지 않은 것으로 보므로 주의하기 바랍니다. 국세청에서는 별도의 양식을 제공하지 않으므로 일반적인 기업회계 기준을 준용하여 작성하기 바랍니다.

매출액(수익)
매출원가
매출총이익
판매 및 관리비
영업이익
영업외이익
수수료수익
영업외비용
이자비용
법인세차감전순이익
법인세비용
당기순이익

판매 및 관리비	급여
	복리후생비
	접대비
	감가삼각비
물류원가	보관비
	운반비
기타비용	금융원가
	외환차손

포괄손익계산서는 왼쪽의 표처럼 기본 항목으로 작성해도 되지만, 오른쪽의 표처럼 각 계정항목을 세분화한 뒤 작성하기도 합니다.

일반적으로 간략하게 작성하는 포괄손익계산서 계산서 예시입니다.

	2013.12		2014.12		전년 대비
	상반기	누계	상반기	누계	
수익(매출액)	300,000	600,000	600,000	900,000	150%
매출원가	200,000	430,000	250,000	400,000	
매출총이익	100,000	170,000	350,000	500,000	
판매 및 관리비					
영업이익					
영업외이익					
수수료수익					
영업외비용					
이자비용					
법인세차감전순이익					
법인세비용					
당기순이익					

■ 이익잉여금처분(결손금처리)계산서 //

법인의 이익잉여금의 처분상태나 변동사항을 세무서에 보고하기 위해 작성합니다. 재무제표에 있는 이익잉여금 항목을 더 세밀하게 보여주는 표입니다. 당기에 처분할 이익잉여금이 양수(+)이면 이익잉여금처분계산서를, 음수(-)인 경우에는 결손금처리계산서로 작성하면 됩니다. 법인세 신고 시 이 서류를 누락하면 법인세 신고를 하지 않은 것으로 보므로 주의하기 바랍니다.

이익잉여금처분(결손금처리)계산서

(단위: 원)

법 인 명		사업자등록번호	
사 업 연 도		처분(처리)확정일	년 월 일

1. 이익잉여금처분계산서			2. 결손금처리계산서		
과 목	코드	금 액	과 목	코드	금 액
I. 미처분이익잉여금	01		I. 미처리결손금	30	
1. 전기이월미처분이익잉여금 (또는 전기이월 미처리결손금)	02		1. 전기이월미처리결손금 (또는 전기이월미처분이익잉여금)	31	
2. 회계정책변경의 누적효과	03		2. 회계정책변경의 누적효과	32	
3. 전기오류수정이익 (또는 전기오류수정손실)	04		3. 전기오류수정손실 (또는 전기오류수정이익)	33	
4. 중간배당액	05		4. 중간배당액	34	
5. 당기순이익 (또는 당기순손실)	06	5,000,000	5. 당기순손실 (또는 당기순이익)	35	
II. 임의적립금 등의 이입액	08		II. 결손금처리액	40	
합 계	10		1. 임의적립금이입액	41	
III. 이익잉여금 처분액	11		2. 그 밖의 법정적립금이입액	42	
1. 이익준비금	12		3. 이익준비금이입액	43	
2. 기타법정적립금	13		4. 자본잉여금이입액	44	
3. 주식할인발행차금상각액	14		III. 차기이월미처리결손금	50	
4. 배당금	15				
가. 현금배당	16				
나. 주식배당	17				
5. 이익처분에 의한 상여금	26				
6. 사업확장적립금	18				
7. 감채적립금	19				
8. 그 밖의 적립금	20				
9. '조세특례제한법'상 준비금 등 적립액	27				
10. 그 밖의 잉여금처분액	28				
IV. 차기이월미처분이익잉여금	25				

> 발생 사실이 있는 계정과목에 해당 금액을 입력하기 바랍니다.

 이 표준 대차대조표 양식은 국세청 홈페이지 → 신고·납부 → 법인세 → 신고서식 및 첨부서류 메뉴에서 다운로드할 수 있습니다.

▌세무조정계산서(별지3호) ///

  사업자의 입장에서 세금을 계산하는 과정을 세무조정이라고 말합니다. 기업의 당기순이익에 익금산입 및 손금불산입사항과 손금산입 및 익금불산입사항을 가감조정함으로써 세무회계상의 과세소득을 산출하는 절차입니다. 즉 법인사업자의 입장에서 각종 회계자료를 참고하여 세금을 산출한 뒤 제출하는 용도입니다. 보통 세무사에게 위탁해 작성합니다. 이 서류를 누락하면 법인세 신고를 하지 않은 것으로 보므로 꼭 작성하기 바랍니다.

세금의 합법적 절세인 소득공제

12
SECTION

개인사업자가 합법적으로 세금을 절세하는 방법은 단 한 가지밖에 없습니다. 바로 소득공제를 이용하는 것입니다. 종합소득세 확정신고서를 작성할 때 다종다양한 소득공제 항목을 빠짐없이 작성하기 바랍니다.

개인사업자는 종합소득세 확정신고서의 공제란에서 '인적공제' '특별공제' '기부금 공제' '연금 납입액 관련 공제' '소상공인부금 공제' 등만 소득공제로 인정받습니다. 특별공제는 근로소득자에 해당하는 사항이며 개인사업자에게는 적용하지 않습니다.

▌개인사업자: 종합소득세 인적공제 //

종합소득세 확정신고 서류 작성 시 서류에서 해당 사항이 있을 경우 체크합니다. 인적공제는 배우자 및 부양가족의 연소득 총액이 100만 원을 초과할 수 없으므로 주의하기 바랍니다.

> • 기본공제: 본인에게 해당(부양가족 1인당 100만 원 공제)
> • 부녀자 공제: 본인이 여성근로자이고 부양가족이 있는 세대주일 경우(50만 원 공제)
> • 한부모가족 공제: 배우자가 없는 근로자로서 기본공제대상자인 직계비속이 있는 경우(100만 원 공제)
> • 경로우대 공제: 부양가족 중 70세 이상의 노인이 있을 경우(100만 원 공제)
> • 6살 이하자 공제: 아이가 부양가족일 경우 6세 이하자 공제 1명당(100만 원)
> • 장애인 공제: 부양가족에 장애인이 있을 경우(200만 원 공제)
> • 국가유공자 공제: 부양가족 중 국가유공자가 있을 경우
> • 다자녀 공제: 2명 이상의 다자녀일 경우

▌개인사업자: 종합소득세 표준공제 //

개인사업자는 종합소득세 확정신고서의 특별공제(신용카드 공제, 주택자금 공제, 의료비, 교육비 공제 등) 항목을 적용받을 수 없습니다. 그 대신 표준공제 60만 원을 공제받을 수 있습니다.

종합소득세 확정신고서의 특별공제 항목은 근로소득자를 위한 공제입니다.

▌ 개인사업자: 종합소득세 기타 공제 //

각종 기부금, 연금보험료, 소기업소상공인 공제(노란우산 공제) 등의 연납부액을 정해진 한도 내에서 공제받을 수 있습니다.

만일 공제금액의 총합계가 연수입을 초과하면
세금환급을 받을 수 있나요?

개인사업자는 공제금액이 연수입을 초과해도
초과금액만큼 환급을 받을 수 없습니다. 세금
환급은 근로소득자만 받을 수 있습니다.

▌ 종합소득세 확정신고 시 공제 증빙자료 //

개인사업자가 종합소득세의 공제를 받으려면 아래 증빙자료를 같이 준비한 뒤 종합소득세 확정신고를 해야 합니다. 증빙자료를 준비하지 않으면 소득에서 공제받을 수 없습니다.

• 인적공제 증빙자료: 주민등록등본
• 장애인 공제 증빙자료: 장애인 공제에 해당할 경우
• 연금보험료 공제 증빙자료: 납입증명서
• 개인연금저축 증빙자료: 납입증명서
• 소기업소상공인부금(노란우산 공제) 증빙자료: 납입증명서
• 투자조합출자 등의 공제 증빙자료: 납입증명서
• 일반기부금 공제 증빙자료: 기부금 영수증
• 정치자금기부금 세액공제 증빙자료: 정치자금 기부금 영수증

 개인사업자는 특별공제의 교육비, 의료비를 공제받지 못하지만 성실사업자(성실납세자)의 경우 한시적으로 인정받습니다.

국세청이 인정하는 성실사업자가 되는 방법

성실사업자가 되면 100만 원의 표준공제가 적용되고 종합소득세 신고 시 특별공제의 의료비공제와 교육비공제을 받을 수 있습니다.

최소 3년 이상 사업을 지속한 일반사업자가 다음 요건을 모두 갖춘 뒤 '성실신고확인서'를 제출하면 성실사업자가 될 수 있습니다.

1. 복식부기로 장부를 기장하고 소득을 신고하는 사업자

2. 해당 과세기간의 수입금액이 이전 3년 동안의 연평균 수입을 초과하는 사업자. 단, 아래 사유 중 어느 하나에 해당하여 수입이 증가한 사업자는 제외한다.
- 사업장 면적이 직전 과세기간보다 50%(이전 시에는 30%) 이상 증가하면서 수입이 늘어난 사업자. 다른 대분류의 업종으로 업종을 변경하거나 다른 대분류의 업종을 추가하여 수입이 늘어난 사업자

3. 해당 과세기간을 기준으로 해서 3년 이상 사업을 지속한 자

4. 국세체납, 조세범, 소득누락, 세금계산서 발급 수령을 3년간 위반하지 않은 자
- 해당 과세기간 납부마감일 기준 3년간 국세체납 사실이 없는 사업자
- 해당 과세기간 납부마감일 기준 3년간 조세범으로 처벌받은 사실이 없는 사업자
- 해당 과세기간 납부마감일 기준 3년간 세금계산서 발행 거절 행위가 없는 사업자
- 해당 과세기간 납부마감일 기준 3년간 허위기재 행위가 없는 사업자
- 해당 과세기간 납부마감일 기준 3년간 매출처별 세금계산서 합계표를 허위기재한 사실이 없는 사업자
- 해당 과세기간 납부마감일 기준 3년간 세금계산서를 교부받지 아니한 적이 없는 사업자
- 해당 과세기간 납부마감일 기준 3년간 허위기재의 세금계산서를 교부받거나 그것을 매입처별 세금계산서 합계표에 제출한 적이 없는 사업자
- 해당 과세기간 납부마감일 기준 3년간 물품 및 용역의 공급 없이 허위 세금계산서 또는 계산서 거래를 하지 않은 사업자
- 해당 과세기간 납부마감일 기준 3년간 허위 매출·매입처 세금계산서와 계산서를 매입처별 계산서 합계표 또는 매출처별 계산서 합계표에 허위기재하지 않은 사업자

5. 해당 과세기간 현재, 이전 3개 과세기간 중의 세무조사 결과 과소신고한 소득금액이 경정조절될 때 조절률이 10% 미만인 사업자

세무조사의 내용과 응대 방법

국내의 경우 세무조사는 '일반세무조사'와 '조세범칙조사'가 있으며, 개인사업자와 법인사업자에 따라 시기와 형식에 차이가 있습니다.

▌세무조사의 이해

일반세무조사는 전화통보와 함께 일반적인 세무조사를 나오는 것을 말합니다. 개인사업자의 경우 10년에 한 번 나오거나 평생 안 나올 수도 있지만 법인은 5년에 한 번 세무조사를 받습니다.

조세범칙조사는 세무적인 불법을 했을 경우 타깃이 되어 조사받는 것을 말합니다. 보통 필요경비과다로 보이는 업체, 탈세로 의심되는 업체, 매출누락이 의심되는 업체들이 조세범칙조사의 대상이 되므로 주의하기 바랍니다. 조세범칙조사를 받으면 숨겨놓은 통장이나 이중장부가 들통 나고 정밀한 조사를 위해 통장을 압수당하기도 하므로 세법을 벗어나지 않는 성실사업자가 될 것을 권장합니다.

세무조사를 받다 보면 장부기장을 제대로 안 했을 경우 털리기 마련이므로 소규모 자영업자도 만약을 위해 평소에 장부기장을 제대로 하는 것이 좋습니다. 평소 영수증 수취, 각종 매입매출 증빙자료 보관 등의 장부관리를 제대로 하면 어떠한 문제점도 발생하지 않습니다.

일반적인 세무조사는 일단 전화통보와 함께 방문날짜가 정해집니다. 이후 업체의 현황파악을 위해 세무조사원(세금징수원)이 오게 됩니다. 세무조사를 받을 때는 물어보는 것에 대해 답변하는 방식이 좋으며 절대 아는 척하며 나서지 않는 것이 좋습니다. 장부기장을 제대로 하고 매입매출 자료가 잘 정리되어 있다면 수정 및 개선점 정도만 듣고 끝마치게 됩니다.

요즘은 경제가 어렵기 때문에 세무서 직원들도 중소자영업자의 사정을 잘 알고 있습니다. 따라서 탈세 의심행위를 하지 않았다면 개선점 정도만 듣고 끝마치는 경우가 많습니다.

세무조사원은 질문 및 검사권이 있으므로 사업장의 모든 것을 뒤져볼 권한이 있습니다. 따라서 세무조사원이 도착하면 우선 신분증 확인을 하는 것이 좋습니다.

세무조사의 종류

1 : 일반세무조사

일반사업자 누구나 대상이 되는 세무조사입니다. 세금확정신고 등 세금 관련 신고 및 납부건이 성실한 것인지 간단하게 검증하는 조사입니다. 조사 결과 가상매입, 누락매출, 이중장부, 가상인건비, 용도불명의 금전 입출입 등의 사실이 발견되지 않으면 장부기장의 문제점 등을 조금 지적받거나 약간의 세금조정을 받으면서 종료하게 됩니다. 평소부터 필요경비, 매입매출 등의 각종 증빙자료를 잘 챙겨놓고 장부기장을 잘했다면 별문제 없이 마무리됩니다.

일반세무조사를 할 때 기피행위를 하면 은닉 의심을 당하므로 가급적 기피하지 않고 쿨하게 맞이하는 것이 좋으며, 세무조사 통보가 왔다면 세무사와 협의하여 조사에 대응하는 것도 좋은 방법입니다.

2 : 조세범칙조사

가상매입, 누락매출, 이중장부, 필요경비과다 등의 탈세 범죄가 현저하게 의심되는 업체가 대상입니다. 탈세행위가 현저하게 의심되는 업체를 대상으로 그 증거자료를 확보할 목적으로 조세범칙조사가 나옵니다. 이때의 세무조사원은 심문, 수색, 압수 권한이 있으므로 매입매출장부, 입출금내역, 감춘 통장을 뒤지기도 하고 압수 및 예치당할 수도 있습니다.

조세범칙조사를 받으면 보통 조사 결과 세금이 사업에 지장을 줄 정도로 뛰기 마련입니다. 이때 조세포탈 규모가 크거나 조세포탈 수법이 악질적이면 조세포탈죄로 형사고발 및 입건당할 수 있습니다. 일반세무조사를 받는 사업주도 조사포탈 증거가 발견되면 이때부터 조세범칙조사로 변경되므로 주의하기 바랍니다.

세무조사 중 찾을 가능성이 있는 탈세내역

세무조사가 시작되면 세무조사원은 사업장 현황을 육안으로 파악하며 회계장부를 조사합니다. 그러므로 사무실에 앉아 조사하는 것보다 더 많은 것을 발견할 수 있을 것입니다.

1 : 매출과소, 매입과다, 가상거래 행위

매출원가, 생산비용, 총매출 등과 연관 있는 조작행위입니다. 회계상 이점 혹은 세금을 축소할 목적으로 자행하는지 조사합니다.

2 : 필요경비 과다책정, 가상인건비 지불

필요경비를 과대평가하여 지출을 늘리는 행위이자 순이익을 낮추는 행위입니다. 결론적으론 순이익의 일부를 적법하지 않게 빼돌리거나 비자금화하려는 탈세행위라고 할 수 있습니다.

3 : 출처 모르는 금전 입출입

출처 모르는 큰 금전이 오가는 불법적 행위의 조사입니다.

4 : 판매관리비 적정성

판매관리비에서 불인정할 요소가 있는지 조사합니다. 예를 들어 불인정하는 지출의 복리후생비가 있는지 찾아내어 시정명령을 내릴 수 있습니다.

5 : 감가상각비 한도와 적정성

감가상각비 산정에 문제점이 없고 적법한지 파악합니다.

6 : 재고자산평가 적정성

매출원가를 부풀리고 있는지 조사하는 작업입니다.

7 : 사업자소득 명의분산

고소득 사업자가 소득세를 줄이기 위해 다른 명의로 소득을 분산하고 있는지 조사합니다.

▌세무조사 결과 대응책 및 부과된 세금에 대한 이의제기 ////////////////////////////////

대부분의 개인사업자는 세금을 빼돌릴 생각을 하지 않습니다. 장부 작성이 서툴기 때문에 누락하는 것이 많을 뿐입니다. 따라서 세무조사는 시정명령 및 수정신고와 함께 세금조절을 받는 수준에서 종료됩니다. 재결정된 세금이 납득할 수준이면 처분에 맡기는 것이 좋지만 납득할 수 없을 정도로 대폭 인상되었다면 정식으로 이의제기를 하여 권리구제를 받아야 합니다. 다음 권리구제 방법은 일반 상황에서 세금을 과하게 처분받았을 때도 청구할 수 있는 방법입니다.

1 : 1단계: 세금고지 전 이의제기 – 과세전적부심사제도

세무서는 세무조사 뒤 조사 결과(세무조사통지서) 및 조절된 예고세금(과세예고통지서)를 사업자에게 통지합니다. 이때 이의가 있으면 30일 이내에 해당 세무서장 앞으로 '과세전적부심사청구'를 해야 합니다. 청구가 접수되면 30일 동안의 재심기간을 거친 뒤 재조절된 세금이 통지됩니다. 첨부할 서류는 '불복이유서'와 '불복이유에 대한 증거자료'입니다.

2 : 2단계: 세금고지 후 이의제기 – 조세불복청구

앞의 시기를 놓친 뒤인 세금고지 후에도 이의를 제기할 수 있습니다. 90일 이내에 다음 중 한 가지 방법으로 청구합니다. 첨부서류는 '불복이유서' '불복이유에 대한 증거자료'입니다.

- 이의신청: 세무서 또는 지방국세청장에 청구
- 심사청구: 국세청에 청구
- 심판청구: 국무총리실 조세심판원에게 청구
- 감사원 심사청구: 감사원에 청구

3 : 3단계: 행정소송

앞의 1, 2단계에서 세액이 시정되지 않았을 경우 또는 너무 억울한 심정이라면 3단계로 법원에 행정소송을 걸 수 있습니다. 행정소송은 몇백억 원 정도의 세금고지에 대항하기 위해 대기업들이 하는 방법이지만 개인사업자들도 할 수 있습니다. 너무 억울한 경우라면 고등, 대법원 순서로 소송을 다시 걸 수 있습니다.

4대보험 대상 사업장

4대보험이라 함은 국민연금, 건강보험, 고용보험, 산재보험을 말합니다. 이 중 국민연금과 건강보험은 모든 사업자가 가입해야 하며, 고용보험과 산재보험은 직원수, 업체 규모, 업종에 따라 강제 가입을 하지 않아도 됩니다.

요즘은 직원을 뽑을 때 4대보험을 문의하는 경우가 많습니다. 어떤 사업체가 4대보험에 가입해야 하는지 알아보겠습니다.

█ 국민연금

1인 이상의 근로자가 있는 모든 사업장이 의무가입대상입니다.

█ 건강보험

상시 1인 이상의 근로자를 사용하는 모든 사업장이 의무가입대상입니다.

█ 고용보험

고용보험은 직원수, 공사규모, 업종에 따라 적용대상이 달라집니다.

1 : 고용보험 당연적용대상
- 일반사업장: 상시 근로 1인 이상의 근로자를 고용하는 모든 사업 및 사업장
- 농업, 임업, 어업, 수렵업: 법인이 아닌 경우 5인 이상 사업장
- 건설공사: 주택건설사업자, 건설업자, 전기공사업자, 정보통신공사사업자, 소방시설업자, 문화재 수리업자가 아닌 자가 시공하는 총공사금액 2,000만 원 미만 건설공사 또는 연면적이 100제곱미터 이하인 건축물의 건축 또는 연면적이 200제곱미터 이하인 건축물의 대수선에 관한 제외한 모든 공사 사업자가 의무가입대상

2 : 고용보험 임의적용대상
- 고용보험법의 당연적용대상 사업이 아닌 사업으로 가입 여부가 사업주의 의사에 일임되어 있는 사업(근로복지공단의 승인 필요)

3 : 고용보험 적용제외대상

- 농업·임업·어업 또는 수렵업 중 법인이 아닌 자가 상시 4명 이하의 근로자를 사용하는 사업
- 가사 서비스업
- 건설공사: 주택건설사업자, 건설업자, 전기공사업자, 정보통신공사업자, 소방시설업자 또는 문화재수리업자가 아닌 자가 시공하는 공사로서 총공사비 2,000만 원 미만인 공사이거나, 연면적이 100제곱미터 이하인 건축물의 건축 또는 연면적이 200제곱미터 이하인 건축물의 대수선에 관한 공사 사업자

▌산재보험 //

산재보험 역시 직원수, 공사규모, 업종에 따라 적용대상이 달라집니다.

1 : 산재보험 당연적용대상

- 일반사업장: 상시근로자 1인 이상의 사업 또는 사업장
- 농업, 벌목업을 제외한 임업, 어업, 수렵업: 법인이 아닌 경우 5인 이상
- 건설공사: 고용보험과 동일

2 : 산재보험 임의적용대상

산업재해보상보험법의 당연적용대상 사업이 아닌 사업으로 가입여부가 사업주의 의사에 일임되어 있는 사업 (근로복지공단 승인 필요)

3 : 산재보험 적용제외대상

- 농업·임업(벌목업은 1인 기준)·어업·수렵업: 법인이 아닌 자의 사업으로서 상시근로자수가 5명 미만인 사업
- 가구 내 고용활동
- 다른 법령에 의해 재해보상이 행해지는 사업: 공무원연금법, 군인연금법, 선원법·어선원 및 어선재해보상보험법 또는 사립학교교직원연금법에 의해 재해보상이 행해지는 사업
- 건설공사: 고용보험과 동일

4대보험 사업장가입자 신청서 작성

국민연금 사업장 신고서는 국민연금공단 관할 지사나 해당 홈페이지에서 작성합니다. 신고서의 모양은 건강보험, 고용보험, 산재보험과 같으므로 한 번만 익히면 각각의 사업장보험 가입 시 손쉽게 작성할 수 있습니다.

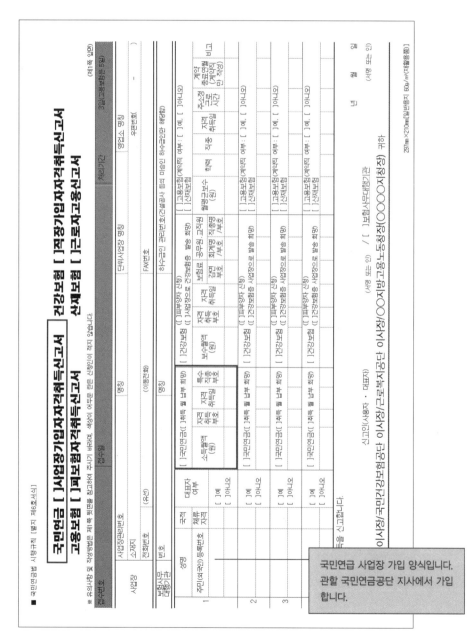

국민연금 사업장 가입 양식입니다. 관할 국민연금공단 지사에서 가입합니다.

▎국민연금 사업장가입자 자격취득신청서 작성 //

- 신청서의 국민연금 항목에 [✓] 표시를 합니다.

- 성명 및 주민(외국인)등록번호란에 주민등록표(또는 외국인등록증)상의 성명 및 주민등록번호 (외국인등록번호)를 적습니다.

- 외국인 직원의 경우 국적, 체류자격(외국인등록증 기재내역)을 적습니다.

- 자격취득일란에 해당 사업장의 채용일 등을 적습니다. 국민연금은 자격취득사유가 사업장 전 입인 경우에는 상대 사업장에서의 전출일과 같은 일자를 적습니다.

- 특수직종부호는 해당 근로자가 '광업법' 제4조에 따른 광업종사자인 경우 '광원' 또는 '선원 법' 제2조에 따른 선박 중 어선에서 직접 어로작업에 종사하는 '부원'인 경우에 해당 부호를 적습니다.

- 취득일이 1일인 경우를 제외하고, 취득월의 보험료 납부를 희망하는 경우에는 '취득월 납부 희망'에 [✓] 표시를 합니다.

- 18세 미만의 근로자는 본인이 가입을 희망하고 사용자가 동의한 경우에 사업장가입자로 가 입할 수 있습니다.

- 다른 직원이 있는 경우 직원 이름을 하단에 계속 추가하여 작성합니다.

- 업종에 따라 임금대장 사본 또는 선원수첩 사본(특수직종근로자) 등을 첨부하여 제출합니다.

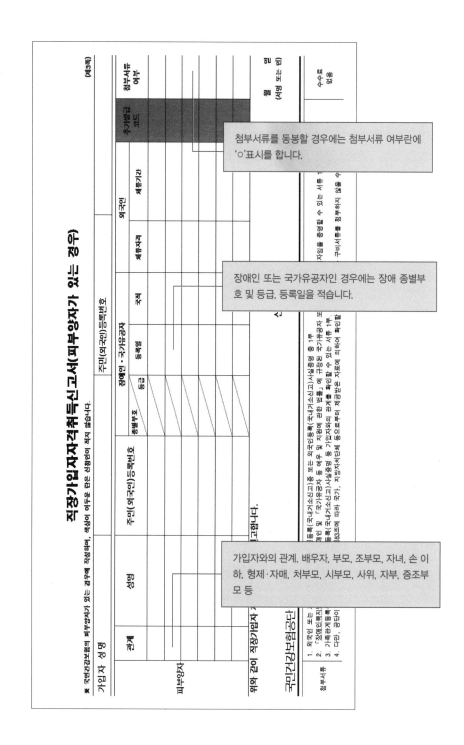

▌ 건강보험 직장가입자 자격취득신청서 작성 방법 ////////////////////////////////

- 신청서의 건강보험 항목에 [✓] 표시를 합니다.

- 성명 및 주민등록번호란에 주민등록증(또는 외국인등록증)상의 이름 및 주민등록번호(외국인 등록번호)를 적습니다.

- 외국인 직원의 경우 국적, 체류자격(C0으로 입력하되 유학생은 C9)을 적습니다

- 자격취득일란에 해당 사업장의 채용일 등을 적습니다. 국민연금은 자격취득사유가 사업장 전입인 경우에는 상대 사업장에서의 전출일과 같은 일자를 적습니다.

- 특수직종부호는 해당 근로자가 '광업법' 제4조에 따른 광업종사자인 경우 '광원' 또는 '선원법' 제2조에 따른 선박 중 어선에서 직접 어로작업에 종사하는 '부원'인 경우에 해당 부호를 적습니다.

- 공무원·교직원의 경우에만 회계명, 회계부호, 직종명, 직종부호를 적습니다.

- '자격취득사유' 부호는 00. 최초취득 04. 의료급여수급권자 등에서 제외 05. 직장가입자 변경 06. 직장피부양자 상실 07. 지역가입자에서 변경 10. 유공자 등 건강보험적용신청 13. 기타 14. 직권말소 후 재등록 29. 직장가입자 이중가입입니다. '보험료 감면' 부호는 11. 해외근무(전액) 12. 해외근무(반액) 21. 현역군입대 22. 상근예비역(현역입대) 24. 상근예비역(근무) 31. 시설수용(교도소) 32. 시설수용(기타) 41. 도서벽지(사업장) 42. 도서벽지(거주지) 81. 휴직입니다.

- 외국인 또는 재외국민 직원은 외국인등록(국내거소신고)증 또는 외국인등록(국내거소신고)사실증명 중 1부를 첨부해 제출합니다.

- 직원에게 피부양자가 있을 때에는 '직장가입자자격취득신고서(피부양자가 있는 경우)'를 추가 작성하고, 직원의 가족관계등록부의 증명서 등 가입자와의 관계를 확인할 수 있는 서류 1부를 동봉 제출합니다.

▌고용보험·산재보험 자격취득신청서 작성 ///

- 앞의 신청서 제목의 산재보험과 고용보험 항목에 [✓] 표시를 합니다.

- 이름 등을 입력하는 항목은 앞과 동일한 방법으로 입력합니다.

- 만일 산재보험 관리번호와 고용보험 관리번호가 다르면 별도 서식에 따로 작성하기 바랍니다.

- '월평균보수액'은 월별 지급이 예상되는 평균보수액을 적습니다.

- 주소정근로시간은 1주일간의 기본 근로시간을 말합니다. 법정근로시간 범위 내에서 노사가 정한 근로시간을 입력합니다. 일반적으로 법정근로시간을 입력하면 됩니다. 주 5일제 사업장의 경우 법정근로시간은 40시간이며 그 외 근로는 수당을 지불해야 하는 근로시간입니다

- 피보험자의 계약직 근로자 여부에 대해 [✓] 표시를 합니다. 또한 계약직 근로자의 예정된 계약종료 연도와 월을 적습니다. 건설공사의 경우는 예상 공사종료일이 속한 월을 입력합니다. 특정 업무를 완성하는 것으로 계약을 체결했다면 예상 완성일이 속한 월을 적습니다.

- 【직종 부호】별지인 '한국고용직업분류 중 소분류(119개) 직종현황'을 참고하면서 적습니다.

- 【학력 부호】숫자로 적되 1. 초졸 이하 2. 중졸 3. 고졸 4. 대졸(2~3년제) 5. 대졸(4년제) 6. 석사 과정 졸업 7. 박사과정 졸업입니다.

- 【비고 부호】해당될 경우에만 숫자로 입력합니다. 01. 별정직·계약직 공무원 02. 자활근로종 사자 03. 현장실습생 04. 노조전임자 05. 국가기관에서 근무하는 청원경찰 06. 선원법 및 어선원재해보상법 적용자 07. 해외파견자(해외취업선원)입니다.

16
SECTION

사업주의 의무: 4대보험료 납부

4대보험 중 '국민연금' '건강보험' '고용보험'의 월보험료는 '근로자부담분'과 '회사부담분'이 있습니다. 법적으로 근로자와 회사가 절반씩 분담하여 납부합니다. 이와 달리 '산재보험'의 월보험료는 회사가 전액 분담합니다.

4대 보험료의 납부주체는 회사이므로 회사는 급여를 지급할 때 4대보험료에 해당하는 금액을 공제한 뒤 지불해야 합니다. 그 후 회사는 익월 10일까지 공제해둔 금액과 회사분담금을 합쳐 공단에 납부합니다. 이 중 3대보험(국민연금, 건강보험, 고용보험)의 월납부액 합계는 월급여액의 평균 15% 정도입니다. 월급여액이 1,000,000원이라면 3대보험료로 150,000원 정도 납부해야하는 것입니다. 그러나 3대보험은 사업장과 근로자가 절반씩 분담해야 하므로 실제로는 사업장 75,000원, 근로자 75,000원을 납부하게 됩니다.

▋ 사업장의 국민연금 월납액과 방법 //

국민연금 월납액은 월급여액의 9%입니다. 사업장(직장)과 가입자(근로자)가 각각 절반씩 분담해 납부합니다.

- 기여금: 사업장근로자가 부담하는 금액(4.5%)
- 부담금: 사업장사용자가 부담하는 금액(4.5%)
- 합계: 월급의 9%

국민연금 월납역(급여의 9%)		납부주체	납부일
근로자 분담액	4.5%	사업장(사업주)	익월 10일
사업주 분담액	4.5%		

 국민연금은 사업자등록을 한 경우 의무적으로 가입해야 하며, 사업자등록증이 없는 지역가입자나 1인 영세상인은 본인이 다 분담하면 가입할 수 있습니다.

납부주체인 사업주는 근로자에게 급여를 지급할 때 국민연금 납부액의 절반인 급여의 4.5%를 공제한 뒤 급여를 지급합니다. 공제한 4.5%와 사업주분담금 4.5%를 합쳐 익월 10일까지 납부합니다.

참고로 국민연금공단 홈페이지(www.business.nps.or.kr)를 이용하면 국민연금 사업장 가입신고 및 월보험료 납부를 인터넷상에서 할 수 있을 뿐 아니라 급여금액별 보험료가 얼마인지 확인할 수 있습니다.

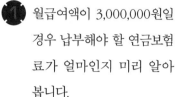 월급여액이 3,000,000원일 경우 납부해야 할 연금보험료가 얼마인지 미리 알아봅니다.

국민연금공단 홈페이지에 접속한 뒤 '고객나루' 메뉴의 '4대보험 계산기' 메뉴를 클릭합니다.

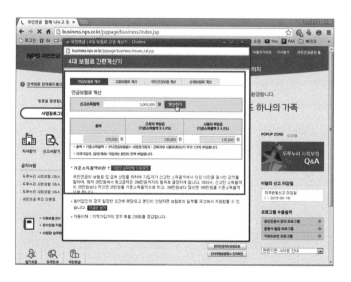

② '연금보험요 계산' 탭을 선택한 뒤 월급여액 3,000,000원을 입력하고 '계산하기' 버튼을 클릭합니다.

근로자 분담금액과 사용자 (사업자) 분담금액이 계산되어 출력됩니다.

▌사업장의 건강보험 월납액과 방법 //

　건강보험 월납액은 월급여액의 약 6.3%이지만 건강보험 역시 사업장(직장)과 가입자(근로자)가 각각 절반씩 분담하여 납부합니다. 납부주체는 사업장입니다.

　납부주체인 사업주는 근로자에게 급여를 지급할 때 건강보험 월납액의 절반인 급여의 약 3.1%를 공제하고 급여를 지급합니다. 공제한 3.1%와 사업자 분담금 3.1%를 합치면 지급한 급여액의 6.2%가 되고 이를 익월 10일까지 납부하면 됩니다.

- 건강보험료율: 월급의 5.89%
- 장기요양보험료: 건강보험료의 6.55%
- 합계: 월급의 약 6.3%(6.274%)

건강보험 월납액(급여의 약 6.3%)		납부주체	납부일
근로자 분담액	약 3.15%	사업장(사업주)	익월 10일
사업주 분담액	약 3.15%		

　＊ 건강보험료율은 2014년에 약 0.1% 인상될 예정입니다.
　＊ 건강보험료율은 누진제이므로 연봉 혹은 연합소득이 7,200만 원을 넘을 경우 보험료율 높아집니다.

4대보험료의 납부기한과 납부계좌는
무엇이 있나요?

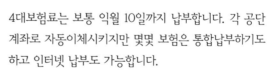

4대보험료는 보통 익월 10일까지 납부합니다. 각 공단
계좌로 자동이체시키지만 몇몇 보험은 통합납부하기도
하고 인터넷 납부도 가능합니다.

건강보험료 역시 고지서, 자동이체, 은행현금자동입출금기(CD/ATM), 가상계좌, 인터넷 납부에 의한 방법이 있습니다.

1 인터넷 납부는 국민건강보험공단 사이버민원센터(www.minwon.nhis.or.kr)에 접속한 뒤 '전자고지서' 메뉴를 클릭합니다.

2 '사업장 회원'으로 로그인한 뒤 '보험료 납부' 메뉴를 보면 '인터넷 지로납부' '자동이체 신청' 등의 방법으로 납부할 수 있습니다.

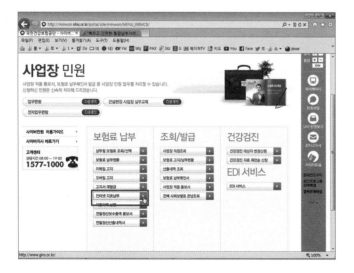

▌ 사업장의 고용보험 월납액과 방법 //

고용보험의 납부액은 다른 보험에 비해 미미합니다. 게다가 갑작스럽게 실업에 닥쳤을 때 실업급여를 받을 수 있으므로 근로자 만족도가 높습니다. 저렴한 납부액으로 큰 효과를 볼 수 있기 때문에 양식 있는 사업주는 고용보험 사업장으로 서둘러 가입하는 경우가 많습니다.

1 : 고용보험 월납액

고용보험 월납액은 월급여의 1.3%입니다. 이 납부액 또한 수혜자(근로자)와 사업장(직장)이 절반씩 분담합니다. 납부주체인 사업장은 근로자의 급여에서 0.65%를 공제한 뒤 자신의 분담금 0.65%를 합산하여 납무의무를 지켜야 합니다.

구분		근로자 분담액	사업자 분담액(납부주체)
실업급여		0.65%	0.65%
고용안정, 직업능력 개발사업에 할당된 추가금액 사업자가 추가 납부할 금액	150인 미만 기업		0.25%
	150인 이상 기업(우선지원대상 기업)		0.45%
	150~1,000인 기업		0.65%
	1,000인 이상 기업, 국가지방자치단체		0.85%

 1인 자영업자(일반과세자 혹은 간이과세자) 또는 5인 이하 직원을 둔 사업자가 고용보험사업장으로 가입하려면 사업자 등록일로부터 6개월 이내 가입해야 합니다.

예컨대 150인 미만 사업장에서 직원 A의 월급여가 1,000,000원이라면 0.65%인 6,500원을 공제하고 A직원에게 급여를 줍니다. 공제한 6,500원에 사업자 분담금(0.65%) 6,500원과 150인 미만 사업장에 적용되는 추가 부담금(0.25%) 2,500원을 더하면 15,000원입니다. 사업주는 15,000원을 A직원의 고용보험료로 납부하는 것입니다.

2 : 고용보험 보험료보고서 작성과 보험료 납부 절차

고용보험은 근로자의 이직이 상시적으로 발생하기 때문에 매 보험년도 초일부터 70일 이내에 '보험료보고서'를 작성한 뒤 근로복지공단에 제출해야 합니다. 근로복지공단은 보험료고보서를 검토한 뒤 그해에 납부할 고용보험료를 산정합니다. 확정된 보험료의 납부는 분기납 또는 일시납 등에서 선택할 수 있습니다. 납부는 시중은행이나 우체국, 근로복지공단 인터넷 홈페이지(www. kcomwel.or.kr)에서 할 수 있습니다

3 : 피보험자(근로자, 보험혜택을 받는 사람) 관리

고용보험은 실업급여 지급용 보험이므로 근로자가 보험혜택을 받습니다. 따라서 사업주는 근로자의 신규채용, 신분변동, 이직 등이 발생할 경우 사유발생일로부터 14일 이내에 사업장 관할 근로복지공단에 신고하거나 근로복지공단 홈페이지에서 신고할 수 있습니다. 요즘은 근로자 신규채용 시 고용보험 혜택을 묻는 경우가 많으므로 각별하게 신경 쓰는 것이 좋습니다.

▌ 사업장의 산재보험 월납액과 방법 ///

산재보험은 다치거나 부상을 당하는 업무가 많은 건설업 등이 가입하는 것이 좋으며 4대보험 중 유일하게 월보험료 전액을 회사 측이 납부해야 합니다. 사업주 입장에서는 근로자의 갑작스러운 부상이 발생했을 때 목돈을 지출하기보다는 산재보험으로 처리하는 것이 훨씬 이득일 것입니다. 법이 규정한 산재보험 적용 사업장일 경우 강제가입대상이므로 허투루 생각하지 말고 가입하기 바랍니다.

1 : 산재보험 가입사업장

산재보험사업장과 고용보험사업장에 가입하는 서류양식은 앞의 연금보험가입서 양식과 같습니다. 단 '사업개시신고서'와 '근로자고용신고서' 등의 추가 서류를 작성하기도 하는데 이는 3개 보험공단마다 사용하는 서류양식이 조금 다르기 때문입니다. 근로복지공단 인터넷 홈페이지(www.kcomwel.or.kr)에서 관련 서류를 다운로드할 수 있으므로 서류를 다운받은 뒤 작성하기 바랍니다.

2 : 산재보험의 보험료율

지급한 월급 대비 산재보험의 보험료율은 각 업종별로 업무위험도가 다르므로 많은 차이가 있습니다.

왜 산재보험은 업종별로 내야 할 월보험료 차이가 많은 걸까요?

무연탄광업의 산재보험료는 월급의 30% 정도이고 출판업의 산재보험료는 월급의 0.1% 정도입니다. 산재위험이 높은 업종일 수록 당연히 더 많은 보험료를 납부하는 것이죠.

3 : 산재보험의 보험료 계산

산재위험이 높은 '금속광업'은 0.1290의 보험료율을 적용합니다. 지급할 급여총액이 1,000,000원일 경우 회사 측은 129,000원의 월산재보험료를 납부해야 합니다. 산재위험이 낮은 '일반금융업'의 보험요율은 0.006이므로 지급할 급여총액이 1,000,000원일 경우 회사에서 내야 할 월산재보험료는 6,000원입니다.

만일 직원들의 산재보험료를 미리 확인하려면 근로복지공단 홈페이지에 접속합니다. 먼저 지급할 급여총액을 입력한 뒤 사업장의 업종을 선택하고 '계산' 버튼을 클릭하면 급여 대비 산재보험료를 산출할 수 있습니다.

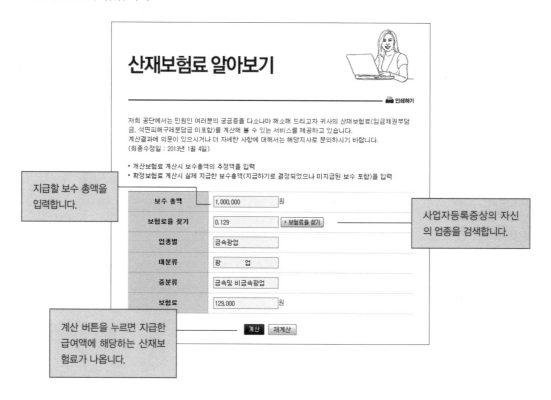

산재보험 또한 근로자의 이직이 상시적으로 발생하기 때문에 매 보험년도 초일부터 70일 이내에 '보험료보고서'를 작성한 뒤 근로복지공단에 제출합니다. 보험료고보서를 검토한 근로복지공단은 그해에 납부할 산재보험료를 산정합니다. 산재보험료 납부는 분기납 혹은 일시납에서 선택합니다.

산재보험료 관리는 근로복지공단에서 하고 있으므로 고용보험료를 납부할 때 함께 납부하는 경우가 많습니다. 가까운 은행 혹은 근로복지공단 홈페이지에서 납부할 수 있습니다.

처음 시작하는 사람들을 위한

개인창업
법인창업
쉽게 배우기

1판 1쇄 인쇄 | 2013년 11월 5일
1판 1쇄 발행 | 2013년 11월 10일
2판 1쇄 발행 | 2018년 9월 5일
2판 2쇄 발행 | 2020년 2월 20일

지은이 박평호
펴낸이 김기옥

경제경영팀장 모민원 편집 변호이, 김광현
커뮤니케이션 플래너 박진모
경영지원 고광현, 임민진
제작 김형식

디자인 제이알컴
인쇄·제본 민언프린텍

펴낸곳 한스미디어(한즈미디어(주))
주소 121-839 서울특별시 마포구 양화로 11길 13(서교동, 강원빌딩 5층)
전화 02-707-0337 | 팩스 02-707-0198 | 홈페이지 www.hansmedia.com
출판신고번호 제 313-2003-227호 | 신고일자 2003년 6월 25일

ISBN 979-11-6007-305-8 13320